Langenscheidt

Praktisches Lehrbuch
Niederländisch

von Annelies de Jonghe

Langenscheidt

Berlin · München · Wien · Zürich · New York

Bildquellen:
creativ collection Verlag GmbH, Freiburg: S. 177 (Hintergrund); MEV Verlag GmbH, Augsburg: S. 165 (unten links); Nederlandse Taalunie, Den Haag: S. 141 (Logo); pixelio: S. 17 (Günter Havlena), S. 29 (Andres Morlok), S. 41 (Otmar Luttmann), S. 53 (Hintergrund: Bernd Sterzl, unten: Marvin Siefke), S. 65 (Hintergrund: Liebes-spieler, oben: Kai Friedrich, unten: Sigrid Rossmann), S. 79 (Hintergrund/unten links: Schubalu, rechts: Catfreind), S. 91 (Hintergrund: Jasper-J. Carton, Hinterlegung: Ralf Peters), S. 115 (Sven Richter), S. 127 (Maike Kaute), S. 141 (Alexander Hauck – bayernnachrichten), S. 165 (oben rechts: Rainer Klinke), S. 177 (W. Steinacker)

Illustrationen: Michiel Tan
Grafik: Ute Weber
Titelgestaltung: Independent Medien-Design unter Verwendung eines Fotos von Mauritius Images
Satz & Litho: kaltnermedia GmbH, Bobingen
Lektorat: Sebastian Fuchs
Projektmanagement: Gaby Bauer-Negenborn

Umwelthinweis: Gedruckt auf chlorfrei gebleichtem Papier

Ergänzende Hinweise, für die wir jederzeit dankbar sind, bitten wir zu richten an:
Langenscheidt Verlag, Postfach 40 11 20, 80711 München

www.langenscheidt.de

10010

Wegweiser

Herzlich willkommen! Sie haben sich dazu entschlossen, Niederländisch zu lernen – und Sie wollen sich über die bloße Verständigungsmöglichkeit hinaus intensiver mit der Fremdsprache beschäftigen. Dieser Praktische Lehrgang wird Ihnen gründliche Kenntnisse des Niederländischen vermitteln.

Sie werden die häufigsten 2.000 Wörter und die wichtigsten grammatischen Strukturen kennenlernen, ideale Voraussetzungen also, um auf Niederländisch Situationen des Alltags schriftlich oder mündlich zu bewältigen. Außerdem können Sie sich mit diesem Kurs auch auf die Prüfung des **Certificaat Nederlands als Vreemde Taal** *Zertifikat Niederländisch als Fremdsprache* vorbereiten.

Sie haben sich dafür entschieden, zu Hause und wahrscheinlich ohne Lehrer Niederländisch zu lernen. Weil wir Sie dabei nicht allein lassen wollen, haben wir das Buch durchgängig klar strukturiert und darauf geachtet, besonders ausführliche und einfache Erklärungen, anschauliche Beispiele und nützliche Lerntipps aufzunehmen. In den folgenden beiden Abschnitten erfahren Sie, wie die Lektionen aufgebaut sind und wie Sie mit dem Buch arbeiten können. Sollten Sie lieber gleich loslegen wollen, überspringen Sie sie einfach.

Wie sind die Lektionen aufgebaut?

Alle Lektionen sind auf dieselbe Art und Weise aufgebaut, sodass Sie sich im Buch leicht zurechtfinden werden. Blättern Sie am besten einmal ein paar Seiten durch, damit Sie einen Eindruck von seinem Aufbau gewinnen.

Auf der ersten Seite finden Sie neben der Lektionsnummer einen Kasten, der Ihnen verrät, was Sie in der Lektion erwartet. Danach geht es richtig los: Jede Lektion beginnt mit einem **Lesetext**, der aus der „echten" Alltagswelt der Niederlande oder Flanderns kommt und ein Beispiel für eine der vielen Textsorten der geschriebenen Sprache darstellt. Für das leichtere Verständnis haben wir eine Übersetzung hinzugefügt.

In der Rubrik **„Wat nieuw is!"** *Was neu ist!* wird Ihnen der Grammatikschwerpunkt der jeweiligen Lektion erklärt. Mithilfe der Erklärungen und der Beispiele aus dem ersten Text wird Ihnen schnell deutlich werden, was es hier zu lernen gilt.

Anschließend kommt schon der Haupttext der Lektion, ein **Dialog**, der Sie vor allem mit dem gesprochenen Niederländisch vertraut macht. Diesen Text finden Sie im Anhang auch übersetzt sowie – wenn Sie sich für die Ausgabe mit Begleitheft und CDs entschieden haben – auf CD ⊙ vertont, sodass Sie Aussprache, Rhythmus und Melodie der niederländischen Sprache erleben können.

Alle Texte werden selbstverständlich von niederländischen und flämischen Muttersprachlern gesprochen.

In der Rubrik **„Woordenschat"** *Wortschatz* sind alle neuen Wörter aus den beiden Texten der Reihenfolge nach aufgeführt und übersetzt. Um Ihnen bei der Aussprache zu helfen, haben wir in den ersten fünf Lektionen auch jeweils die Lautschrift hinzugefügt. Manchmal finden Sie hinter einem Wort eine kleine Anmerkung, die Ihnen einen Hinweis darauf gibt, dass das Wort in einem spezifischen Kontext verwendet oder einer bestimmten Wortart zugeordnet wird. Die Wortlisten sind zum Teil recht lang. Sie müssen aber nicht alle Wörter gleichermaßen intensiv lernen. Die normal gedruckten Wörter benötigen Sie zwar für das Verständnis des Textes, Sie müssen sie jedoch an dieser Stelle nicht aktiv beherrschen. Die fett gedruckten Wörter dagegen sollten Sie sehr gut lernen. Sie gehören zum Basiswortschatz.

Der anschließende Grammatikteil („**Grammatica**") macht Sie Schritt für Schritt mit den neuen Strukturen vertraut. Sie müssen sich aber nicht erst durch die ganze Grammatik einer Lektion durcharbeiten, bevor Sie die Übungen machen können. Der gelbe Pfeil hinter den Zwischenüberschriften verrät Ihnen, welche Übungen welchen Grammatikthemen zugeordnet sind. Wenn Sie einen grammatikalischen Begriff nicht verstehen, können Sie ihn in der Liste der grammatischen **Fachausdrücke** auf den Seiten 217–219 nachschlagen.

In **„Taalweetjes"** *Sprachwissen* zeigen wir Ihnen, wie Sie die Sprache verwenden, um alltägliche Situationen auf Niederländisch zu meistern. Lernen Sie die Redewendungen gut, und beeindrucken Sie Ihre Gesprächspartner auf Ihrer nächsten Reise durch „waschechtes" Niederländisch!

Unter **„Extra woorden"** *Zusatzwörter* finden Sie weitere nützliche Ausdrücke, die zu den Themen der Lektion gehören. Diese Wörter und Wendungen sollten Sie sich gut einprägen.

Sie können übrigens alle niederländischen Wörter, die im Buch vorkommen, auch im Glossar am Ende des Buchs nachschlagen. Dort finden Sie neben der Übersetzung und der Angabe der Lektion, in der das Wort erstmalig vorkommt, auch die Lautschrift für alle Wörter.

Interessante Informationen über Land und Leute finden Sie überall dort, wo das Symbol **i** erscheint.

Am Ende jeder Lektion heißt es Üben, Üben und nochmals Üben. Dazu dienen Ihnen die vielen **„Oefeningen"**. Durch zahlreiche Übungstypen erhalten Sie die Gelegenheit, den Wortschatz und die neu erlernten grammatischen Strukturen vielfältig und abwechslungsreich zu üben. Die Übungen sollten Sie schriftlich lösen. Sie können das Buch dabei als Arbeitsmaterial benutzen und Ihre Antworten oder Notizen direkt hineinschreiben – in der Regel ist Platz dafür vorgesehen. Die Lösungen aller Übungen sind im Anhang abgedruckt.

Wenn Sie sich für die Ausgabe mit Buch, Begleitheft und CDs entschieden haben, bieten wir Ihnen auf den beiden Übungs-CDs ein abwechslungsreiches **Hör- und Sprechtraining**, das Sie in die verschiedensten Alltagssituationen hineinversetzt. Es ist den Lektionen im Buch direkt zugeordnet.

Nach jeweils fünf Lektionen können Sie Ihre Lernfortschritte anhand eines **Tests** überprüfen. Erst wenn Sie sich beim Lösen der Tests wirklich sicher fühlen, sollten Sie sich den nächsten Lektionen zuwenden. Die Auswertung und die Lösungen zu den Tests finden Sie ebenfalls im Anhang.

Wie sollten Sie mit dem Buch arbeiten?

Grundsätzlich gilt hier wie beim Sprachenlernen überhaupt: Nehmen Sie sich nicht zu viele Seiten auf einmal vor. Üben Sie stattdessen lieber täglich – 30 Minuten reichen schon.

Bevor Sie mit der ersten Lektion beginnen, sollten Sie sich – wenn Sie sich für die Ausgabe mit Buch, Begleitheft und CDs entschieden haben – zunächst unseren Einstieg auf der ersten Übungs-CD anhören, der Ihnen einen Eindruck von der Aussprache des Niederländischen vermittelt. Lesen Sie anschließend die Ausspracheregeln auf den Seiten 12–16 des Buches und sprechen Sie alle Beispiele mehrmals laut nach.

Nun können Sie mit der ersten Lektion beginnen. Lesen Sie den ersten Text und erschrecken Sie nicht vor den vielen unbekannten Wörtern. Bei diesem Text ist es nämlich gar nicht wichtig, dass Sie ihn Wort für Wort verstehen. Es genügt, wenn Sie erkennen, worum es geht. Markieren Sie zunächst einmal alle Wörter, die Sie ohne Hilfe der Übersetzung und ohne Wörterbuch verstehen. Sie werden erstaunt sein, wie viele das sind! Auf diese Weise trainieren Sie nach und nach Ihre Fähigkeit, mit fremdsprachigen Texten umzugehen, ohne jedes Wort zu verstehen.

Ganz anders sollten Sie mit dem Dialog, dem eigentlichen Haupttext jeder Lektion verfahren. Da dieser Text aus der gesprochenen Alltagssprache kommt, ist es wichtig, ihn zu hören, also hautnah mit Melodie und Rhythmus zu erleben. Hören Sie sich den Dialog zunächst ein- oder zweimal ohne Buch an und notieren Sie sich alles, was Sie verstanden haben. Das können einzelne Wörter, ganze Satzteile oder auch nur ein paar Assoziationen sein. Damit Ihnen das Zuhören und Verstehen leichter fällt, haben wir die ersten zehn Dialoge auch in einer etwas verlangsamten Geschwindigkeit aufgenommen. Vielleicht hilft es Ihnen auch, den Text in mehrere kleine Hör-Etappen zu unterteilen. Hören Sie anschließend den ganzen Dialog noch einmal an. Erst jetzt sollten Sie dabei das Buch vor sich liegen haben. Wenn Sie mithilfe des „Woordenschat" und eventuell auch der Übersetzung das Gefühl haben, den Text gut zu verstehen, sollten Sie ihn laut vorlesen. Setzen Sie dabei ruhig Ihr schauspielerisches Können ein und imitieren Sie unsere Sprecherinnen und Sprecher!

Um die neuen Wörter auch langfristig im Gedächtnis zu behalten, kann es sinnvoll sein, sie aufzuschreiben. Sehr bewährt hat sich dabei eine Lernkartei (Zettelkasten).

Die schriftlichen Übungen im Buch dienen dazu, Grammatik, Wortschatz und die Grundlagen der Aussprache zu üben. Mithilfe des Lösungsschlüssels im hinteren Buchteil können Sie jederzeit überprüfen, ob Sie alles richtig gemacht haben. Um das Hören und Sprechen zu erlernen, sollten Sie regelmäßig mit den beiden Übungs-CDs arbeiten. Bei manchen dieser Hörübungen werden Sie das Begleitheft brauchen, z. B. um etwas anzukreuzen. Alle anderen sollten Sie aber möglichst ohne Buch lösen, denn schließlich geht es bei diesen Übungen ja darum, Hörverständnis und Sprechfertigkeit zu trainieren! Zur Sicherheit finden Sie jedoch im Lösungsteil des Begleithefts eine Verschriftlichung des Hörtextes – auf die Sie aber nur im Notfall zurückgreifen sollten.

Viel Spaß und viel Erfolg!

Abkürzungen

Akk	Akkusativ	*NL*	Niederländisch; Niederlande
B	Belgisch; Belgien		
D	Deutsch	*PersPron*	Personalpronomen
Dat	Dativ	*Pl*	Plural
etw	etwas	*PossPron*	Possessivpronomen
hist.	historisch	*Sg*	Singular
jmdm	jemandem	*ugs*	umgangssprachlich
jmdn	jemanden	*v.*	weiblich *(vrouwelijk)*
m.	männlich *(mannelijk)*	*wörtl.*	wörtlich

Inhaltsverzeichnis

Lektionsübersicht

Texte	Themen / Sprechabsichten	Grammatik
1 **Lesetext** Umfrage: *Hoe begroet je iemand?* **Dialog** *Hoe leer je iemand kennen?*	Jemanden begrüßen und sich verabschieden Sich selbst und andere vorstellen Etwas bejahen oder verneinen Verständnisfragen Nationalitäten-, Sprachen- und Länderbezeichnungen Anredeformen Siezen und Duzen *Bitte* und *Danke* aus- drücken **Info:** Holländisch, Flämisch, Niederländisch	Die Personalpronomen Das Hilfsverb *zijn* Das Präsens der Verben Die Modalverben *kunnen* und *mogen* Die Verneinung Fragesätze Fragepronomen
2 **Lesetext** Internetformular: *Taalwedstrijd* **Dialog** *Telefoneren*	Sich entschuldigen und etwas bedauern Jemanden nach dem Befinden fragen Sich am Telefon verstän- digen Verständnisfragen stellen Die Grundzahlen 0–100 Zusammengesetzte Zahl- wörter **Info:** Anredeform in Ankündigungen	Der bestimmte und der unbestimmte Artikel Das Genus der Substan- tive Das Hilfsverb *hebben* Die Modalverben *moeten* und *niet hoeven* Die Demonstrativ- pronomen Die Personalpronomen im Objektfall Die Possessivpronomen
3 **Lesetext** Speisekarte: *"De smulpaap"* **Dialog** *Eet smakelijk!*	Regionaler Sprachge- brauch Essen und Trinken be- stellen Vorliebe und Abneigung ausdrücken Rund um das Thema Essen **Info:** Gastronomie im Süden	Die Diminutive Der Imperativ der Verben Die Verben *zullen* und *willen* Der Plural der Substantive Das Adjektiv Die Adjektive von Städte- und Ländernamen

Texte	Themen / Sprechabsichten	Grammatik	
Lesetext Reklamebroschüre: *Feestvieren op de boot* **Dialog** *Plannen maken*	Einladungen aussprechen Terminvereinbarungen Uhrzeiten und Tageszeiten angeben *Schon* und *erst* unterscheiden Wochentage und Monate Globale Zeitangaben **Info:** Geburtstagsbräuche	Der Gebrauch des Präsens und des Verbs *gaan* Die Verwendung von *al* und *pas* Trennbare und untrennbare Verben Temporale Präpositionen Die Präpositionen *van*, *aan* und *met*	**4**
Lesetext Radwanderführer: *De Grote Routepaden* **Dialog** *Wat heb je allemaal gedaan?*	Nach dem Weg fragen Wegbeschreibungen verstehen Eine Postkarte schreiben Rund um das Thema Reisen und Fahrrad Aktivitäten beim Fahrradurlaub **Info:** Fahrradwegweiser	Das Perfekt der Verben Das Perfekt mit *hebben* und *zijn* Lokale Präpositionen Verbindende Adverbien	**5**
Lesetext Museumsführer: *Gezicht op Delft* **Dialog** *Wegwijs in de stad*	Nach dem Weg fragen Wegbeschreibungen in der Stadt Die Ordnungszahlen von 1–100 Die Angabe des Datums Hilfe anbieten **Info:** Das Goldene Jahrhundert	Der Infinitiv mit *te* nach *staan, zitten, liggen, lopen* Das Adverb *er*	**6**
Lesetext Architekturführer: *Rotterdam – stad van superlatieven* **Dialog** *Pakjesavond*	Einkaufsgespräche führen Sich kritisch über den Preis äußern Jemanden oder etwas vergleichen Die Zahlen ab 100 Wichtige Maßeinheiten Verpackungen **Info:** Nikolausbräuche	Der Komparativ und Superlativ der Adjektive Der Vergleich im Satz	**7**

Texte	Themen / Sprechabsichten	Grammatik
8 Lesetext Zeitungsmeldung: *Een nachtelijk concert* **Dialog** *Een verhaal uit het verleden*	Personen beschreiben Sich über Aussehen und Charakter äußern Verwandtschaftsbeziehungen angeben Zeitangaben in der Vergangenheit **Info:** Studentenstreiche	Das Imperfekt der Hilfs- und Modalverben Regelmäßige und unregelmäßige Verben im Imperfekt und Perfekt Der Gebrauch des Imperfekts Nebensätze mit den Konjunktionen *toen* und *als*
9 Lesetext Stellenanzeige: *Skileraar (m/v) gezocht!* **Dialog** *Solliciteren*	Seine Meinung äußern Einen Lebenslauf und einen formellen Brief schreiben Einen Arbeitsplatz beschreiben Männliche und weibliche Berufsbezeichnungen Wendungen mit *doen* und *maken* Sich für *du* oder *Sie* entscheiden **Info:** CNaVT (Zertifikat Niederländisch)	Das Verb *worden* Die Relativpronomen *die* und *dat*
10 Lesetext E-Mail: *Wegwezen!* **Dialog** *Emigreren*	Höfliche Bitten formulieren Zukunftspläne schmieden Wünsche und Unzufriedenheit äußern Wohnen und Arbeiten im Ausland **Info:** Auswanderungstradition	Zeitadverbien mit futurischer Bedeutung Verschiedene Sprechabsichten mit *zullen* Das Modalverb *zullen* Die Verwendung von *al, alle, allebei*
11 Lesetext Bericht: *Onderzoek over de Nederlandse taal* **Dialog** *Op de Nederlandse les*	Sich differenziert zu Themen äußern Die unterschiedlichen Bedeutungen von *enkel* Rund um das Sprachenlernen **Info:** Sprachen- und Kulturpolitik	Die Begründung mit *omdat, want, dus* und *daarom* Die Besonderheit des Verbs *leren* Die Indefinitpronomen *weinig, veel, sommige, alle*

Texte	Themen / Sprechabsichten	Grammatik	
Lesetext Gesundheitsmagazin: *Nieuwtjes: Wist je ...* **Dialog** *Een gezellig weekendje zeilen*	Ratschläge zum Thema Gesundheit erhalten Körperteile und Beschwerden benennen Ein Gespräch beim Arzt führen **Info:** Piet Hein	Der Konditional mit *zou/ zouden* Die Verben *blijken* und *schijnen* Das Reflexivpronomen und reflexive Verben	**12**
Lesetext Beschwerdebrief: *Klachtenbrief* **Dialog** *Zoals het klokje thuis tikt, tikt het nergens*	Sich über etwas beschweren Gerade stattfindende Tätigkeiten ausdrücken Aufbau eines formellen Briefes Gebräuchliche Abkürzungen Rund um das Thema Wohnen **Info:** Baupolitik	Die Konjunktionen *zodat* und *(al)hoewel* Die Wortstellung des Verbs im Nebensatz Nebensätze mit *om ... te* oder *te* + Infinitiv Verben mit festen Präpositionen Die Bedeutungen des Verbs *zitten*	**13**
Lesetext Rundfunk-Programmheft: *Documentaire "Bluffen in de kunst"* **Dialog** *Is dat roofkunst of niet?*	Sagen, ob man mit etwas einverstanden ist Sich an einer Diskussion beteiligen Rund um das Thema Rundfunk und Fernsehen **Info:** Debattenkultur	Das Passiv Das Passiv Futur Das Passiv mit Modalverben Das Ersatzsubjekt *er* im Passivsatz Das Passiv im deutschniederländischen Vergleich	**14**
Lesetext Comic: *Brussel stript* **Dialog** *Afscheidsborrel*	Kleidung benennen und beschreiben Komplimente machen Stoff- und Farbadjektive **Info:** Die Hauptstadt des Comics	Präpositionen in verschiedenen Kombinationen Das Adverb *er* mit Präposition und mit Zahlwort	**15**

Aussprache, Betonung und Schreibweise

Das offizielle niederländische Alphabet besteht aus 26 lateinischen Buchstaben. Im Alltagsgebrauch wird häufig **ij** als 27. Buchstabe vor dem y hinzugefügt. Die Buchstabenkombination **ij** wird am Wortanfang immer groß geschrieben: **IJsselmeer**.

Das niederländische Alphabet

A a	[aˑ]	H h	[haˑ]	O o	[oˑ]	V v	[veˑ]
B b	[beˑ]	I i	[i]	P p	[peˑ]	W w	[ʋeˑ]
C c	[seˑ]	J j	[jeˑ]	Q q	[kyˑ]	X x	[ɪks]
D d	[deˑ]	K k	[kaˑ]	R r	[ɛr]	IJ ij	[lɑŋə ɛˑi]
E e	[eˑ]	L l	[ɛl]	S s	[ɛs]	Y y	[ɣrikse ɛˑi]
F f	[ɛf]	M m	[ɛm]	T t	[teˑ]	Z z	[zɛt]
G g	[ɣeˑ]	N n	[ɛn]	U u	[yˑ]		

Das einfache Längenzeichen [ˑ] nach einem Vokal zeigt Ihnen, dass er halblang gesprochen wird. Nur vor **r** werden Vokale lang ausgesprochen, deshalb finden Sie dort in den Wortlisten und im Glossar das doppelte Längenzeichen [ː]: **doof** *taub* [doˑf], **door** *durch* [doːr].

Aussprache der Vokale, Diphthonge und Konsonanten

In den Wortlisten und im Glossar am Ende des Buches gibt die Lautschrift immer die niederländische Standardaussprache eines Wortes wieder. Es gibt im Niederländischen Unterschiede zwischen einer „flämisch" geprägten und eher „holländisch" geprägten Aussprache, die nur bedingt berücksichtigt wurden. Für die Lautschrift werden folgende Symbole verwendet:

Vokal	Aussprache	Beispielwort	deutsche Entsprechung
a	[ɑ]	lak	*wie a in Lack*
e	[ɛ]	lek	*wie e in Leck*
i	[ɪ]	lik	*wie i in Lippe*
o	[ɔ]	lok	*wie o in Locke*
u	[ʌ]	luk	*ähnlich wie ü in Glück*
aa/a	[aˑ]	laan – lanen	*wie a in Mahnmal*
ee/e	[eˑ]	leek – leken	*wie e in fehlen*
ie/i	[i]	liep – liepen	*wie ie in Lied*
oo/o	[oˑ]	loop – lopen	*wie o in Boot*
uu/u	[yˑ]	minuut – minuten	*wie ü in prüfen*

Vokal	Aussprache	Beispielwort	deutsche Entsprechung
oe	[u]	boek	*wie u in Ruck*
e	[ə]	de – het	*wie e in bedacht*
eu	[ø·]	leuk	*wie ö in Föhn*

Diphthong	Aussprache	Beispielwort	deutsche Entsprechung
aai	[a·i]	fraai	*ähnlich wie ai in Kai oder ei in frei, aber länger*
ooi	[o·i]	mooi	*ähnlich wie oi in Ahoi!, aber mit langem geschlossenem o*
oei	[u·i]	foei	*ähnlich wie ui in Pfui, aber länger*
ei/ij*	[ɛ·i]	lei – rij	*kurzes ä, gefolgt von einem [i]*
ui	[œ·y]	lui	*kurzes [ø], das zum [i] übergeht*
ieu	[i·u]	nieuw	*betontes langes [i], gefolgt von einem [u]*
eeu	[e·u]	leeuw	*betontes langes [e·], gefolgt von einem [u]*
au/ou	[ɔ·u]	blauw – kou	*vergleichbar mit au in Bau, aber nicht so hart und das a eher geschlossen*

* **ei** = korte [ɛ·i], **ij** = lange [ɛ·i]

Konsonant	Aussprache	Beispielwort	deutsche Entsprechung
p	[p]	pak – kaap	*wie p in Post, aber nicht behaucht*
b	[b]	bal – abdij	*wie b in Ball*
t	[t]	thee – beter	*wie t in Tee, aber nicht behaucht*
d	[d]	doen – vader	*wie d in danken*
ch/g	[χ]	lachen – prettig	*wie ch in herrlich*
g	[ɣ]	gaan – ogen	*ähnlich wie ch, aber viel weicher*
f	[f]	feest – geef	*wie f in Fest*
v	[v]	volk – even	*ähnlich wie v in Variante, aber weicher*
s	[s]	sok – bos	*wie ss in blass*
z	[z]	zon – verzin	*wie s in Rose*

Sie finden bei den Beispielwörtern keine deutsche Übersetzung, weil es hier nicht um die Bedeutung der Wörter, sondern nur um die Aussprache geht. Sie brauchen diese Wörter nicht zu lernen.

Konsonant	Aussprache	Beispielwort	deutsche Entsprechung
sj	[ʃ]	sjaal – meisje	wie *sch* in *Schokolade*, das aber leicht ins [j] übergeht
h	[h]	huis – gehaast	wie *h* in *Haus*
j	[j]	ja – gejat	wie *j* in *ja*
k	[k]	kan – maak	wie *k* in *Kanne*, aber nicht behaucht
l	[l]	loop – afloop	wie *l* in *laufen*
m	[m]	maan – bemand	wie *m* in *Mond*
n	[n]	nat – benieuwd	wie *n* in *nass*
ng	[ŋ]	lang – vangen	wie *ng* in *lang*
r	[r]	rad – verraad	wie deutsches Anfangs-*r* in *Rad*
w	[ʋ]	water – gewas	wie *w* in *Wasser*, aber weniger Reibung

Kurze und lange Vokale

Die langen Vokale klingen im Niederländischen – verglichen mit den deutschen Vokalen – eher halblang. Nur vor einem **r** werden sie richtig lang gesprochen.

de korte [ɑ] – de lange [aˑ]: man – maan – maar
de korte [ɛ] – de lange [eˑ]: wet – weet – weer
de korte [ɔ] – de lange [oˑ]: dol – dool – door

Besonderheiten der Aussprache

Der Endkonsonant -n wird nach einem unbetonten [ə] in der Regel nicht ausgesprochen. Deshalb erscheint er in den Wortlisten und im Glossar in Klammern: **opbellen** [ˈɔbɛlə(n)] *anrufen*.

Ein weiteres häufig auftretendes Phänomen ist die Lautangleichung (Assimilation). Das bedeutet, dass stimmlose Konsonanten (z. B. **p**, **t**, **k**), die vor stimmhaften Lauten (z. B. **b**, **d**, **g**) stehen, an diese angeglichen und somit auch stimmhaft gesprochen werden: opbellen [ˈɔbɛlə(n)] *anrufen*, stokbrood [ˈstɔgbroˑt] *Baguette*.

In folgenden Beispielen weicht die gesprochene Sprache häufig von der Schriftsprache ab:
d ▶ j: Goedemorgen! [ɣujəˈmɔrɣə(n)] *Guten Morgen!*
d ▶ w: oude [ˈɔˑuʋə] kaas *alter Käse*
mijn ▶ m'n: Heb jij **mijn** [mən] boek? *Hast du mein Buch?*

Betonung und Akzente

Die Hauptbetonung liegt im Niederländischen meist auf der ersten Wortsilbe und wird in der Lautschrift mit dem Zeichen [ˈ] gekennzeichnet.

Im Schriftbild erscheinen bei bestimmten Wörtern, die besonders betont werden sollen, Akzentzeichen:
Dat doe je **zó**! *Das machst du so!*
Je moet **vóór** 30 juli komen. *Du sollst vor dem 30. Juli kommen.*
Dáár weet ik niets van. *Davon weiß ich nichts.*

Fremdwörter

Das Niederländische übernimmt gerne Wörter aus anderen Sprachen. Sie werden in der Regel wie in den Ausgangssprachen gesprochen. Folgende Fremdwörter sollten Sie kennen:

Englisch: flat *Wohnung* – lunch *Mittagessen* – jam *Marmelade*
               tram *Straßenbahn* – weekend *Wochenende*
Französisch: cadeau *Geschenk* – enquête *Umfrage* – punaise *Reißzwecke*
               portefeuille *Brieftasche* – fauteuil *Sessel*
Deutsch: sowieso – überhaupt

Für die gängigsten Fremdwörter im Niederländischen brauchen Sie folgende Laute:

[œ]	eu	fe**u**illeton
[œ:]	œ	**œ**uvre
[œ̃:]	u	parf**u**m
[g]	g	**g**oal (deutsches **g**!)
[ŭ]	ui	et**ui**
[ʒ]	g / j	**g**enie / **j**ournaal
[dʒ]	j	**j**eep

Rechtschreibung

Um die niederländischen Rechtschreiberegeln richtig anwenden zu können, müssen Sie zwischen **offenen** und **geschlossenen** Silben unterscheiden:

- Eine **offene** Silbe endet immer auf einen Vokal. Der Vokal wird dann lang gesprochen und nur einmal geschrieben: ja *ja*, ma *mama*, lezen *lesen*, praten *reden*.
- Eine **geschlossene** Silbe endet auf einen Konsonanten. Wenn der Vokal kurz gesprochen wird, schreiben Sie ihn nur einmal: jas *Jacke*, man *Mann*. Wenn der Vokal lang gesprochen wird, schreiben Sie ihn doppelt: ik lees *ich lese*, ik praat *ich rede*.

Ein Konsonant wird – anders als im Deutschen – am Ende einer **geschlossenen** Silbe nie verdoppelt. Vergleichen Sie: man *Mann*, bed *Bett*. Ein Konsonant wird nur in mehrsilbigen Wörtern verdoppelt, um z. B. den kurzen Laut in der Grundform zu erhalten: bed *Bett* ▶ bedden *Betten*, man *Mann* ▶ mannen *Männer*. Falls Sie den Konsonanten in diesem Fall nicht verdoppeln, erhalten Sie ein anderes Wort: manen *Monde* von der Grundform maan *Mond*.

Besonderheiten der Schreibweise

Der Vokal **e** wird in manchen Wörtern

- kurz gesprochen: d**e** *der*, j**e** *du*, m**e** *mich*, Annek**e** *Anne*,
- doppelt geschrieben: n**ee** *nein*, m**ee** *mit*, z**ee** *Meer*, th**ee** *Tee*, tw**ee** *zwei*.

Außerdem sollten Sie den unbestimmten Artikel **een** [ən] *ein(e)* nicht verwechseln mit der Konjunktion **en** [ɛn] oder dem Zahlwort **een** [e·n] *eins*. Die Akzente helfen bei der Unterscheidung: **één** *eins*.

Beachten müssen Sie auch den **f/v**- und **s/z-Wechsel**: Weil es im Niederländischen die sogenannte Auslautverhärtung gibt, kann am Ende einer Silbe und eines Wortes weder ein **-v** noch ein **-z** stehen. Dieser Wechsel kommt vor

- bei Verben: le**z**en *lesen* ▶ ik lee**s** *ich lese*, ge**v**en *geben* ▶ ik gee**f** *ich gebe*,
- bei der Pluralbildung von Substantiven: brie**f** *Brief* ▶ brie**v**en *Briefe*, rei**s** *Reise* ▶ rei**z**en *Reisen*,
- bei der Adjektivdeklination: de man is lie**f** *der Mann ist lieb* ▶ de lie**v**e man *der liebe Mann*, de man is boo**s** *der Mann ist böse* ▶ de bo**z**e man *der böse Mann*.

Trema und Apostroph als Lesehilfe

Das **Trema** (zwei Punkte auf einem Vokal, nicht zu verwechseln mit dem deutschen Umlaut) wird immer dann gesetzt, wenn zwei aufeinanderfolgende Vokale deutlich voneinander getrennt werden müssen. Damit wird verhindert, dass sie als ein Laut gelesen werden: coördineren *koordinieren* [koɔrdi'ne·rə(n)]. Bei der Pluralbildung und bei den zusammengesetzten Zahlen kommt das Trema sehr häufig vor: de zee *das Meer* – zeeën *Meere* [ze·jə(n)], drieëntwintig *dreiundzwanzig* [drijəntʊɪntəχ].

Manchmal wird ein Apostroph gesetzt, um ein Wort abzukürzen: mijn (**m'n**) lief kind *mein liebes Kind*, zijn (**z'n**) fiets *sein Fahrrad*, zo een (**zo'n**) lief kind *so ein liebes Kind*.

Das *Groene Boekje* als Rechtschreibehilfe

Das **Groene Boekje** *Grüne Buch* ist die offizielle Wortliste der niederländischen Sprache und die beste Hilfe in Zweifelsfällen. Zu jedem Wort werden neben der richtigen Rechtschreibung, die Silbentrennung, der Artikel, das Genus und die Pluralform angegeben: http://woordenlijst.org.

1

In dieser Lektion lernen Sie:
- jemanden zu **begrüßen**
- sich zu **verabschieden**
- sich selbst und andere **vorzustellen**
- die wichtigsten **Fragewörter** zu benutzen
- die Modalverben **kunnen** und **mogen**
- das **Präsens** der regelmäßigen Verben
- das **Präsens** des Hilfsverbs **zijn**

Begroetingsrituelen

Hoe begroet je iemand?

Dit is een enquête over begroetingsrituelen. We willen graag wat informatie.
Kruis aan wat jij denkt of doet.

Hoe begroet je een vriendin
op een fuif?
- ☐ Ik geef haar een hand en kus haar.
- ☐ Ik kus haar drie keer.
- ☐ Ik omhels haar en kus haar.
- ☐ Ik knuffel haar.

Hoe begroeten Europeanen elkaar?
- ☐ Fransen en Belgen geven bijna iedereen drie zoenen.
- ☐ In Engeland geef je elkaar nooit een hand.
- ☐ In Nederland zeggen jongeren geen "goedendag!" meer.
- ☐ In België omhelzen mannen elkaar.

Dankjewel voor je medewerking!

Begrüßungsrituale

Wie begrüßen Sie jemanden?

Dies ist eine Umfrage über Begrüßungsrituale.
Wir hätten gern einige Informationen.
Kreuzen Sie an, was Sie denken oder tun.

Wie begrüßen Sie eine Freundin
auf einer Party?
- ☐ Ich gebe ihr die Hand und küsse sie.
- ☐ Ich küsse sie drei Mal.
- ☐ Ich umarme sie und küsse sie.
- ☐ Ich drücke sie.

Wie begrüßen sich Europäer?
- ☐ Franzosen und Belgier geben fast jedem drei Küsse.
- ☐ In England gibt man sich nie die Hand.
- ☐ In den Niederlanden sagen die Jugendlichen nicht mehr „Guten Tag!".
- ☐ In Belgien umarmen sich die Männer.

Vielen Dank für Ihre Mitarbeit!

1 Wat nieuw is! oef 1

In der ersten Lektion ist natürlich fast alles neu für Sie. Dennoch werden Sie im Niederländischen viele Gemeinsamkeiten mit dem Deutschen entdecken. Aber Vorsicht: Hinter bekannt klingenden Wörtern verbirgt sich oft eine ganz andere Bedeutung. Das sind die sogenannten falschen Freunde, von denen in den beiden Sprachen reichlich vorhanden sind. Wenn an einer Haustür steht, dass Sie „3x bellen" sollen, können Sie ruhig nur „3x klingeln".

In der Rubrik „**Wat nieuw is!**" präsentieren wir Ihnen die Lernschwerpunkte der jeweiligen Lektion. In der ersten Lektion geht es um die Verben und die Personalpronomen.

Im Niederländischen spielt das Verb die Hauptrolle im Satz. Genauso wie im Deutschen steht es im Hauptsatz immer an zweiter Stelle, außer in Ja-Nein-Fragen und Imperativsätzen:
Hoe begroet je iemand? *Wie begrüßt man sich? (wörtl.: Wie begrüßt du jemanden?)*
Ik geef haar een kus. *Ich gebe ihr einen Kuss.*
In Engeland geef je elkaar nooit de hand. *In England gibt man sich nie die Hand.*
Kruis aan wat je denkt. *Kreuze an, was du denkst.*
Geef je haar een kus? *Gibst du ihr einen Kuss?*

Lernen Sie die Personalpronomen und das wichtige Hilfsverb **zijn** *sein*.

Singular		Plural	
ik ben	*ich bin*	**we (wij) zijn**	*wir sind*
je (jij) bent / u bent	*du bist / Sie sind*	**jullie** zijn	*ihr seid*
hij / ze (zij) / het is	*er / sie / es ist*	**ze (zij) zijn**	*sie sind*

Neben manchen Personalpronomen steht eine zweite Form in Klammern, die Sie bei besonderer Betonung einsetzen können:
Jij moet dat doen! *Du musst das machen (nicht ich)!*

Das Pronomen **u** ist immer eine Singularform, wird aber wie die deutsche höfliche Anrede *Sie* (im Singular und Plural) gebraucht. Allerdings tendiert man bei mehreren Personen zu **jullie**.
Für das generalisierende Pronomen *man* haben Sie im Niederländischen die Wahl zwischen dem flotten **je** und dem etwas formelleren **men**:
Hier rook **je** niet! *Hier raucht man nicht!*
Dat zegt **men**. *Das sagt man.*

Hoe leer je iemand kennen?

Jörg spreekt Ilona in de trein aan.

Jörg:	Dag mevrouw. U leest een Nederlandse krant. Komt u uit Nederland?
Ilona:	Ja. Bent u Nederlander?
Jörg:	Nee, ik woon in Berlijn. Ik ben Duitser.
Ilona:	Oh! U spreekt goed Nederlands. Ik spreek ook Duits. Ik ben in Oostenrijk geboren. Wilt u Duits spreken?
Jörg:	Nee, liever niet. Ik wil oefenen. Ik ga naar een conferentie in Utrecht.
Ilona:	Wat een toeval! Werkt u ook voor de firma "Groendaal"?
Jörg:	Wat grappig! Dan zijn we collega's.

Op de conferentie in Utrecht.

Joost:	Ilona, wat doe jij hier? Ben je vandaag niet in Berlijn?
Ilona:	Nee, dat zie je toch! Trouwens, mag ik je even voorstellen? Dit is Jörg Suhr, een collega uit Duitsland. Jörg, dit is Joost de Vries.
Jörg:	Aangenaam, meneer de Vries.
Joost:	Zeg maar Joost, Jurk. We zijn collega's, toch?
Jörg:	Sorry, ik heet niet Jurk, maar Jörg.
Joost:	Hoe spel je dat?
Jörg:	J– *O-Umlaut* – Hoe zeg je dat in het Nederlands, Ilona?
Ilona:	O met twee puntjes erop.
Jörg:	Dank je. Ik herhaal het nog eens: J – O met twee puntjes erop – R en G. Jörg dus.
Joost:	Jörg? Dat is nieuw voor mij. Zeg, maar wat spreek jij goed Nederlands.
Jörg:	Ik vind het een leuke taal. Kun jij ook Duits?
Joost:	Nou, dat valt wel mee! *Ich habe einen Koffer in Berlin ...*
Ilona:	Grapjas!

1

Woordenschat

Sie finden hier den Wortschatz aus beiden Texten. Die normal gedruckten Wörter müssen Sie lediglich passiv verstehen. Die fett gedruckten Wörter sollten Sie besonders gut lernen, denn das sind die Wörter, die Sie auch aktiv anwenden werden.

Begroetingsrituelen

begroetingsrituelen [bə'ɣrutɪŋs- rity·ʋe·lə(n)]	*Begrüßungsrituale*
hoe [hu]	*wie*
begroet je [bə'ɣrutjə]	*begrüßt du*
iemand ['imant]	*jemand(em,en)*
dit [dɪt]	*dies (ist)*
zijn [zɛ·in]	*sein*
een [ən]	*ein(e)*
enquête [aŋ'kɛ·tə]	*Umfrage*
over ['o·vər]	*über, zu*
willen ['ʋɪlə(n)]	*wollen, mögen*
graag [ɣra·χ]	*gerne*
wat [ʋat]	*was; (hier:) einige*
informatie [ɪnfɔr'ma·si]	*Information*
kruis aan [krœys 'a·n]	*kreuze an*
denken ['dɛnkə(n)]	*denken*
of [ɔf]	*oder*
doen [dun]	*tun*
vriendin [vrin'dɪn]	*Freundin*
op een fuif [ɔp ən'fœ·yf]	*auf einer Party*
op [ɔp]	*auf*
geven ['ɣe·və(n)]	*geben*
haar [ha·r]	*ihr (Dat), sie (Akk)*
hand [hant]	*Hand*
en [ɛn]	*und*
kussen ['kʌsə(n)]	*küssen*
drie keer [dri 'ke·r]	*drei Mal*
omhelzen [ɔm'hɛlzə(n)]	*umarmen*
knuffelen ['knʌfələ(n)]	*jmdn fest drücken*

Europeanen [ø·ro·pe·j'a·nə(n)]	*(die) Europäer*
elkaar [ɛl'ka·r]	*einander*
bijna ['bɛ·ina·]	*fast*
iedereen [idər'e·n]	*jeder*
zoenen ['zunə(n)]	*Küsse*
in [ɪn]	*in, im*
nooit [no·it]	*nie*
zeggen ['zɛɣə(n)]	*sagen*
jongeren ['jɔŋərə(n)]	*Jugendliche*
geen [ɣe·n]	*kein(e)*
goedendag! [ɣujə'daχ]	*guten Tag!*
meer [me·r]	*mehr*
mannen ['manə(n)]	*Männer*
dankjewel [dankjə'ʋɛl]	*danke (schön)*
voor [vo·r]	*für*
je medewerking [jə 'me·dəʋɛrkɪŋ]	*deine Mitarbeit*

Hoe leer je iemand kennen?

leren kennen ['le·rə(n) 'kɛnə(n)]	*kennenlernen*
aanspreken ['a·nspre·kə(n)]	*ansprechen*
de [də]	*der, die*
trein [trɛ·in]	*Zug*
dag [daχ]	*(guten) Tag*
mevrouw [mə'vro·u]	*Frau (Anrede)*
lezen ['le·zə(n)]	*lesen*
krant [krant]	*Zeitung*
komen ['ko·m(ə)n]	*kommen*
uit [œ·yt]	*aus*

ja [ja·]	*ja*
nee [ne·]	*nein*
wonen ['vo·nə(n)]	*wohnen*
spreken ['spre·kə(n)]	*sprechen*
goed [ɣut]	*gut*
ook [o·k]	*auch*
geboren [ɣə'bo·rə(n)]	*geboren*
Wilt u ...? ['vɪlt‿y·]	*Möchten/Wollen Sie ...?*
liever niet [livər 'nit]	*lieber nicht*
oefenen ['ufənə(n)]	*üben*
gaan [ɣa·n]	*gehen*
naar [na·r]	*zu, nach*
conferentie [kɔnfə'rensi]	*Konferenz*
toeval ['tuval]	*Zufall*
werken ['vɛrkə(n)]	*arbeiten*
firma ['fɪrma·]	*Firma*
Wat grappig! [vat‿'χrapəχ]	*Wie lustig!*
dan [dɑn]	*dann*
collega ('s) [kɔ'le·ɣa('s)]	*Kollege(n)*
hier [hi·r]	*hier*
vandaag [van'da·χ]	*heute*
niet [nit]	*nicht*
Nee, dat zie je toch! [ne· dat‿'si‿jə tɔχ]	*Nein, das siehst du doch!*
toch? [tɔχ]	*doch; oder?*
dat [dɑt]	*das (ist)*
trouwens ['trɔ·uvəs]	*übrigens*
mag ik? ['maɣ‿ɪk]	*darf ich?*
even ['e·və(n)]	*mal*
voorstellen ['vo·rstɛlə(n)]	*vorstellen*
Aangenaam! ['a·nɣəna·m]	*(Sehr) Angenehm!*
meneer [mə'ne·r]	*Herr (Anrede)*
Zeg maar (+ Vorname)! ['zɛχ ma·r]	*Sagen wir doch du zueinander!*
heten ['he·tə(n)]	*heißen*
maar [ma·r]	*aber, sondern*
spellen ['spɛlən]	*buchstabieren*
in het Nederlands [ɪn‿ət 'ne·dərlɑnts]	*auf Niederländisch*
het [hət]	*das*
O met twee puntjes erop. ['o· mɛ‿'tʋe· 'pʌntjəs (d)ərɔp]	*O mit 2 Punkten darauf.*
herhalen [hɛr'ha·lə(n)]	*wiederholen*
nog eens ['nɔɣ‿əs]	*noch einmal*
dus [dʌs]	*also*
nieuw [ni·u]	*neu*
mij [mɛ·i]	*mich*
Zeg, ... [zɛχ]	*Sag mal, ...*
vinden ['vɪndə(n)]	*finden*
leuke ['lø·kə]	*toll, schön*
taal [ta·l]	*Sprache*
nou [nɔ·u]	*also*
dat valt wel mee [dɑt‿falt vɛl 'me·]	*das geht schon*
Grapjas! ['ɣrɑpjɑs]	*Witzbold!*

Mag ik je voorstellen?

1

Grammatica

1. Der Verbstamm   *oef 2, 3*

Auf den Stamm des Verbs gehen im Niederländischen alle anderen Formen zurück.
Er ist die Grundform des Präsens. Der Stamm wird aus dem Infinitiv ohne die
Endungen **-en** oder **-n** gebildet und ist zugleich die 1. Person Singular im Präsens.

Infinitiv		Stamm	Infinitiv		Stamm
werken	*arbeiten*	**werk**	**gaan**	*gehen*	**ga**
heten	*heißen*	**heet**	**lezen**	*lesen*	**lees**
herhalen	*wiederholen*	**herhaal**	**zeggen**	*sagen*	**zeg**

Bei der Bildung des Verbstamms müssen Sie wichtige Rechtschreibregeln beachten,
die Ihnen später auch bei anderen grammatischen Themen, z.B. dem Plural der
Substantive (→ Lektion 3), begegnen werden.

▎Offene Silben wie in **he-ten** *heißen*, **herha-len** *wiederholen* und **le-zen** *lesen*
werden zu geschlossenen Silben, d.h. die Vokale werden verdoppelt: **he-ten –
heet**.

▎Der Stamm endet nie auf **-v** oder **-z**. Stattdessen schreiben Sie **-f** oder **-s** im Auslaut: **lezen – lees**, **schrijven** *schreiben* – **schrijf**.

▎Verben mit einem Doppelkonsonanten im Infinitiv brauchen nach einem kurzen
Vokal im Verbstamm nur *einen* Konsonanten im Auslaut: **zeggen** *sagen* – **zeg**,
zitten *sitzen* – **zit**.

2. Das Präsens der Verben   *oef 2, 4, 5*

In der Tabelle sehen Sie die Präsenskonjugation der regelmäßigen Verben am Beispiel des Verbs **werken** *arbeiten*.

	Stamm	+	Suffix	Personalpronomen	werken
Singular			–	ik	werk
	werk	+	t	je (jij) / u	werkt
			t	hij / ze (zij) / het	werkt
Plural	werk	+	en	we (wij)	werken
			en	jullie	werken
			en	ze (zij)	werken

Im Plural wird die Form des Infinitivs übernommen. Vorsicht ist bei der 2. Person Singular **je** geboten. Das **-t** entfällt, wenn das Personalpronomen **je** hinter dem Verb steht. Dies ist in der Regel in Fragesätzen der Fall:
Werk je? *Arbeitest du?*
Waar woon je? *Wo wohnst du?*

Das gilt nicht für die Höflichkeitsform **u** *Sie* und die 3. Person Singular:
Werkt u? *Arbeiten Sie?*   Wat leest ze? *Was liest sie?*   Zegt hij iets? *Sagt er etwas?*

3. Die Modalverben *kunnen* und *mogen*   oef 3, 4

Das Verb **kunnen** bedeutet, genau wie *können* im Deutschen, *in der Lage sein, etwas zu tun*: Ze kan al goed Nederlands (spreken). *Sie kann schon gut Niederländisch (sprechen).*

Das Verb **mogen** hat im Niederländischen eine völlig andere Bedeutung als *mögen* im Deutschen. Es entspricht dem Verb *dürfen* und bedeutet *die Erlaubnis zu etwas haben*: Mag ik je voorstellen? *Darf ich (dir) vorstellen?*

In der Tabelle sehen Sie, wie die beiden Modalverben konjugiert werden:

Singular	kunnen	mogen	Plural	kunnen	mogen
ik	kan	mag	we (wij)	kunnen	mogen
je (jij) / u	kunt / kan*	mag	jullie	kunnen	mogen
hij / ze (zij) / het	kan	mag	ze (zij)	kunnen	mogen

* Die Form **kan** ist weniger gebräuchlich, aber ebenfalls korrekt.

4. Die Verneinung

Wenn Sie *nein* sagen können, vergrößern Sie Ihre sprachlichen Möglichkeiten in der Fremdsprache erheblich. Im Niederländischen brauchen Sie dazu zunächst das Wörtchen **nee(n)** *nein*. Im Satz verneinen Sie dann zusätzlich noch das Verb mit dem Wort **niet** *nicht*.
- Komt u uit Duitsland? *Kommen Sie aus Deutschland?*
- **Nee**, ik kom **niet** uit Duitsland. *Nein, ich komme nicht aus Deutschland.*

Wenn Sie ein Substantiv verneinen, brauchen Sie das Wort **geen** *kein*, das – anders als im Deutschen – nie dekliniert wird.
- Spreekt u Nederlands? *Sprechen Sie Niederländisch?*
- Nee, ik spreek **geen** Nederlands. *Nein, ich spreche kein Niederländisch.*

5. Fragesätze   oef 5

Gleich zu Beginn haben Sie bestimmt viele Fragen. Die können Sie im Niederländischen entweder mit Fragewörtern oder mit Ja-Nein-Fragen stellen. Hier sind einige Beispiele:

Fragepronomen	Ja-Nein-Fragen	Antworten
	Mag ik u/je even voorstellen? *Darf ich Sie/dich bekanntmachen?*	Aangenaam. *Angenehm.*
Wie ...? *Wer ...?*	Bent u ...?/Ben je ...? *Sind Sie/Bist du ...?*	Ik ben ... *Ich bin ...*
Hoe ...? *Wie ...?*	Heet u ...?/Heet je ...? *Heißen Sie ...?/Heißt du ...?*	Ik heet ... *Ich heiße ...*
Waar ... vandaan? *Woher ...?*	Komt u uit ...?/Kom je uit ...? *Kommen Sie aus ...?/Kommst du aus ...?*	Ik kom uit ... *Ich komme aus ...*
Waar ...? *Wo ...?*	Woont u in ...?/Woon je in ...? *Wohnen Sie in ...?/Wohnst du in ...?*	Ik woon in ... *Ich wohne in ...*
Wat ...?/Welke taal ...? *Was ...?/Welche Sprache ...?*	Spreekt u ...?/Spreek je ...? *Sprechen Sie ...?/Sprichst du ...?*	Ik spreek ... *Ich spreche ...*

Taalweetjes

An dieser Stelle zeigen wir Ihnen jeweils, wie Sie die gelernten Ausdrücke und Strukturen verwenden können. Wir orientieren uns dabei immer an der gesprochenen Alltagssprache.

So können Sie jemanden begrüßen und sich verabschieden

Dag! *Tag!*
Goedendag! *Guten Tag! (allgemein)*
Goedemorgen! *Guten Morgen!*
Goedemiddag! *Guten Tag!*
Goedenavond! *Guten Abend!*
Goedenacht! *Gute Nacht!*

Hallo! *Hallo!*
Doei! *Tschüs!*
Tot ziens! *Auf Wiedersehen!*
Tot morgen! *Bis morgen!*
Tot vanmiddag! *Bis heute Nachmittag!*
Slaap lekker! *Schlaf gut!*

So fragen Sie nach, wenn Sie etwas nicht verstanden haben

Hoe zeg je dat in het Nederlands? *Wie sagt man das auf Niederländisch?*
Kunt u dat nog eens herhalen? *Können Sie das noch einmal wiederholen?*
Hoe spel je dat? *Wie buchstabiert man das?*

„Falsche Freunde"

Sie können im Niederländischen genauso wie im Deutschen *jemanden vorstellen* oder sich in Ihrer Fantasie *etwas vorstellen*. Das Verb **voorstellen** wird im Niederländischen aber zusätzlich noch in der Bedeutung von *etwas vorschlagen* benutzt: Ik stel voor dat we vertrekken. *Ich schlage vor, dass wir abfahren.*

Weil Niederländisch und Deutsch sich sehr ähneln, aber doch ganz anders sind, gibt es reichlich Stolperfallen für Sie als Lerner. Dazu gehören u. a. das Modalverb **mogen** und die Fragepronomen **wie?** **wer?** und **hoe?** *wie?*. Künftig finden Sie immer dann, wenn besondere Vorsicht geboten ist, diesen kleinen Kasten mit der Überschrift: **Opgelet struikelblok!** *Aufgepasst, Stolperstein!*

Opgelet struikelblok!

NL	D
wie?	wer?
hoe?	wie?

Anrede

Wenn Sie jemanden ansprechen möchten, dessen Namen Sie nicht kennen, können Sie einfach die Anrede **mevrouw** *Frau* oder **meneer** *Herr* ohne den Nachnamen benutzen. Im Deutschen verwenden Sie in solchen Situationen die neutrale Form ohne Anrede: Dag, mevrouw! *Guten Tag!* Hoe maakt u het, meneer? *Wie geht es Ihnen?*

Akademische Titel sind im Niederländischen übrigens nicht Teil des Namens und bis auf den Hausarzt (als Berufsbezeichnung) spricht man niemanden mit dem Doktortitel an. Auch Kollegen stellt man nicht mit dem Doktortitel vor.

Siezen und Duzen

Viele Deutschsprachige glauben, dass man sich im niederländischen Sprachraum gar nicht mehr siezt. Das stimmt nicht ganz. Man wechselt aber recht schnell und fast automatisch zum *du*, sobald eine gewisse Vertrautheit da ist. Auch werden junge Leute ältere meistens siezen, während die älteren im selben Gespräch die jüngeren duzen. Bei Ankündigungen, die an die Allgemeinheit gerichtet sind, wird der Leser häufig per du angesprochen (siehe Lesetext, Seite 17).

Bitte schön! und *Danke sehr!*

Anders als im Deutschen unterscheidet man bei *bitte* zwischen **u** *Sie* – **alstublieft** und **je** *du* – **alsjeblieft**. Meist wird die Du-Form **alsjeblieft** ['ɑʃəblif] verwendet, wobei im Schriftverkehr häufig das Kürzel **a.u.b. (alstublieft)** anzutreffen ist. Bedanken können Sie sich ebenfalls per Sie oder per du mit **dank u (wel)** bzw. **dank je / dankjewel**.

Extra woorden

Hier finden Sie weiteren wichtigen Wortschatz zum Thema der Lektion. Diese Wörter sollten Sie auf jeden Fall lernen.

Land *Land*	**Taal** *Sprache*	**Inwoner** *Einwohner(in)*
Nederland *Niederlande*	Nederlands, Fries	Nederlander / Nederlandse
Vlaanderen *Flandern*	Nederlands	Vlaming / Vlaamse
België* *Belgien*	Nederlands, Frans, Duits	Belg / Belgische
Luxemburg *Luxemburg*	Frans, Duits, Letzeburgs	Luxemburger / Luxemburgse
Suriname *Suriname*	Nederlands	Surinamer / Surinaamse
Antillen *Antillen*	Nederlands, Papiamento	Antilliaan(se)
Zuid-Afrika *Südafrika*	Afrikaans, Zoeloe, Engels	Zuid-Afrikaan(se)
Marokko *Marokko*	Arabisch	Marokkaan(se)
Turkije *Türkei*	Turks	Turk(se)
Duitsland *Deutschland*	Duits	Duitser / Duitse
Oostenrijk *Österreich*	Duits	Oostenrijker / Oostenrijkse
Zwitserland *Schweiz*	Duits, Frans, Italiaans	Zwitser(se)
Engeland *England*	Engels	Engelsman / Engelse
Frankrijk *Frankreich*	Frans	Fransman / Française
Italië* *Italien*	Italiaans	Italiaan(se)
Spanje *Spanien*	Spaans, Katalaans	Spanjaard / Spaanse
Roemenië* *Rumänien*	Roemeens	Roemeen(se)

* Die beiden Pünktchen auf dem **ë** markieren keinen Umlaut, sondern sind das Sonderzeichen **Trema** (→ Aussprachehinweise, Seite 16).

i Wie Sie sehen, lernen Sie weder Holländisch noch Flämisch, sondern Niederländisch. Das ist die Muttersprache von etwa 22 Millionen Europäern. Dazu kommen noch ca. eine halbe Million Muttersprachler in Suriname, auf Aruba und den niederländischen Antillen. Niederländisch gilt als eine mittelgroße Sprache. Afrikaans ist die Tochtersprache des Niederländischen.

Oefeningen

1 Ergänzen Sie die Personalpronomen. Es kann mehrere Möglichkeiten geben.

1. ...*Hij*........... is Nederlander.

2. Ben .... uit Suriname?

3. .... spreek een beetje Nederlands.

4. Komt .... ook uit Turkije?

5. .... geven nooit een zoen.

6. .... gaat naar een conferentie.

2 **a.** Streichen Sie die Infinitivendungen und schreiben Sie den Verbstamm auf.

omhelz~~en~~ – ..*omhels*.......   praten* – ....   geven – ....

werken – ....   vinden – ....   komen – ....

b. Setzen Sie jetzt die passenden Verbformen in den Lückentext ein.

Mag ik je mijn vriendin Karlien voorstellen? Als we elkaar zien, ... (1.)

ik haar en .... (2.) haar drie zoenen. Zij .... (3.) uit Leuven. Ik

.... (4.) graag met haar. Karlien .... (5.) ook op kantoor. Ik

.... (6.) haar een leuke collega.

*praten: *sprechen*

3 Unterstreichen Sie die konjugierten Verben und notieren Sie den Infinitiv.

- <u>Mag</u> ik u iets vragen?   ...*mogen*...................
- Ja graag, doe maar.   ....
- Het is moeilijk* voor mij.   ....
- Wilt u met mij spreken?   ....
- Hoe kan ik het zeggen?   ....
- Wat doen we dan?   ....
- Zegt u het maar!   ....
- Komt u morgen nog eens.   ....
- Dat doe ik. Dank u wel!   ....

*moeilijk: *schwierig*

4 Jörg schreibt an einen Freund. Markieren Sie die Verben und tragen Sie sie in den Brief ein.

```
i s | l e e r | w e t e n | k e n | b e n | i s | s p r e e k t | i s
v i n d e n | l e e r | s p r e e k t | s p r e k e n | g a | k u n
```

Beste Henning,

.... (1.) je nog Nederlands? Ik .... (2.) op een

conferentie in Utrecht. Ik .... (3.) hier heel wat mensen*. Ze

.... (4.) Nederlands met mij. Er .... (5.) een leuke

Engelsman. Hij .... (6.) ook Nederlands. Dat ....

(7.) grappig! Hier .... (8.) je goed oefenen. De Nederlanders en de

Vlamingen .... (9.) het leuk dat ik Nederlands

.... (10.). Ook in Brussel .... (11.) men

Nederlands. Veel Duitsers .... (12.) dat niet. Morgen

.... (13.) ik met Joost en Ilona naar Utrecht. Dat

.... (14.) leuk!

Dag, Jörg

*mensen: *Menschen*

5 Stellen Sie die passenden Fragen zu den folgenden Antworten.

1. ...*Hoe heet je?*........................ Ik heet Marijke. En jij?

2. .... Ik kom uit Roemenië, uit Boekarest. En u?

3. .... Ik spreek Afrikaans en Frans. En jij?

4. .... Ik woon in Duitsland, in Hamburg. En u?

5. .... Ik woon in Zuid-Afrika. En jij?

6. .... Ik ben mevrouw de Groot. En u?

7. .... Ik kom uit een dorpje in Vlaanderen. En jij?

8. .... Ik spreek graag Nederlands. En u?

Nach dieser Lektion können Sie:
- sich **entschuldigen**
- jemanden nach dem **Befinden** fragen
- sich am **Telefon** verständigen
- von 0 bis 100 **zählen**
- den **Artikel** bestimmen
- die Formen der **Personalpronomen**
- die Formen der **Possessivpronomen**

www.langensch

Taalwedstrijd

Doe mee aan de wedstrijd van de Grote Woordenboeken!
We testen je talenkennis. Er zijn leuke prijzen. De winnaar krijgt het **Grote Woordenboek voor 4 talen**. Wat moet je doen? Ga snel verder naar het invulformulier. Deelnemen kun je tot 14 oktober.

Invulformulier: Heel wat woorden in andere talen komen uit het Nederlands.
Wat is de juiste vertaling?

jouw naam:

land – stad:

e-mailadres:

`verzend`

Nederlands	de taal	woord in de vreemde taal
het manneke	Frans	mannequin
de oester	Duits	Auster
de baas	Engels	boss
de klapschaats	Japans	kurappusukaatsu
het rijbewijs	Indonesisch	rebewes

Sprachenwettbewerb

Nehmen Sie teil am Wettbewerb der Großen Wörterbücher!
Wir testen Ihre Sprachkenntnisse. Es gibt tolle Preise. Der Gewinner erhält das **Große Wörterbuch für 4 Sprachen**. Was müssen Sie tun? Gehen Sie schnell weiter zum Anmeldeformular. Teilnehmen können Sie bis zum 14. Oktober.

Anmeldeformular: Viele Wörter in anderen Sprachen kommen aus dem Niederländischen.
Wie ist die richtige Übersetzung?

Ihr Name:

Land – Stadt:

E-Mail-Adresse:

`Abschicken`

Niederländisch	die Sprache	Wort in der Fremdsprache
das Männlein	Französisch	mannequin
die Auster	Deutsch	Auster
der Chef	Englisch	boss
der Klappschlittschuh	Japanisch	kurappusukaatsu
der Führerschein	Indonesisch	rebewes

2

Wat nieuw is!

In dem Text sind Sie vielen Substantiven wie **baas** *Chef*, **oester** *Auster* und **rijbewijs** *Führerschein* begegnet. Substantive werden von den bestimmten Artikeln **de** *der/die* und **het** *das* begleitet oder sie stehen mit dem unbestimmten Artikel **een** *ein/eine*.

Klasse	Genus	bestimmter Artikel	unbestimmter Artikel
de-woorden	*Maskulinum (m.)*	**de** baas	**een** baas
	Femininum (v.)	**de** oester	**een** oester
het-woorden	*Neutrum (o.)*	**het** rijbewijs	**een** rijbewijs

Die beiden Hauptgruppen werden nach **de-woorden** *de-Wörter* und **het-woorden** *het-Wörter* klassifiziert. Im Wörterbuch finden Sie bei jedem Substantiv das Genus, das im Niederländischen wie folgt angegeben wird: *m.* für *Maskulinum, v.* für *Femininum* und *o.* für *Neutrum*. Diese Angaben helfen Ihnen, z. B. die richtigen Pronomen zu finden:

De toerist *(m.)* komt uit Gent. **Hij** spreekt dus Nederlands.
Der Tourist kommt aus Gent. Er spricht also Niederländisch.
De oefening *(v.)* is erg moeilijk. **Ze** is veel te lang. Ik vind **ze** veel te lang.
Die Übung ist sehr schwierig. Sie ist viel zu lang. Ich finde sie viel zu lang.
Het boek *(o.)* is spannend. Ik geef **het** aan mijn vriendin.
Das Buch ist spannend. Ich gebe es meiner Freundin.

Auch Muttersprachler sind beim Genus oft unsicher. Ist zum Beispiel **de oester** *die Auster* weiblich? Im Wörterbuch finden Sie dazu die Angabe *v. (m.).* Eine **oester** ist eigentlich weiblich, aber es hat – wie bei vielen femininen Wörtern – eine Verschiebung zugunsten des männlichen Genus stattgefunden.

Das bedeutet, dass Sie sich im Zweifelsfall bei den **de-woorden** immer für das männliche Genus entscheiden sollten, dann liegen Sie auf jeden Fall richtig. Da es wichtig ist, dass Sie die richtigen Artikel kennen, haben wir Ihnen in den Wörterlisten die **het-woorden** extra markiert. Lernen Sie den Artikel beim Vokabellernen gleich mit.

Oftmals haben niederländische Wörter denselben Artikel wie das entsprechende deutsche Wort. Vorsicht ist aber bei Fremdwörtern geboten. Hier ist es oft umgekehrt: **de telefoon** *das Telefon*, **het nummer** *die Nummer*, **het adres** *die Adresse*.

Und zum Schluss noch eine wichtige Abweichung vom Deutschen: Das Niederländische kennt keinen Kasus. Der Artikel verrät Ihnen also nicht wie im Deutschen, welcher Kasus folgt. Vereinzelte Wörter zeigen allerdings noch Genitivreste (Endung -s): **moeders jurk** *Mutters Kleid*, **'s morgens** *morgens*.

Telefoneren

Joost belt zijn vriend Mark op.

Mark:	Met Mark Vermeer.
Joost:	Hoi, Mark. Ik ben het, Joost. Hoe gaat het met je?
Mark:	Dag Joost. Leuk je te horen. Met mij gaat het goed. Alleen wat veel werk. Waar zit je?
Joost:	Ik ben op het ogenblik in Nederland en heb een collega uit Duitsland op bezoek. Kom je niet eens langs?
Mark:	Ik ken toch geen woord Duits.
Joost:	Dat hoeft helemaal niet. Jörg spreekt perfect Nederlands.
Mark:	Waar logeer je? Ik heb jouw adres niet.
Joost:	Ik heb een flat met een prachtig zeezicht, direct achter de dijk. Je vindt me in de Klinkerstraat 35, drie hoog. Weet je de weg?
Mark:	Ja hoor! Ik kom meteen. Tot zo!
Joost:	Tot straks!

Joost belt Ilona op en spreekt in op het antwoordapparaat.

Ilona:	Hier is het antwoordapparaat van Ilona ten Brink. Je kunt na de pieptoon een boodschap inspreken. Ik bel je dan zo vlug mogelijk terug. Tot ziens!
Joost:	Hoi, Ilona. We willen vanavond hier op mijn flat een glaasje drinken. Kom je? Heb je mijn adres wel? Bel je me even op mijn mobieltje of stuur je me een sms? Mijn gsm-nummer is: nul-één-zeven-vijf / drie-acht-vijf-twee-negen-één. Tot vanavond!

Joost belt nog een collega op.

Kaatje:	Met Kaatje.
Joost:	Dag Kaatje. Je spreekt met Joost de Vries. Ik ben een collega van je moeder. Mag ik haar even spreken?
Kaatje:	Het spijt me, meneer. Mijn moeder is niet thuis. Ze is naar een vergadering voor haar werk. Daarna is er een borrel. Ze komt dan meestal erg laat naar huis.
Joost:	Vergadering? Oh, wat stom van me! Dat ben ik helemaal vergeten! Daar moet ik ook naartoe. Dankjewel, Kaatje, en tot ziens.
Kaatje:	Doei!

2

Woordenschat

Taalwedstrijd

taalwedstrijd	Sprachenwett-
['taˑlʋɛtstrɛˑit]	bewerb
doe mee aan	mache mit bei
[du meˑ aˑn]	
van [vɑn]	von
groot [ɣroˑt]	groß
woordenboek (het)	Wörterbuch
['voˑrdə(n)buk]	
testen ['tɛstə(n)]	testen, prüfen
talenkennis	Sprachkenntnis
['taˑlə(n)kɛnɪs]	
er is / zijn	es gibt
[ər 'ɪs/'zɛˑin]	
prijs [prɛˑis]	Preis
winnaar [ʋɪnaːr]	Sieger
krijgen ['krɛˑiɣə(n)]	bekommen, erhalten
moeten ['mutə(n)]	sollen, müssen
snel [snɛl]	schnell
verdergaan	weitergehen
['vɛrdərɣaˑn]	
invulformulier	Anmeldeformular
(het)	
['ɪnvʌlfɔrmyˑliːr]	
deelnemen	teilnehmen
['deˑlneˑmə(n)]	
tot [tɔt]	bis
oktober [ɔk'toˑbər]	Oktober
heel wat [heːl vɑt]	jede Menge
woord (het) [voˑrt]	Wort
andere ['ɑndərə]	andere
vreemde taal	Fremdsprache
[vreˑmdə 'taˑl]	
Japans [jaˑpɑns]	Japanisch
Indonesisch	Indonesisch
[ɪndoˑ'neseˑɪs]	
manneke (het)	Männlein
['mɑnəkə]	
oester ['ustər]	Auster
baas [baˑs]	Chef

(klap)schaats	Klappschlittschuh
['(klɑp)sχaˑts]	
rijbewijs (het)	Führerschein
['rɛˑibəʋɛˑis]	
juist [jœˑyst]	richtig
vertaling	Übersetzung
[vər'taˑlɪŋ]	
naam [naˑm]	Name
stad [stɑt]	Stadt
land (het) [lɑnt]	Land
e-mailadres (het)	E-Mail-Adresse
['imeˑladrɛs]	
verzenden	schicken, versenden
[vər'zɛndə(n)]	

Telefoneren

telefoneren	telefonieren
[teləfoˑ'neˑrə(n)]	
opbellen ['ɔbɛlə(n)]	anrufen
vriend [vrint]	Freund
Met (+ Name) [mɛt]	Hier spricht …
hoi [hɔi]	hallo
met [mɛt]	mit
te [tə]	zu
horen ['hoːrə(n)]	hören
alleen [ɑ'leˑn]	nur
veel [veˑl]	viel
werk (het) [ʋɛrk]	Arbeit
Waar zit je?	Wo steckst du?
[vaːr 'zɪtjə]	
op het ogenblik	im Augenblick
[ɔpˏətˏ'oˑɣənblɪk]	
op bezoek	zu Besuch
[ɔˏbəˈzuk]	
hebben ['hɛbə(n)]	haben
niet eens [nitˏeˑns]	nicht einmal
dat hoeft niet	das muss nicht
[dɑtˏ'huft nit]	
helemaal	ganz und gar
[heˑləˑ'maˑl]	
perfect [pər'fɛkt]	perfekt

logeren [loˈʒeˑrə(n)]	*übernachten*	een glaasje drinken	*ein Gläschen*
adres [aˈdrɛs]	*Adresse*	[ən ˈɣlaˑʃə	*trinken*
flat [flɛt]	*Wohnung*	ˈdrɪŋkə(n)]	
prachtig [ˈpraχtəχ]	*prächtig*	Heb je ... wel?	*Hast du denn ...?*
zeezicht [ˈzeˑzɪχt]	*Seeblick*	[ˈhɛp‿jə ʋɛl]	
direkt [dɪˈrɛkt]	*direkt*	mobieltje (het)	*Handy*
achter [ˈaχtər]	*hinter*	[mɔˈbiltjə]	
dijk [dɛˑik]	*Deich*	sturen [ˈstyːrə(n)]	*schicken*
drie hoog [dri hoˑχ]	*(im) 3. Stock*	**gsm** [ɣeˑ ɛs ɛm]	*Handy*
weten [ˈʋeˑtə(n)]	*wissen*	**nummer (het)**	*Nummer*
weg [ʋɛχ]	*Weg*	[ˈnʌmər]	
Ja hoor! [jaˑ hoːr]	*Na klar!*	**nog** [nɔχ]	*noch*
meteen [mɛˈteˑn]	*sofort*	moeder [ˈmudər]	*Mutter*
Tot zo! [tɔt soˑ]	*Bis gleich!*	**Het spijt me!**	*Es tut mir leid!*
Tot straks!	*Bis später!*	[ət spɛˑit mə]	
[tɔt straks]		**thuis** [tœˑys]	*zu Hause*
inspreken	*aufsprechen*	vergadering	*Besprechung*
[ˈɪnspreˑkə(n)]		[ʋərˈɣaˑdərɪŋ]	
antwoordapparaat	*Anrufbeantworter*	daarna [daːrˈnaˑ]	*danach*
(het)		borrel [ˈbɔrəl]	*Umtrunk*
[ˈantʋoːrtaparaˑt]		**meestal**	*meistens*
na [naˑ]	*nach*	[ˈmeˑstal]	
pieptoon [ˈpiptoˑn]	*Piepton*	erg [ɛrχ]	*sehr*
boodschap	*Nachricht*	laat [laˑt]	*spät*
[ˈboˑtsχap]		**naar huis**	*nach Hause*
zo vlug mogelijk	*so schnell wie*	[naːr hœˑys]	
[zoˑ ʋlʌχ ˈmoˑɣələk]	*möglich*	Wat stom van me!	*Wie dumm von*
		[ʋat ˈstɔm vaˑ‿mə]	*mir!*
terugbellen	*zurückrufen*	ben ik vergeten	*habe ich vergessen*
[təˈrʌɣbɛlə(n)]		[bɛn‿ək	
Tot ziens!	*Auf Wiedersehen!;*	vərˈɣeˑtə(n)]	
[tɔt sins]	*(hier:) Auf Wieder-*	daar ... naartoe	*dort ... hin*
	hören!	[daːr ˈnaːrtu]	
		Doei! [duɪ]	*Tschüs!*
vanavond	*heute Abend*		
[vanˈaˑvənt]			

Grammatica

1. Das Hilfsverb *hebben*

Achten Sie bei der Konjugation des Verbs **hebben** *haben* vor allem auf die 3. Person Singular. Diese Form hören Sie häufig auch in Verbindung mit **u**: **u heeft**.

Singular		Plural	
ik heb	ich habe	we (wij) hebben	wir haben
je (jij) / u hebt/u heeft	du hast/Sie haben	jullie hebben	ihr habt
hij/ze (zij)/het heeft	er/sie/es hat	ze (zij) hebben	sie haben

Erinnern Sie sich noch daran, dass die Personalpronomen in Klammern nur bei besonderer Betonung stehen und dass bei der Fragestellung das -t in der 2. Person Singular entfällt (→ Lektion 1)?
Heb je het adres van Joost? *Hast du die Adresse von Joost?*

2. Die Modalverben *moeten* und *niet hoeven*

Das Verb **moeten** *müssen, sollen* verneinen Sie mit **niet hoeven** *nicht müssen, nicht brauchen.* **Hoeven** gibt es ohne Verneinung nicht als selbstständiges Verb.
Moet ik dat ook nog leren? *Soll ich das denn auch noch lernen?*
Nee, dat **hoef je niet** (te leren)! *Nein, das brauchst du nicht (zu lernen)!*

Singular	moeten	niet hoeven	Plural	moeten	niet hoeven
ik	moet	hoef niet	we (wij)	moeten	hoeven niet
je (jij)/u	moet	hoeft niet	jullie	moeten	hoeven niet
hij/ze (zij)/het	moet	hoeft niet	ze (zij)	moeten	hoeven niet

Das Modalverb **moeten** übersetzen Sie je nach Kontext entweder mit *müssen* oder mit *sollen.* Es kann außerdem eine Wahrscheinlichkeit ausdrücken:
Ellen **moet** om 7 uur naar bed. *Ellen muss um 7 Uhr ins Bett.*
Wat **moet** ik doen? *Was soll ich tun?*
De ziekte **moet** heel erg zijn. *Die Krankheit muss wohl ganz schlimm sein.*

3. Die Demonstrativpronomen

Opgelet struikelblok!

Die Demonstrativpronomen **deze** *diese(r)* und **dit** *dieses* sowie **die** *jene(r)* und **dat** *jenes* verwenden Sie, um Nähe und Distanz auszudrücken. Das Demonstrativpronomen richtet sich nach dem Genus.

NL	D
dat	*jenes*
het	*das*

Dit boek en **dat** boek. *Dieses Buch (hier) und jenes Buch (dort).*

	in der Nähe liegend	in der Ferne liegend
de-woord	deze *diese(r)*	die *jene(r)*
het-woord	dit *dieses*	dat *jenes*

4. Die Personalpronomen im Objektfall   oef 1, 3

Wie Sie in der Tabelle sehen, macht das Niederländische bei den Objektpronomen keinen Unterschied zwischen dem Dativ und dem Akkusativ. Die Pronomen werden jedoch oft von Präpositionen begleitet.

Subjekt	Objekt		Subjekt	Objekt	
ik *ich*	me (mij)	*mich, mir*	wij *wir*	ons	*uns*
je/u *du/Sie*	je (jou)/u	*dich/Sie, dir/Ihnen*	jullie *ihr*	jullie	*euch*
hij/zij *er/sie*	hem/haar (ze)	*ihn/sie, ihm/ihr*	zij *sie*	hen (ze)	*sie, ihnen*

Met **mij** gaat het uitstekend! *Mir geht es blendend!*
Ik hou van **je (jou)/u**! *Ich liebe dich/Sie!*
Ken je **haar (ze)/hem**? *Kennst du sie/ihn?*
Kom je eens bij **ons** langs? *Kommst du mal bei uns vorbei?*
Ik geef **jullie** een woordenboek. *Ich gebe euch ein Wörterbuch.*
Jullie kennen **hen (ze)** goed. *Ihr kennt sie gut.*

5. Die Possessivpronomen   oef 1, 2

Sie können Besitz- oder Zugehörigkeitsverhältnisse entweder mit der Präposition **van** und einem Personalpronomen im Objektfall ausdrücken oder Sie benutzen ein Possessivpronomen. Die Possessivpronomen werden im Niederländischen weder dem Genus angepasst noch dekliniert:
Het boek is **van mij**. *Das Buch gehört mir. (wörtl.: ist von mir)*
Het is **mijn** boek. *Das ist mein Buch.*

PersPron	PossPron		PersPron	PossPron	
ik *ich*	mijn	*mein(e)*	wij *wir*	ons/onze	*unser(e)*
je/u *du/Sie*	jouw (je)/uw	*dein(e)/Ihr(e)*	jullie *ihr*	jullie	*euer(e)*
hij/zij *er/sie*	zijn/haar	*sein(e)/ihr(e)*	zij *sie*	hun	*ihr(e)*

Vorsicht ist geboten mit **jou** (Objektfall) und **jouw** (Possessivpronomen)! Den Unterschied hören Sie nicht, da beide gleich ausgesprochen werden. Wenn Sie es grammatisch richtig schreiben wollen, können Sie aber im Zweifelsfall immer **je** benutzen.
Mijn adres is ... *Meine Adresse ist ...*
Wat is **jouw (je)/uw** faxnummer? *Wie lautet deine/Ihre Faxnummer?*
Wat is **zijn/haar** nummer? *Was ist seine/ihre Nummer?*
Zijn dat **jullie** nummers? *Sind das eure Nummern?*
Ken je **hun** adres? *Kennst du ihre Adresse?*

2

Die Form des Possessivpronomens **ons** verwenden Sie nur in Verbindung mit einem **het-woord** im Singular: **ons nummer** *unsere Nummer.* Die Form **onze** steht mit einem **de-woord** im Singular sowie mit **de-** und **het-woorden** im Plural: **onze naam** *unsere Namen,* **onze nummers** *unsere Nummern.* Leicht zu verwechseln sind auch **hen** (Objektfall) und **hun** (Possessivpronomen):
Dat nummer is van hen, hun adres is … *Diese Nummer ist von ihnen, ihre Adresse ist …*

Taalweetjes

Nach dem Befinden fragen   *oef 6, 7*

Variieren Sie Ihre Antworten auf die Standardfrage **Hoe gaat het?** *Wie geht's?*
je nach Ihrem tatsächlichen Gemütszustand:

	☺ Uitstekend! / Prima! / Fantastisch! *Ausgezeichnet!*
Hoe gaat het (met je / jou / u)?	☺ Hartstikke goed! *Ganz toll!*
Hoe maakt u het?	☺ O, best! / Goed! *Gut!*
Hoe is het?	☺ Het gaat wel. *Es geht so.*
Hoe gaat het ermee?	☺ Niet zo goed. / Niet zo best. *Nicht so gut/toll.*
	☹ Ik voel me niet lekker. *Ich fühle mich nicht wohl.*
	☹ (Heel erg) Slecht. *(Ganz) Schlecht.*

Sich entschuldigen und etwas bedauern

Wenn Sie in der Straßenbahn aus Versehen gestoßen wurden und jemand sich bei Ihnen entschuldigen möchte, werden Sie in den Niederlanden sehr häufig **Sorry!** hören. In Flandern dagegen ist **Pardon!** gebräuchlich. Die folgenden Wendungen zur Entschuldigung sollten Sie gut lernen:
Mijn excuses! Excuseert u me! *Ich entschuldige mich!*
Neem me niet kwalijk! *Verzeihen Sie mir!*
Het (Dat) spijt me! *Es (Das) tut mir leid.*
(Wat) jammer! *Wie schade!*

So können Sie erfolgreich telefonieren   *oef 3, 5, 7*

Goedendag, u spreekt met … *Guten Tag, Sie sprechen mit …*
Hallo, spreek ik met mevrouw / meneer …? *Spreche ich mit Frau/Herrn …?*
Daar spreekt u mee. *Am Apparat.*
Met wie spreek ik? *Wer ist am Apparat?*
Wie wilt u spreken? *Wen möchten Sie sprechen, bitte?*
Bedankt voor het bellen. *Danke für den Anruf.*

2

Extra woorden   *oef 4*

Die Grundzahlen 0–100

0	nul	10	tien	20	twintig
1	een (één)	11	elf	30	dertig
2	twee	12	twaalf	40	veertig
3	drie	13	dertien	50	vijftig
4	vier	14	veertien	60	zestig
5	vijf	15	vijftien	70	zeventig
6	zes	16	zestien	80	tachtig
7	zeven	17	zeventien	90	negentig
8	acht	18	achttien	100	honderd
9	negen	19	negentien		

Die zusammengesetzten Zahlwörter werden wie im Deutschen aus den Einer- und den Zehnerzahlen gebildet: 21 **eenentwintig**, 54 **vierenvijftig**. Die beiden Zahl-wörter werden mit **en (ën)** verbunden. Das Trema steht in den Zahlwörtern mit **twee + en** und **drie + en** und hält die Vokale der zusammengesetzten Teile optisch auseinander: 32 **tweeëndertig**, 43 **drieënveertig**. Beim Aussprechen verbinden Sie die Vokale mit einem [j]: ['tʋeˑjəntʋɪntəχ].

i Wie Sie bereits wissen (→ Lektion 1), werden Sie bei Ankündigungen, die an die Allgemeinheit gerichtet sind, häufig per du angesprochen. Vergleichen Sie dazu wieder den Lesetext zu Beginn dieser Lektion: **We testen je talenkennis.** *Wir testen Ihre Sprachkenntnisse.* Das bedeutet aber nicht, dass die Anrede per Sie nicht mehr gebräuchlich ist. Sie sollten eine unbekannte Person beim Erstkontakt immer siezen.

Oefeningen

1 Ergänzen Sie **jou** oder **jouw**.

1. We testen _jouw_ kennis over Vlaanderen.

2. Je vult .... gsm-nummer in.

3. We sturen .... een sms met de enquête.

4. Wat doen we nog met .... nummer?

5. Niets, we gebruiken het nummer alleen één keer om .... het sms'je te sturen.

6. Is dit iets voor .... ?

7. Verzend .... nummer naar ons e-mailadres.

2 Ein Freund zeigt einem Bekannten stolz seinen Besitz. Ersetzen Sie die Personal-pronomen durch Possessivpronomen und das Substantiv.

1. ● Kijk, die kamer is van mij.   Kijk, dat is _mijn kamer_ .

2. ● Is de flat ook van jou?   Is dat ook .... ?

3. ● Nee, maar hier heb ik een bed* voor jou! Dat is ....

4. ● En waar slaapt de vriend van me?   Waar slaapt .... ?

5. ● Hier is een bed voor hem.   Hier is .... ?

6. ● En waar is het bed van jouw vriendin? En waar is .... ?

* bed (het): *Bett*

3 Ersetzen Sie in dem Dialog die Personalpronomen in den Klammern durch Pronomen im Objektfall.

● Spreek ik met meneer de Vries?

● Nee, u spreekt niet met (hij) _hem_ .... (1.).

● Met wie spreek ik dan wel?

● Met Jan. Ik ben zijn zoon. Hoe gaat het met (u) .... (2.)?

● Met (ik) .... (3.) gaat het uitstekend! En met je vader?

● Met (hij) .... (4.) gaat het niet zo goed.

● Kun je (hij) .... (5.) iets zeggen?

● Dat doe ik graag voor (u) .... (6.)!

● Ik wil graag bij (jullie) .... (7.) langskomen.

● U kunt graag bij (we) .... (8.) langskomen. We zijn altijd thuis.

● Ik ben niet alleen. Ik kom met veel vrienden.

● Kent mijn vader (ze) .... (9.)?

● Hij gaat met (ze) .... (10.) op reis.

● Een ogenblikje. Ik vraag het (hij) .... (11.).

4 Das berühmte Schlittschuhrennen **De Elfstedentocht** in Friesland verbindet elf Städte miteinander. Schreiben Sie die Kilometerzahlen in Worten.

De Elfstedentocht start en komt aan in de Friese hoofdstad Leeuwarden.

Sneek 22 .... km

IJlst 26 .... km

Sloten 40 .... km

Stavoren 66 .... km

Hindeloopen 77 .... km

Workum 86 .... km

Bolsward 99 .... km

Harlingen 116 *honderdzestien* .... km

Franeker 129 *honderdnegenentwintig* .... km

Dokkum 174 *honderdvierenzeventig* .... km

5 Finden Sie die richtigen Substantive aus den Wortfeldern **telefoon** und **adres**.

Waagerecht
1. Dat kun je op het antwoordapparaat inspreken.
2. Iemand belt je op. Je gaat naar de ...
3. Uw straat en huis ... a.u.b.!
4. Hoe heet je? Geef je ...
5. We werken voor de firma "Groendaal". U bent mijn ...
6. Een ander woord voor gsm.

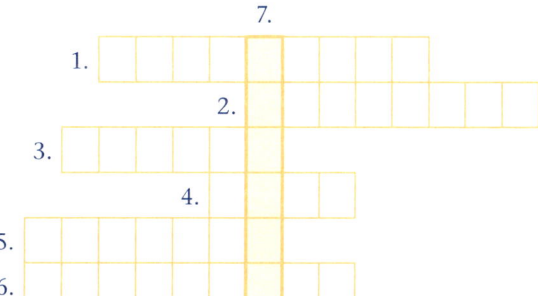

Senkrecht
7. Ik woon op het Rembrandtplein. En jij? Woon jij niet in de Kerk ...?

2

6 Joost schreibt nach dem Telefonat (→ Seite 31) zwei SMS. Er möchte den Termin mit Mark absagen und Ilona an die wichtige Besprechung erinnern. Die Kurzmitteilungen sind durcheinandergeraten. Ordnen Sie sie.

....	a.	Ben jij op de vergadering?
....	b.	We kunnen morgen een glaasje drinken.
....	c.	Tot morgen!
....	d.	Er is een vergadering vanavond.
....	e.	Ik moet er naartoe.
....	f.	Tot straks!
Marc: 1.	g.	Hoi!
....	h.	Ik kom meteen.
Ilona: 1.	i.	Dag!
....	j.	Ik neem Jörg mee.

7 Sie rufen Ihren Freund Peter an und möchten ihn gern einladen.

● Met Peter de Jong.

● *(Sie grüßen.)* ....

● Hallo. Hoe gaat het met je?

● *(Sie antworten und fragen, ob Peter vorbeikommt.)*

....

● Sorry, maar ik kan niet. Ik moet naar een vergadering.

● *(Sie drücken Ihr Bedauern aus und verabschieden sich.)*

....

● Tot ziens!

In dieser Lektion stehen im Mittelpunkt:
- Essen und Trinken **bestellen**
- **Vorliebe** und **Abneigung** ausdrücken
- die **Diminutive**
- der **Plural** der Substantive
- die **Adjektive**
- der **Imperativ** der Verben
- die Verben **zullen** und **willen**

"De smulpaap"

*Menukaart
met de lekkerste hapjes
in het leukste eetcafé*

warme drankjes	
thee (met citroen)	2,10 €
koffie of koffie verkeerd	2,10 €
chocolademelk (met slagroom)	3,20 €

frisdranken	
ijsthee	1,80 €
vers tomatensapje	3,00 €
glaasje melk	1,70 €
spa rood / blauw	1,90 €

ontbijt	
broodjes, boter, jam en hagelslag	4,50 €
gekookt scharreleitje	1,00 €
verse fruitsalade	3,00 €

kleine gerechten en salades	
soep van de dag: kippensoep	5,00 €
uitsmijter met ham en kaas	6,90 €
tomaat met garnaaltjes	8,50 €
portie friet	2,50 €
stokbrood met olijven	2,20 €
sla met warm geitenkaasje	7,00 €

„De smulpaap"

*Speisekarte
mit den leckersten Gerichten
im lustigsten Lokal*

warme Getränke	
Tee (mit Zitrone)	2,10 €
Kaffee oder Milchkaffee	2,10 €
Schokolade (mit Sahne)	3,20 €

kalte Getränke	
Eistee	1,80 €
frischer Tomatensaft	3,00 €
Glas Milch	1,70 €
Mineralwasser / stilles Wasser	1,90 €

Frühstück	
Brötchen, Butter, Marmelade und Schokostreusel	4,50 €
gekochtes Ei von freilaufenden Hühnern	1,00 €
frischer Obstsalat	3,00 €

kleine Gerichte und Salate	
Tagessuppe: Hühnersuppe	5,00 €
Spiegelei mit Schinken und Käse	6,90 €
Tomate mit Garnelen	8,50 €
Portion Pommes	2,50 €
Baguette mit Oliven	2,20 €
Blattsalat mit warmem Ziegenkäse	7,00 €

3

Wat nieuw is! oef 1, 6

Sie werden Diminutivformen (Verkleinerungsformen) nicht nur auf Speisekarten entdecken. Das Niederländische hat eine große Vorliebe für Verkleinerungswörter, die oft eher ein Gefühl ausdrücken als tatsächlich auf etwas Kleines hinweisen:

Etwas Positives: een lekker drankje *ein leckeres Getränk*
Zur Liebkosung: Kom, liefje! *Komm, mein Liebes!*
Mit Abwertung: Nee, vriendje, daarin heb je je vergist! *Nein, mein lieber Freund, da hast du dich getäuscht!*

Ein Diminutiv ist immer ein **het-woord** (→ Seite 30) und hat die Endung **-je** im Singular und die Endung **-jes** im Plural. Es kann nicht nur von Substantiven (z.B. **brood** *Brot* – **broodje** *Brötchen*, **glas** *Glas* – **glaasje** *Gläschen*), sondern auch von Adjektiven (z.B. **blauw** *blau* – **een blauwtje oplopen** *einen Korb bekommen* – feststehende Redewendung), Zahlwörtern (z.B. **twee** *zwei* – **met z'n tweetjes** *zu zweit*) und Verben (z.B. **weten** *wissen* – **weetjes** *Wissenswertes*) abgeleitet werden.

Die Endung **-je** passt aber nicht hinter jedes Wort. Die Diminutivendungen variieren je nach Endlaut des Stammwortes und können **-tje**, **-etje**, **-pje** oder **-kje** lauten. Wann welche Endung steht, sehen Sie in der folgenden Tabelle:

Endung	Endlaut des Stammworts	Beispiele	Deutsch
-tje	langer Vokal / Diphthong	het ei – het ei**tje** de thee – het thee**tje**	*das Ei* *der Tee*
	w, l, n, r	de vrouw – het vrouw**tje** de appel – het appel**tje** de wijn – het wij**ntje** het water – het water**tje**	*die Frau* *der Apfel* *der Wein* *das Wasser*
	Vokal (führt zur Verdoppe-lung der Vokale in der geschlossenen Silbe)	het café – het cafee**tje** de sla – het slaa**tje**	*das Café* *der Blattsalat*
-pje	langer Vokal + m r, l + m unbetontes e + m	het kraam – het kraam**pje** de film – het film**pje** de bodem – het bodem**pje**	*die Bude* *der Film* *der Boden*
-etje	kurzer Vokal + b, g, l, m, n, p, r (führt zur Verdoppe-lung der Endkonsonanten bei geschlossener Silbe)	de krab – het krab**betje** de weg – het weg**getje** de bon – het bon**netje** de kip – het kip**petje** de ster – het ster**retje**	*die Krabbe* *der Weg* *das Huhn* *der Kassenbon* *der Stern*
-kje	ing (unbetont)	de koning – het konin**kje**	*der König*

Eet smakelijk!

Jan en Gerrit zijn op stap in de studentenstad Leuven.

Jan: Ik heb zo'n trek in frieten! Daar is een frietkot. Zullen we een pak frieten halen?

Gerrit: Wat een gek woord is "kot". Je bedoelt een frietkraam. Dat is goed Nederlands.

Jan: Nou en? In Oostenrijk zeg je toch ook Topfen in plaats van Quark.

Gerrit: Kijk eens, daar heb je dat leuke meisje van de fuif gisteren!

Jan: Oh, je bedoelt dat meisje op de fiets? Dat is Anneke.

Gerrit: Ken je haar?

Jan: Ja natuurlijk. Zij zit bij mij op kot.

Gerrit: Wat is dat nu weer voor een kot? Ik snap het niet. We spreken toch dezelfde taal?

Jan: Jullie zeggen studentenkamer. Aha, en Anneke vind jij dus aardig ...

Jan roept Anneke. Ze komt eraan.

Anneke: Hebben jullie geen hoorcollege vandaag?

Jan: We zijn moe, we hebben honger en willen net iets gaan eten. Kom je mee?

Anneke: Ja, graag. Ken ik jou niet ergens van?

Gerrit: Dat klopt! Ik was ook op de fuif. Ik ben Gerrit.

Anneke: Ik ken een gezellig eetcafé in de buurt. Het is vlakbij de Oude Markt. "De smulpaap" heet het. Zullen we daar een hapje eten?

Gerrit: Goed idee. Wat vind jij, Jan?

Jan: Gaan jullie maar lekker met z'n tweetjes. Ik heb alleen zin in frietjes en moet nog naar een werkcollege.

3

In het eetcafé.

Anneke: Wat doet Jan raar. Ligt er iets op zijn maag?
Gerrit: Geen flauw idee. Ik neem tomaat met garnalen. En jij?
Anneke: Ik lust geen vis. Ik hou meer van groente.
Kelner: Goedendag. Wat mag het zijn?
Anneke: Hebt u ook vegetarische gerechten?
Kelner: Dan kan ik jullie de soep van de dag aanbevelen. Een romig
          pompoensoepje. Heerlijk! En om te drinken?
Gerrit: Doe maar een pilsje, alsjeblieft.
Anneke: Hoezo pilsje? In Vlaanderen bestellen we "een pintje" en zeggen nooit
          "doe maar". Voor mij een spuitwater graag!
Gerrit: Ah, je bedoelt dus een spa rood.
Kelner: Komt eraan!
Gerrit: Mag ik je trakteren vandaag?
Anneke: Als ik je op een Gentse waterzooi mag uitnodigen. Dat is mijn specialiteit.
Gerrit: Bij jou op kot?
Anneke: Zeggen jullie niet "op kamers" in Nederland?
Gerrit: Wat maakt het uit? Als we elkaar maar verstaan.

Woordenschat

"De smulpaap"

smulpaap	*Feinschmecker;*
['smʌlpaˑp]	*Vielfraß*
menukaart	*Menü, Speisekarte*
[məˈnyˑkaːrt]	
lekkerste	*leckerste*
['lɛkərstə]	
hapje (het)	*Imbiss*
['hapjə]	
eetcafé (het)	*Bistro, Lokal*
['eˑtkafeˑ]	
leukste ['løˑkstə]	*tollste*
warm [ʋarm]	*warm*
drankje ['draŋkjə]	*Getränk*
thee [teˑ]	*Tee*
citroen [si'trun]	*Zitrone*
koffie ['kɔfi]	*Kaffee*
koffie verkeerd	*Milchkaffee*
['kɔfi vərˈkeːrt]	

chocolademelk	*(heiße) Schokolade*
[ʃokoˈlaˑdəmɛlk]	
slagroom	*Sahne*
['slaχroˑm]	
frisdranken	*kalte Getränke*
['frɪzdraŋkə(n)]	
ijsthee ['ɛˑisteˑ]	*Eistee*
vers [vɛrs]	*frisch*
tomatensapje (het)	*Tomatensaft*
[toˈmaˑtəsapjə]	
glas (het) [χlɑs]	*Glas*
melk [mɛlk]	*Milch*
spa rood / blauw	*(Mineral-)Wasser*
[spaˑ roˑt / blɔˑu]	*mit / ohne Kohlen-*
	säure
ontbijt (het)	*Frühstück*
[ɔmˈbɛˑit]	
broodje (het)	*Brötchen*
['broˑtjə]	
boter ['boˑ tər]	*Butter*

3

jam [ʒɛm]	Marmelade
hagelslag	Schokostreusel
['ha·ɣəlslaχ]	
gekookt	gekochtes Ei von
scharreleitje (het)	freilaufenden
[ɣə'ko·kt	Hühnern
'sχarəlɛ·itjə]	
fruit (het) [frœ·yt]	Obst
salade [sɑ'la·də]	Salat
klein [klɛ·in]	klein
gerecht (het)	Gericht
[ɣə'rɛχt]	
soep van de dag	Tagessuppe
[sup van də 'daχ]	
kippensoep	Hühnersuppe
['kɪpəsup]	
uitsmijter met	Spiegelei mit
ham en kaas	Schinken und Käse
['œ·ytsmɛ·itər mɛt	auf Brot
ham ɛn ka·s]	
tomaat [to·'ma·t]	Tomate
garnaaltje (het)	Garnelen
[ɣar'na·ltjə]	
friet [frit]	Pommes frites
stokbrood (het)	Baguette
['stɔɡbro·t]	
sla [sla·]	Blattsalat
olijf [o'lɛ·if]	Olive
geitenkaasje (het)	Ziegenkäse
['ɣɛ·itəka·ʃə]	
Eet smakelijk!	
eet smakelijk	guten Appetit
[e·t 'sma·kələk]	
op stap [ɔp stap]	unterwegs
studentenstad	Studentenstadt
[sty·'dɛntəstat]	
trek hebben in	Lust haben auf
['trɛk hɛbən‿ɪn]	
zo'n [zo·n]	solch(e,r)
daar [da·r]	dort
pak (het) [pak]	(hier:) Portion
halen ['ha·lə(n)]	holen

frietkot (B) /	„Pommesbude"
frietkraam (het)	
['fritkɔt / 'fritkra·m]	
gek [ɣɛk]	komisch, verrückt
bedoelen	meinen
[bə'dulə(n)]	
in plaats van	anstelle von
[ɪm‿pla·ts‿fan]	
kijken ['kɛ·ikə(n)]	schauen, gucken
meisje (het)	Mädchen
['mɛ·iʃə]	
gisteren ['ɣɪstərə(n)]	gestern
fiets [fits]	Fahrrad
kennen ['kɛnə(n)]	kennen
natuurlijk	natürlich, klar
[na'ty·rlək]	
bij [bɛ·i]	bei
op kot zitten (B)	ein Studenten-
[ɔp 'kɔt‿sɪtə(n)]	zimmer haben
weer [ʋe·r]	wieder
snappen ['snɑpə(n)]	verstehen
dezelfde	dieselbe
[də'zɛlvdə]	
studentenkamer	Studentenzimmer
[sty·'dɛntəka·mər]	
aardig ['a·rdəχ]	nett
roepen ['rupə(n)]	rufen
eraankomen	herankommen
[ər'a·nko·mə(n)]	
hoorcollege (het)	Vorlesung
['ho·rkɔle·ʒə]	
moe [mu]	müde
honger ['hɔŋər]	Hunger
net [nɛt]	gerade, jetzt
eten ['e·tə(n)]	essen
mee [me·]	mit
ergens ['ɛrɣəs]	irgendwo
kloppen ['klɔpə(n)]	zutreffen, stimmen
ik was [ɪk ʋas]	ich war
gezellig [ɣə'zɛləχ]	gemütlich
in de buurt	in der Nähe
[ɪn də 'by·rt]	
vlakbij [vlɑk'bɛ·i]	nahe

oud [ɔ·ut]	alt	romig ['ro·məχ]	sahnig
markt [mɑrkt]	Markt	pompoensoepje	Kürbissuppe
idee (het) [i'de·]	die Idee	(het)	
gaan jullie maar	geht ihr doch	[pɔm'pun·supjə]	
[ɣa·n 'jʌli ma:r]		heerlijk ['he:rlək]	herrlich
lekker met z'n	schön zu zweit	om te drinken	zum Trinken
tweetjes ['lɛkər		[ɔm tə 'drɪŋkə(n)]	
mɛt‿sən 'tʋe·tjəs]		doe maar [du ma:r]	bringen Sie mir
zin hebben in	Lust haben auf	pilsje / pintje (B)	Bierchen
[zɪn hɛbən‿ɪn]		(het) ['pɪlʃə/'pɪntjə]	
werkcollege (het)	Seminar	hoezo [hu'zo·]	wieso
['ʋɛrkɔle·ʒə]		bestellen	bestellen
raar doen [ra:r dun]	sich merkwürdig	[bə'stɛlə(n)]	
	verhalten	voor mij graag	für mich bitte
Ligt er iets op zijn	Liegt ihm etwas im	[vo:r mɛ·i ɣra·χ]	
maag?	Magen?	spuitwater (B) (het)	Mineralwasser
[lɪχt‿ər‿its‿ɔp‿		['spœ·ytʋa·tər]	
sən 'ma·χ]		trakteren	auf ein Essen /
flauw [flɔ·u]	blass	[trak'te:rə(n)]	Getränk einladen
nemen ['ne·mə(n)]	nehmen	uitnodigen (op)	einladen (zu)
lusten ['lʌstə(n)]	mögen	['œ·ytno·dəɣən‿(ɔp)]	
vis [vɪs]	Fisch	Gentse waterzooi	Genter Hühner-
ik hou meer	ich mag lieber	[ɣɛntsə 'ʋa·tərzo·i]	suppe
[ɪk hɔ·u me:r]		specialiteit	Spezialität
groente ['ɣruntə]	Gemüse	[spe·siali'tɛit]	
Wat mag het zijn?	Was darf es sein?	uitmaken	ausmachen
[ʋat maχ‿ət sɛ·in]		['œ·ytma·kə(n)]	
vegetarisch	vegetarisch	als [ɑ(l)s]	wenn
[ve·ɣe·ta·rɪs]		verstaan	verstehen
aanbevelen	empfehlen	[vər'sta·n]	
['a·mbəve·lə(n)]			

Grammatica

1. Der Imperativ der Verben

Zur Bildung des Imperativs brauchen Sie im Singular nur den Verbstamm: **kijk eens**
schau mal. Eine Ausnahme ist das Verb **zijn**: **wees braaf** *sei brav*. Wenn Sie mehrere
Personen zu etwas auffordern oder die höfliche Anrede verwenden möchten,
benutzen Sie das entsprechende Pronomen mit der jeweiligen Verbform:
Kij**ken jullie** eens! *Schaut mal!*
Mevrouw, kij**kt u** eens. *(Gnädige Frau,) Schauen Sie mal!*

2. Die Verben *zullen* und *willen* *oef 7*

Das Verb **zullen** + Infinitiv wird benutzt, um einen Vorschlag zu machen. Sie
können es mit *sollen* übersetzen. In erster Linie ist **zullen** aber das Hilfsverb für
das Futur (→ Lektion 10).
Zullen we niet iets gaan drinken? *Sollen wir nicht etwas trinken gehen?*
Zal ik dat voor je regelen? *Soll ich das für dich regeln?*

Das Verb **willen** können Sie immer dann verwenden, wenn Sie *gerne etwas haben
möchten*, z.B. beim Einkaufen oder im Restaurant. Das Verb **willen** ist nicht vergleichbar mit dem deutschen Verb *wollen*. Es klingt im Niederländischen nicht
unhöflich. Am besten verwenden Sie es zusammen mit dem Adverb **graag** *gern*:
Ik wil graag een ... *Ich hätte gern ein ...*

Singular	zullen	willen	Plural	zullen	willen
ik	zal	wil	**we (wij)**	zullen	willen
je (jij) / u	zal / zult*	wil / wilt*	**jullie**	zullen	willen
hij / ze (zij) / het	zal	wil	**ze (zij)**	zullen	willen

*Beide Formen sind gebräuchlich.

3. Der Plural der Substantive *oef 2*

Die Pluralbildung der Substantive ist im Niederländischen sehr einfach. Sie brauchen
sich nur die beiden Endungen **-en** und **-s** zu merken. Bei manchen Substantiven sind
beide Endungen möglich, z.B. **appels / appelen** *Äpfel*. In wenigen Ausnahmefällen
lautet die Pluralendung **-eren**: **kind** *Kind* – **kinderen** *Kinder*, **ei** *Ei* – **eieren** *Eier*. Da
es keine Regeln zur Pluralbildung gibt, werden im Glossar bei allen Substantiven
die Pluralendungen angegeben.

Im Plural steht entweder der Artikel **de** oder – genau wie im Deutschen – kein Artikel.

Singular	Plural auf -en	Singular	Plural auf -s*
het gerecht *das Gericht*	(de) gerecht**en**	de oester *die Auster*	(de) oester**s**
de soep *die Suppe*	(de) soep**en**	de salade *der Salat*	(de) salade**s**

*nach -el, -er, -em, -en, -e, -é

Achten Sie bei der Pluralbildung auf folgende Rechtschreibregeln:
❙ Wie bei den Verben (→ Lektion 1) findet auch bei den Substantiven ein **s/z**- und
  ein **f/v**-Wechsel statt: **baas – bazen** *Chef*, **fuif – fuiven** *Party*.
❙ In → Lektion 1 ist Ihnen bei den Ländernamen das **ë** mit Trema begegnet. Auch
  bei der Pluralbildung kommt das Trema häufiger vor, z.B. wenn der Singular auf

ein langes -ee endet: **de zee** *das Meer* – **zeeën** *Meere.* Das Trema trennt in der Aussprache das lange -e von dem -e der Endung ['ze·jən].

▌ Sie brauchen außerdem den Apostroph bei Substantiven, die im Singular auf **-a, -i, -o, -u** oder **-y** enden. Das Plural-s wird bei diesen Wörtern mit Apostroph angehängt: **collega's, opa's, ski's, auto's, accu's, baby's.** Diese Wörter verstehen Sie auch ohne Übersetzung! Vorsicht: Den Apostroph nicht mit dem Genitiv-s im Englischen verwechseln!

4. Das Adjektiv   oef 3

Sie kennen bereits viele Adjektive: **vers** *frisch,* **warm** *warm,* **lekker** *lecker.* In Verbindung mit Substantiven erhält das Adjektiv im Singular und Plural bei allen **de-woorden** und **het-woorden** die Endung **-e.** Es sei denn, Sie benutzen den unbestimmten Artikel **een** bei einem **het-woord,** dann steht die Grundform (ohne **-e**).

	Singular	**Plural**
de-woorden	de verse kaas	de verse kazen
	een verse kaas	verse kazen
het-woorden	het verse eitje	de verse eitjes
	een vers (!) eitje	verse eitjes

Lust jij **jonge** kaas? *Magst du jungen Käse?*
Neemt u een **warm** geitenkaasje? *Nehmen Sie einen warmen Ziegenkäse?*

Auch hier müssen Sie wieder die Rechtschreibregeln beachten:

▌ Geschlossene Silben mit einem Doppelvokal werden zu offenen Silben. Sie schreiben dann nur noch einen Vokal: **rood** *rot* – **rode wijn** *Rotwein.*

▌ Nach kurzen Vokalen kommt es zu einer Verdoppelung des Konsonanten: **wit** *weiß* – **witte wijn** *Weißwein.*

▌ Enden Adjektive auf **-f** oder **-s** und geht ein heller (**e, i, o**) langer Vokal voraus, wird **-f** zu **-v** und **-s** zu **-z**: **lief** *lieb* – **lieve, boos** *böse* – **boze.**

5. Die Adjektive von Städte- und Ländernamen   oef 4, 5

Adjektive von Städtenamen enden auf **-s**, wobei die gleichen Regeln gelten wie bei den anderen Adjektiven, d. h. es steht immer die Endung **-e**, außer bei einem **het-woord** in Verbindung mit **een**:
de jongen *der Junge*: **een Rotterdamse jongen** *ein Rotterdamer Junge*
het meisje *das Mädchen*: **een Rotterdams** (!) **meisje** *ein Rotterdamer Mädchen*

Manchmal wird die Form des Städtenamens verändert, z. B. **Brugge – Brugse kant** *Brügger Spitzen* und **Gouda – Goudse stroopwafeltjes** *Honigwaffeln aus Gouda.*

Bei den Ländernamen ist die Form des Adjektivs in den meisten Fällen identisch mit der Bezeichnung der Sprache. Die Sprachen haben Sie in → Lektion 1 bereits kennengelernt. Eine Ausnahme bilden **België** und **Zwitserland**. Die dazugehörigen Adjektive lauten **Belgisch** *belgisch* und **Zwitsers** *schweizerisch*, damit ist aber nicht die Sprache gemeint! Übrigens: Adjektive von Städte- und Ländernamen werden im Niederländischen großgeschrieben.

Taalweetjes   oef 7

Vorlieben und Abneigungen ausdrücken

Mit dem Verb **houden van** *mögen, lieben* können Sie Ihre persönliche Vorliebe oder Abneigung ausdrücken. Das **-d** des Wortstammes wird nicht mehr gesprochen und in der Regel auch nicht mehr geschrieben:
Ik hou van jou. *Ich liebe dich.*
Ik hou niet van haar. *Ich liebe sie nicht.*
Ik hou van lekker eten, van sport, van reizen. *Ich mag leckeres Essen, Sport, Reisen.*
Ik hou meer van vis. *Ich mag lieber Fisch.*
Ik hou niet van vlees. *Ich mag kein Fleisch.*

Beim Essen verwenden Sie außerdem die Verben **lusten** *mögen* und **smaken** *schmecken*:
● Lust je nog een ijsje? *Magst du noch ein Eis?*
● Nee, ik lust geen ijsje. *Nein, ich mag kein Eis.*
● Het smaakt heerlijk. *Es schmeckt köstlich.*
● Nee, dat smaakt niet lekker. *Nein, das schmeckt nicht gut.*

Fünf wichtige Adjektive

Die am häufigsten verwendeten Adjektive sind **lekker** *lecker*, **aardig** *nett*, **leuk** *toll*, **gezellig** *gemütlich* und **gek** *verrückt*. Allerdings reichen die genannten deutschen Übersetzungen nicht aus, um die vielfältigen Verwendungsmöglichkeiten aufzuzeigen. **Lekker** ist ein sehr gutes Beispiel: **lekker eten** *leckeres Essen*, **lekker weertje** *schönes Wetter*, **lekker meisje** *hübsches Mädchen*, **lekker geslapen?** *gut geschlafen?*, **lekker met z'n tweetjes** *gemütlich zu zweit*. Sie werden diese Adjektive noch in den verschiedensten Kontexten kennenlernen.

Opgelet struikelblok!

NL	D
aardig	*nett*
net	*gerade, jetzt; ordentlich*

Dat meisje vind jij **aardig**?
Das Mädchen findest du nett?
We willen **net** iets gaan eten.
Wir wollen gerade etwas essen gehen.

So bestellen Sie etwas zu essen oder zu trinken

Meneer! / Mevrouw! *Herr Ober! / Bedienung!*
Wat kunt u me aanbevelen? *Was können Sie empfehlen?*
Voor mij graag ... / Doe maar ... *Ich hätte gerne ...*
Smakelijk eten! / Eet smakelijk! *Guten Appetit!*
Proost! / Santé! (nur B!) *Zum Wohl!*
Mag ik je trakteren? *Darf ich dich einladen?*
Mag ik afrekenen? *Darf ich bezahlen? (Getrennt zu zahlen ist nicht üblich!)*

Extra woorden

Rund um das Thema Essen

het / de kraam	*der Verkaufs-stand / die „Bude"*	de kroeg	*die Kneipe*
frietkraam	*die „Pommesbude" (Schnellimbiss)*	het bruine café (NL)	*eine typische Kneipe mit dunklem Holz*
poffertjeskraam	*Pfannkuchen-Stand*	borrelen	*ein Gläschen trinken*
uit de vuist eten	*Essen im Stehen*	**het eetcafé**	*ein Bistro mit kleiner Speisekarte*
de automatiek	*der Automat*		
eten-uit-de-muur halen (NL)	*Essen aus dem Automaten holen*	een hapje eten	*eine Kleinigkeit essen*
het café	*ein Lokal mit Alkoholausschank*	**het restaurant**	*das Speiserestaurant*
		uit eten gaan	*essen gehen*

i Die Gastronomie hat im Süden einen sehr hohen Stellenwert. Wenn Nieder-länder den Gaumen verwöhnen wollen, sprechen sie von **lekker bourgondisch gaan eten** *lecker burgundisch essen gehen* und meinen meistens die guten Restaurants in Flandern. Wer gern und manchmal auch zu viel isst, wird **smulpaap** genannt. Das bedeutet entweder liebevoll *Feinschmecker* oder abwertend *Vielfraß*. Ursprünglich war diese Bezeichnung den katholischen Geistlichen im 16. Jahrhundert vorbehalten.

Oefeningen

1 Ergänzen Sie die Diminutivendungen bei folgenden Speisen und Getränken.

1. brood_je_....
2. pils......
3. tomatensap......
4. friet......
5. soep......

6. olijf......
7. garnaal......
8. ei......
9. koffie......
10. uitsmijter......

2 Setzen Sie die Substantive und Verben in diesen Sätzen in den Plural.

1. De collega komt niet naar het werk.   _De collega's komen niet naar het werk._

2. Zie je de auto?   ....

3. Ik heb een boodschap op mijn gsm.   ....

4. Zij geeft je haar telefoonnummer.   ....

3 Beantworten Sie die Frage mit dem vorgegebenen Adjektiv.

1. Wil je graag een stukje Vlaamse kaas? (Frans)   Nee, liever _een stukje Franse kaas._

2. Neem je een glas witte wijn? (rood)   Nee, liever ....

3. Koopt u Nederlandse broodjes? (Duits)   Nee, liever ....

4. Wenst u een kopje warme melk? (koud*)   Nee, liever ....

5. Heb je graag Italiaans eten? (Indonesisch)   Nee, liever ....

*koud: _kalt_

4 Welches Adjektiv passt zu den folgenden ausländischen Produkten?

1. bier uit België   ..._Belgisch_.... bier
2. wijn uit Frankrijk   .... wijn
3. pompoen uit Roemenië   .... pompoen
4. tomaten uit Holland   .... tomaten
5. kaas uit Vlaanderen   .... kaas
6. olijven uit Italië   .... olijven

5 Kennen Sie diese Produkte? Aus welcher Stadt oder welchem Land kommen sie?

1. Goudse stroopwafeltjes *Honigwaffeln* ......*Gouda*..............

2. Brusselse kant *Spitzen* ....

3. Vlaamse schilderkunst *Malerei* ....

4. Antwerpse modeschool *Modeschule* ....

5. Friese vlag *Fahne* ....

6. Indonesische rijsttafel *Reistafel* ....

6 Was bestellen Sie zum Frühstück?
Tragen Sie die Wörter ein und
schreiben Sie die drei **het**-Wörter auf.

1. ....

2. ....

3. ....

7 Vervollständigen Sie den Dialog.

● Wat neem je? Een soep?

● *(Sie mögen keine Suppe.)* ....

● Wil je graag frieten?

● *(Sie haben keine Lust auf Pommes frites.)* ....

● Wat lust je dan?

● *(Sie mögen Obstsalat und eine heiße Schokolade.)* ....

● Zal ik dat voor jou bestellen?

● *(Sie haben heute keine Lust.)* ....

● Wil je graag iets eten?

● *(Sie haben keinen Hunger.)* ....

In dieser Lektion beschäftigen Sie sich mit:
- **Einladungen**
- **Terminvereinbarungen**
- **Uhrzeiten** und **Tageszeiten**
- dem Gebrauch des **Präsens** und dem Verb **gaan**
- trennbaren und untrennbaren **Verben**
- temporalen **Präpositionen**

Feestvieren op de boot

Feste feiern auf dem Schiff

Samen worden we tachtig jaar en dat willen we met jou vieren op het partyschip aan de Nassaukade. We nodigen je uit op een spetterend feest zaterdag a.s. vanaf acht met *Mieke* en *Rik*.

Geen cadeautjes. Zet maar je feestneus op!

Wir werden gemeinsam 80 Jahre alt und das möchten wir mit dir auf dem Partyschiff am Nassaukai feiern. Wir laden dich auf ein ausgelassenes Fest am kommenden Samstag ab 20.00 Uhr mit *Mieke* und *Rik* ein.

Keine Geschenke. Nur beste Feierlaune!

! **Geslaagd voor het examen!** Eindelijk weer tijd om te genieten van het leven. Deze uitnodiging is voor alle feestvarkens die zin hebben in een kroegentocht door de havenbuurt op zaterdagavond tot diep in de nacht. Geef me een seintje of je komt: **ik@liesje.eu**

Die Prüfung bestanden! Endlich wieder Zeit, das Leben zu genießen. Diese Einladung ist für alle Partynudeln, die Lust auf eine Kneipentour im Hafenviertel am Samstagabend bis spät in die Nacht haben. Melde dich, ob du kommst: **ik@liesje.eu**

ONZE WERELDREIS MET DE ZEILBOOT ZIT EROP!

We geven nu een prachtig fotoboek uit. Dat willen we jullie voorstellen op een evenement in het Mercatorschip op zondagochtend om negen uur. Openingsuren van de fototentoonstelling **van 27 maart t/m 25 mei, elke dag van 10.00 tot 17.00 uur.**

UNSERE WELTREISE MIT DEM SEGELSCHIFF IST BEENDET!

Wir geben jetzt einen prächtigen Bildband heraus. Den möchten wir euch auf einer Veranstaltung im Mercatorschiff am Sonntagmorgen um 9.00 Uhr vorstellen. Öffnungszeiten der Foto-Ausstellung **vom 27. März bis einschließlich 25. Mai, täglich von 10.00 bis 17.00 Uhr.**

Wat nieuw is! oef 1, 7

In dieser Lektion dreht sich alles um die Zeit und um die Antwort auf die Fragen:
Hoe laat is het? *Wie viel Uhr ist es?/Wie spät ist es?*
Om hoe laat kom je? *Um wie viel Uhr kommst du?*
Wanneer kom je? *Wann kommst du?*

Opgelet struikelblok!

NL	D
het uur	*Stunde*
het horloge	*Uhr*

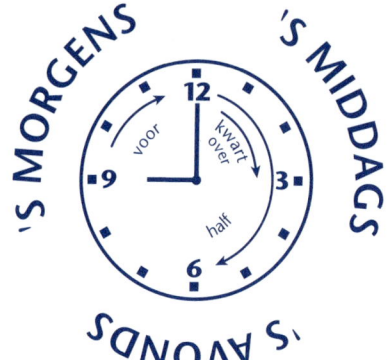

- Hoe laat is het? *Wie spät ist es?*
- Het is drie uur./Kwart over drie./
  Vijf over half vier.
  Es ist drei Uhr./Viertel nach drei./
  Fünf nach halb vier.

- Om hoe laat kom je?/Wanneer kom je?
  Um wie viel Uhr kommst du?/Wann kommst du?
- Om vier uur./Tegen vier uur./Om een uur of vier.
  Um 4 Uhr./Gegen 4 Uhr./Etwa um 4 Uhr.
- Kom alsjeblieft stipt op tijd! *Komm bitte pünktlich!*

- Wanneer heb je tijd? *Wann hast du Zeit?*
- Ik heb bijna nooit tijd. *Ich habe fast nie Zeit.*

Neben den umgangssprachlichen Zeitangaben gibt es im Niederländischen genau
wie im Deutschen die offiziellen Zeitangaben in Stunden und Minuten. Am Bahn-
hof z. B. hören Sie folgende Durchsage:
De trein naar Amsterdam vertrekt om veertien uur en vijfentwintig minuten.
Der Zug nach Amsterdam fährt um vierzehn Uhr und fünfundzwanzig Minuten ab.

Damit ist die Tageszeit eindeutig benannt. In der Umgangssprache müssen Sie zu
den Zeitangaben die Tageszeit noch hinzufügen, um eine eindeutige Zeitangabe
zu liefern (**'s morgens** *morgens*, **'s middags** *mittags*, **'s namiddags** *nachmittags*,
's avonds *abends*, **'s nachts** *nachts*).
- Om hoe laat/Wanneer vertrekt de trein naar Amsterdam?
  Um wie viel Uhr/Wann fährt der Zug nach Amsterdam ab?
- Hij vertrekt om vijfentwintig over twee 's middags.
  Er fährt mittags um fünfundzwanzig nach zwei ab.

Plannen maken

Margriet:	Wat zijn je plannen voor het weekend?
Ilona:	Stel je voor: ik heb drie uitnodigingen. Wat moet ik doen? Ik heb het erg druk.
Margriet:	Druk? Je moet gewoon goed plannen. Dat doe je toch ook voor je werk?
Ilona:	Gelijk heb je. Ik vier eerst feest op het schip. Daarna ga ik om een uur of twaalf met Liesje uit. Maar dan kan ik niet naar de tentoonstelling op zondagochtend.
Margriet:	Dat is toch geen probleem.
Ilona:	Ben je gek? Op zondag slaap ik meestal lekker lang uit. Dan ontbijt ik meestal tot een uur of twee. Tja, dat kan ik ook wel vergeten.
Margriet:	Je hoeft toch niet uit te slapen. Je viert gewoon de hele nacht door. Je werkt in de week toch ook hele nachten. Je bent het gewend.
Ilona:	Nee Margriet, maandag vertrek ik al om 7 uur naar Londen. Ik sta dan heel vroeg op. Volgende week staat er veel op de agenda.
Margriet:	Zeg, krijg jij niet eens een dagje vrij? Jij bent altijd op stap voor je werk.
Ilona:	Jij hebt makkelijk praten. Nee hoor! Ik heb geen baantje op kantoor.
Margriet:	Ik denk dat jij dringend wat rust nodig hebt. Je bent de laatste tijd nogal nerveus.
Ilona:	Ja, je hebt gelijk! Voor jou heb ik ook nooit tijd. Dat is echt jammer!
Margriet:	Weet je wat? Ik ga je eens lekker verwennen op zondag. Wat wil je graag?
Ilona:	Ontbijt op bed.
Margriet:	Geweldig idee! Ik ga 's morgens verse broodjes bij de bakker halen.
Ilona:	... en vergeet de croissantjes niet. Je bent een schat!
Margriet:	Drink je liever koffie of thee?
Ilona:	Koffie met veel melk. Een zachtgekookt eitje mag ook wel. Oh, ik kijk ernaar uit.
Margriet:	*(ironisch)* Tot uw dienst, mevrouw. Anders nog iets?
Ilona:	Na het ontbijt gaan we gezellig samen naar de tentoonstelling. Ik bel Jörg op. Misschien komt hij wel met ons mee.
Margriet:	*(zucht)* Er is met jou ook geen land te bezeilen!

4

Woordenschat

Feestvieren op de boot

feestvieren	Feste feiern
['fe·stfirə(n)]	
boot [bo·t]	Schiff
samen ['sa·mə(n)]	zusammen
we worden	wir werden
[və 'vɔrdə(n)]	
jaar (het) [ja:r]	Jahr
vieren ['virə(n)]	feiern
aan de kade	am Kai
[a·n də ka·də]	
spetterend feest	ausgelassenes Fest
['spetərənt 'fe·st]	
a.s. = aanstaande	kommend
[a·n'sta·ndə]	
vanaf [vɑn'ɑf]	ab
cadeautjes	Geschenke
[ka·'do·tjəs]	
Zet je feestneus op!	Komm mit
[zɛtjə 'fe·stnø·z‿ɔp]	Feierlaune!
geslaagd voor het	Prüfung bestanden
examen	
[ɣə'sla·χt‿fo:r ət	
ɛk'sa·mə(n)]	
eindelijk	endlich
['ɛ·indələk]	
tijd [tɛ·it]	Zeit
genieten [ɣə'nitə(n)]	genießen
leven (het)	Leben
['le·və(n)]	
feestvarken (het)	Geburtstagskind,
['fe·stfɑrkə(n)]	Jubilar; (hier:) alle,
	die Grund zum
	Feiern haben
kroegentocht	Kneipentour
['kruɣətɔχt]	
haven ['ha·və(n)]	Hafen
buurt [by:rt]	(Stadt-)Viertel
diep [dip]	tief; (hier:) spät
nacht [nɑχt]	Nacht

een seintje geven	benachrichtigen
[ən 'sɛ·intjə	
'ɣe·və(n)]	
zeilboot	Segelboot
['zɛ·ilbo·t]	
wereldreis	Weltreise
['ʋe·rəltrɛ·is]	
boek (het) [buk]	Buch
uitgeven	herausgeben
['œ·ytχe·və(n)]	
op zondagochtend	am Sonntagmorgen
[ɔp‿'sɔndaɣ'ɔχtənt]	
om negen uur	um neun Uhr
[ɔm 'ne·ɣən‿'y:r]	
openingsuren	Öffnungszeiten
['o·pənɪŋsy:rə(n)]	
tentoonstelling	Ausstellung
[tən'to·nstelɪŋ]	
van ... t/m	von ... bis ein-
(tot en met)	schließlich (mit)
[vɑn ... tɔt ɛn mɛt]	

Plannen maken

plan (het) [plɑn]	Plan
weekend (het)	Wochenende
['wikɛnt]	
Ik heb het druk!	Ich habe zu viel zu
[ɪk hɛb‿əd‿drʌk]	tun!
uitnodiging	Einladung
['œ·ytno·dəɣɪŋ]	
gewoon [ɣə'vo·n]	einfach
voor je werk	für deine Arbeit
[vo:r jə 'vɛrk]	
gelijk hebben	recht haben
[ɣə'lɛ·ik hɛbə(n)]	
eerst [e:rst]	erst
om een uur of	um zwölf herum
twaalf	
[əm‿ən‿y:r‿ɔf	
'tva·ləf]	
uitgaan ['œ·ytχa·n]	ausgehen

4

probleem (het) [pro·'ble·m]	Problem
Ben je gek? [bɛn‿jə ɣɛk]	Bist du verrückt?
lang [laŋ]	lang
uitslapen ['œ·ytsla·pə(n)]	ausschlafen
ontbijten [ɔm'bɛ·itə(n)]	frühstücken
vergeten [vər'ɣe·tə(n)]	vergessen
de hele nacht [də he·lə naχt]	die ganze Nacht
gewend zijn [ɣə'vɛnt sɛ·in]	gewohnt sein
al [al]	schon
vertrekken [vər'trɛkə(n)]	abfahren
heel vroeg [he·l vruχ]	sehr früh
opstaan ['ɔpsta·n]	aufstehen
agenda [a'ɣɛnda]	Terminkalender
een dagje vrij [ən 'daɣjə vrɛ·i]	ein freier Tag
altijd [altɛ·it]	immer
op stap zijn [ɔp 'stap‿sɛ·in]	unterwegs sein
makkelijk ['makələk]	leicht, einfach
Nee hoor! [ne· ho·r]	Aber nein!
baantje op kantoor ['ba·ntjə ɔp kan'to·r]	Bürojob
dringend ['drɪŋɛnt]	dringend
rust [rʌst]	Ruhe
nodig hebben ['no·dəɣ‿'ɛbə(n)]	brauchen
de laatste tijd [də la·tstə 'tɛ·it]	in letzter Zeit
nogal [nɔ·'ɣal]	ziemlich
nerveus [nɛr'vø·s]	nervös
Dat is echt jammer! [dat ɪz‿ɛχt 'jamər]	Das ist wirklich schade!
verwennen [vər'vɛnə(n)]	verwöhnen
ontbijt op bed [ɔm'bɛ·it‿ɔb‿bɛt]	Frühstück im Bett
geweldig [ɣə'vɛldəχ]	super
bakker ['bakər]	Bäcker
croissantje (het) [krʊa'santjə]	Croissant
schat [sχat]	Schatz
zachtgekookt [zaχtχə'ko·kt]	weichgekocht
ernaar uitkijken ['ərna·r‿'œ·ytkɛ·ikə(n)]	sich freuen
Tot uw dienst! [tɔt‿yʊ 'dinst]	Zu Ihren Diensten!
Anders nog iets? ['andərs nɔɣ‿its]	Sonst noch etwas?
misschien [mɪs'χin]	vielleicht
Er is met jou ook geen land te bezeilen! [ər‿ɪs mɛt jɔ·u o·k ɣe·n lant‿tə bə'zɛ·ilə(n)]	Du bist (einfach) unbelehrbar!

Ik ben een feestvarken!

Grammatica

1. Zum Gebrauch des Präsens oef 4, 5, 7

Sie können das Präsens in folgenden Situationen anwenden:
▌ Etwas passiert jetzt, in diesem Augenblick.
  Ik vertrek nu. *Ich fahre jetzt ab.*
▌ Für eine sich wiederholende Handlung.
  Ik vertrek elke dag om 6 uur. *Ich fahre täglich um 6 Uhr.*
▌ Für eine Handlung in der Zukunft mit Zeitangabe.
  Ik vertrek morgen. *Ich fahre morgen.*

2. Zum Gebrauch des Verbs *gaan* oef 2

Für eine Handlung in der Zukunft wird oftmals die Konstruktion **gaan** *gehen* +
Infinitiv benutzt. In → Lektion 1 haben Sie bereits die Präsenskonjugation gelernt:
Ik **ga** je eens lekker verwennen. *Ich verwöhne dich mal richtig.*
Wanneer **ga** je dat allemaal doen? *Wann wirst du das alles machen?*
Hij **gaat** verse broodjes halen. *Er holt frische Brötchen.*

Achten Sie bei Sätzen mit Modalverben auf die Wortfolge der beiden Infinitive am
Satzende: Das Verb **gaan** steht vor dem Infinitiv in vorletzter Position.
Ik **moet** eens iets voor mezelf **gaan doen**. *Ich sollte etwas für mich tun.*

3. Trennbare und untrennbare Verben oef 3, 4, 5

Viele Verben haben eine Vorsilbe, die bei der Konjugation vom Verb getrennt wird.
Im Dialog finden Sie dafür viele Beispiele:
voorstellen *vorstellen*: Stel je voor! *Stell dir vor!*
uitgaan *ausgehen*: Daarna ga ik met Liesje uit. *Danach gehe ich mit Liesje aus.*

Verben sind aber nur dann trennbar, wenn die Vorsilbe betont wird: 'uitslapen. In
den anderen Fällen kann die Vorsilbe nicht vom Stamm getrennt werden. Diese
Verben sind untrennbar:
ont'bijten *frühstücken*: Ik ontbijt alleen op zondag. *Ich frühstücke nur am Sonntag.*
ver'geten *vergessen*: Vergeet de croissantjes niet! *Vergiss die Croissants nicht!*

Beachten Sie die Position der Vorsilbe in Sätzen mit trennbaren Verben. In Sätzen
mit **te** + Infinitiv steht die Vorsilbe direkt vor **te**, ansonsten steht sie weiter weg
vom Verb – allerdings nicht immer am Satzende, wie es in deutschen Sätzen oft
üblich ist.
Ik **slaap** lekker lang **uit** op zondag. *Ich schlafe am Sonntag richtig lang aus.*

4. Temporale Präpositionen   *oef 6*

Hier ist eine Übersicht über die bisher bekannten temporalen Präpositionen, die Sie sich gut einprägen sollten:

NL	D		
in	*am*	in het weekend	*am Wochenende*
over	*in*	over een week	*in einer Woche*
voor	*vor*	kwart voor drie	*Viertel vor drei*
over	*nach*	kwart over drie	*Viertel nach drei*
na	*nach*	na de pieptoon	*nach dem Piepton*
op	*am*	op zondag	*am Sonntag*

Vergessen Sie nicht, dass das Verb immer an zweiter Stelle im Hauptsatz steht. Das gilt auch, wenn der Satz mit einer Zeitangabe beginnt:
Morgen **vertrek** ik om acht uur na het ontbijt.
Morgen fahre ich um acht Uhr nach dem Frühstück ab.
Na het ontbijt **vertrek** ik naar Groningen.
Nach dem Frühstück reise ich nach Groningen ab.

Opgelet struikelblok!

NL	D
na *(+ Zeit)*	*nach*
naar *(+ Ort)*	*nach*

Taalweetjes

Idiomatik

Niederländisch ist eine sehr idiomatische Sprache mit einem reichen Schatz an Redewendungen, von denen es in Alltagsgesprächen nur so wimmelt. Sie werden einige Redewendungen kennenlernen, die Sie aber nicht gleich selbst anwenden müssen. In Klammern erhalten Sie die deutsche Entsprechung und dazu eine wörtliche Übersetzung. Viele Wendungen stammen historisch bedingt aus der Schifffahrt:
Er is met jou ook geen land te bezeilen!
Du bist unbelehrbar. (wörtl.: Man kann mit dir auch an kein Land segeln.)
Wie heb jij in je kielzog?
Wen hast du denn im Schlepptau?
(wörtl.: in der Fahrrinne)

Opgelet struikelblok!

NL	D
het zeil	*das Segel*
het touw	*das Seil*

Termine vereinbaren

Im folgenden Gespräch finden Sie die Wendungen für eine mehr oder weniger gelungene Terminvereinbarung:

- Heb je morgen tijd? *Hast du morgen Zeit?*
- Nee, ik heb geen tijd. Ik heb het druk. *Nein, ich habe keine Zeit. Ich bin beschäftigt.*
- Wanneer spreken we dan af? *Wann machen wir dann einen Termin?*
- Heb je misschien (op) woensdag tijd? *Hast du vielleicht am Mittwoch Zeit?*
- (Op) woensdag heb ik nooit tijd. *Mittwochs habe ich nie Zeit.*
- Wacht even. Ik kijk in mijn agenda. *Moment mal. Ich schaue in meinen Terminkalender.*
- Geef me je e-mailadres. *Gib mir deine E-Mail-Adresse.*
- Geef me een seintje op volgend adres: ik@liesje.eu. *Melde dich bitte unter folgender Adresse: ik@liesje.eu.*

Die Zeichen in der E-Mail-Adresse lesen Sie so:

@	apestaartje	*at*	_	liggend streepje	*Unterstrich*
.	punt	*Punkt*	-	streepje	*minus*

Schon oder *erst*?

Die Wörter **al** *schon*, **net** *gerade, jetzt* und **pas** *erst* sind klein, aber in vielen Gesprächen äußerst nützlich:

- Ben je **al** een tijdje in Nederland? *Bist du schon länger in den Niederlanden?*
- Ik ben hier **al** lang. / Ik ben hier nog maar **net**. *Ich bin schon lange hier. / Ich bin gerade hier.*
- Hoe oud ben je **al**? *Wie alt bist du schon?*
- Ik ben **pas** zestien. *Ich bin erst sechzehn.*

Extra woorden

Tageszeiten

's morgens *morgens*	vanmorgen *heute Morgen*	elke morgen *jeden Morgen*
's ochtends (de ochtend)*	vanochtend*	elke ochtend*
's middags *mittags*	vanmiddag *heute Mittag*	elke dag *täglich*
's avonds *abends*	vanavond *heute Abend*	elke week *wöchentlich*
's nachts *nachts*	vannacht *heute Nacht*	elke maand *monatlich*
om middernacht	vroeg *früh* – laat *spät*	elk jaar *jährlich*
um Mitternacht		

* Die Formen mit **ochtend** werden gleichwertig neben **morgen** verwendet.

Wochentage

op	→	maandag – dinsdag – woensdag – donderdag – vrijdag – zaterdag – zondag
in	→	het weekend

Monate

in	→	januari – februari – maart – april – mei – juni – juli – augustus – september – oktober – november – december

Wochentage und Monatsnamen werden im Niederländischen kleingeschrieben.

Weitere Zeitangaben

morgen	*morgen*	altijd	*immer*
overmorgen	*übermorgen*	meestal	*meistens*
volgende week	*nächste Woche*	vaak	*oft*
over twee weken	*in zwei Wochen*	soms	*manchmal*
om de twee weken	*alle zwei Wochen*	af en toe	*ab und zu*
een uurtje	*eine knappe Stunde*	(bijna) nooit	*(fast) nie*
een kwartier	*eine Viertelstunde*	van ... tot	*von ... bis*
ooit	*irgendwann*	tot	*bis*

i In den Niederlanden ist der Geburtstag ein besonderes Fest, das vor allem im Familienkreis gefeiert wird. Wenn Sie auf ein **verjaardag** eingeladen sind, sollten Sie zuerst allen Gästen und nicht nur dem Geburtstagskind gratulieren. Sie können dazu **Gefeliciteerd!** *Ich gratuliere!* oder **Proficiat!** *Glückwunsch!* sagen. Die meisten Geburtstagsfeste fangen ab 20.00 Uhr an. Man serviert oft Kaffee und Kuchen.

Oefeningen

1 Welche Uhr passt zu welchem Satz? Verbinden Sie.

1. De trein vertrekt om kwart voor twee.

2. Om tien over drie komt de volgende.

3. Om kwart over één kom ik je halen.

4. Tot zes rijden* er geen treinen.

5. Om half vijf is er een boot naar Engeland.

*rijden: *fahren*

a.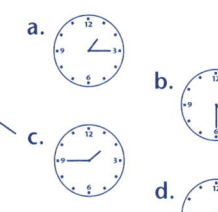
b.
c.
d.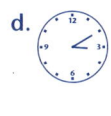
e.

4

2 Tragen Sie die richtige Form des Verbs **gaan** ein.

1. Wat ..*ga*............. je allemaal doen?

2. Ik .... eerst lekker niets doen.

3. Je .... toch je vrienden bezoeken!

4. Mijn vrienden .... zondag vertrekken.

5. Dan .... wij naar tante Sofie.

6. Tante Sofie? Daar .... je toch met mij niet naartoe?

3 Ergänzen Sie die fehlenden Teile der trennbaren Verben.

1. Stel je ..*voor*............!

2. Ik vier morgen .... met vrienden.

3. Daarna ga ik om een uur of twaalf met Liesje ....

4. Na het feest slaap ik ....

5. Ik sta alleen in de week heel erg vroeg ....

6. Voor het ontbijt ga ik naar de bakker en breng croissantjes ....

4 Was planen Sie? Bilden Sie Sätze mit den Informationen aus den drei Spalten.

vertrekken	de volgende week	lekker lang
gaan	in het weekend	naar een feestje
uitslapen	maandag	heel vroeg
opstaan	op vakantie	naar bed
gaan	na middernacht	naar Spanje
vrienden uitnodigen	op zaterdagavond	voor mijn verjaardag

1. ..*Ik vertrek maandag naar Spanje.*..

2. ....

3. ....

4. ....

5. ....

6. ....

4

5 Sind folgende Verben trennbar oder nicht?

a. Setzen Sie Akzente.

vergeten	uitspreken	bedoelen	afspreken	bestellen	ontbijten

b. Übersetzen Sie diese Sätze ins Niederländische.

1. *Sie sprechen das Wort nicht gut aus.* ....

2. *Wir frühstücken am Sonntag* ....

   immer in einem Lokal. ....

3. *Was meint er?* ....

4. *Sie bestellt schon etwas für dich.* ....

5. *Machen wir etwas aus?* ....

6. *Er vergisst immer meinen Namen.* ....

6 Setzen Sie die passenden Präpositionen ein.

Samen worden we tachtig jaar en dat willen we ..*met*.......... (1.) jou / jullie vieren

.... (2.) het partyschip .... (3.) de Nassaukade. We nodigen

je uit .... (4.) een spetterend feest .... (5.) zaterdag a.s.

.... (6.) acht .... (7.) Mieke en Rik. Geen cadeautjes. Zet maar

je feestneus op!

Onze wereldreis .... (8.) de zeilboot zit erop! We geven nu een prachtig

fotoboek uit. Dat willen we jullie voorstellen .... (9.) een evenement

.... (10.) het Mercatorschip .... (11.) zondagochtend

.... (12.) negen uur. Openingsuren .... (13.) de

fototentoonstelling .... (14.) 27 maart .... (15.) 25 mei,

elke dag .... (16.) 10.00 .... (17.) 17.00 uur.

4

7 Wie sehen die beiden Tagesabläufe von Ilona und Margriet aus? Wählen Sie passende Ausdrücke aus dem Kasten und schreiben Sie die Uhrzeiten dazu.

> met de auto naar het werk rijden   naar de universiteit fietsen
> naar het feest gaan   opstaan   hoorcollege volgen
> ontbijten   uit eten   uitslapen   op kantoor werken
> met de vriendin telefoneren   een e-mail sturen

Ilona

1. *Zij staat om zes uur op.* ....
2. ....
3. ....
4. ....
5. ....

Margriet

1. ....
2. ....
3. ....
4. ....
5. ....

In dieser Lektion lernen Sie:
- nach dem **Weg** zu fragen
- **Wegbeschreibungen** zu verstehen
- eine **Postkarte** zu schreiben
- Wortschatz rund um das Thema **Reisen**
- das **Perfekt** der Verben
- lokale **Präpositionen**

De Grote Routepaden

Wandelen en fietsen over lange afstand:

➔ Vanuit Brussel rijd je eerst door het bos "Zoniënwoud" over de Brabantse heuvels naar Leuven. Daar volg je het Dijlekanaal. Door het Rivierenland fiets je richting Antwerpen en steek je in Huybergen de Nederlands-Belgische grens over. In Roosendaal kies je de route door het Groene Hart naar Rotterdam. Vervolgens rijd je naar Amsterdam tot in het centrum.

De route is zo uitgestippeld dat je de gezelligheid van de steden leert kennen. Ook fiets je door uitgestrekte natuurgebieden.

Die großen Fernrouten

Wandern und Fahrrad fahren über lange Strecken:

➔ Von Brüssel aus fahren Sie zuerst durch den Wald „Zoniënwoud" über die Brabanter Hügel nach Löwen. Dort folgen Sie dem Dijlekanal. Sie fahren durch das „Land der Flüsse" in Richtung Antwerpen und überqueren in Huybergen die niederländisch-belgische Grenze. In Roosendaal wählen Sie die Route durch das „Grüne Herz" nach Rotterdam. Anschließend fahren Sie nach Amsterdam bis in die Altstadt.

Die Route ist so zusammengestellt, dass Sie die gemütliche Atmosphäre der Städte kennenlernen. Auch fahren Sie durch ausgedehnte Naturgebiete.

Beste Joost,
Dat was een geweldige tip van je! Ik heb al veel beleefd. Leuke mensen heb ik leren kennen. De stress ben ik vergeten. Tot binnenkort in Amsterdam. Dan vertel ik je alles. Groetjes Jörg

Lieber Joost,
das war ein toller Tipp von dir! Ich habe schon viel erlebt. Tolle Leute habe ich kennengelernt! Den Stress habe ich vergessen. Bis bald in Amsterdam. Dann erzähle ich dir alles. Grüße Jörg

Wat nieuw is! *oef 1, 2, 3, 4*

Sie können bereits das Präsens der Verben bilden (→ Lektion 1) und anwenden. Jetzt lernen Sie das Perfekt kennen. Sie brauchen diese Vergangenheitsform vor allem in der gesprochenen Sprache.

- Wat heb je gedaan? *Was hast du gemacht?*
- Ik ben naar Amsterdam gefietst. *Ich bin mit dem Rad nach Amsterdam gefahren.*
- Heb je veel gezien? *Hast du viel gesehen?*
- Ik heb gezellige steden ontdekt. *Ich habe gemütliche Städte entdeckt.*

Das Perfekt wird mit den Hilfsverben **hebben** *haben* oder **zijn** *sein* und dem Partizip des Verbs gebildet, z.B. **gedaan** *gemacht*, **gefietst** *Rad gefahren*, **gezien** *gesehen*, **ontdekt** *entdeckt*. Wann Sie welches Hilfsverb benutzen müssen, erfahren Sie im Grammatikteil (→ Seite 70).

Das Partizip wird in der Regel mit dem Präfix **ge-** gebildet. Sie müssen dabei beachten, ob es sich um ein regelmäßiges oder ein unregelmäßiges Verb handelt. Regelmäßige Verben sind z.B. **fietsen** *Rad fahren* ▶ **gefietst** und **uitstippelen** *einzeichnen* ▶ **uitgestippeld**. Unregelmäßig sind z.B. **d<u>oe</u>n** *machen, tun* ▶ **ged<u>aa</u>n**, **r<u>ij</u>den** *fahren, reiten* ▶ **ger<u>e</u>den** und **v<u>i</u>nden** *finden* ▶ **gev<u>o</u>nden**.

Bei den regelmäßigen Verben lauten die Endungen des Partizips **-d** oder **-t**:

(ge) + Stamm + **-d** oder **-t** (wenn der letzte Buchstabe des Stamms **t, k, f, s, ch, p** ist)

Merken Sie sich folgende Eselsbrücke: **'t kofschip**. Ein **kofschip** ist ein *Segelschiff* für die Binnen- und Küstenfahrt. Wenn einer der Konsonanten aus diesem Wort der Stammauslaut eines regelmäßigen Verbs ist, endet das Partizip auf **-t**:

praten *reden*	▶	praa<u>t</u>	▶	gepraat	
koken *kochen*	▶	koo<u>k</u>	▶	gekookt	
bluffen *angeben*	▶	blu<u>f</u>	▶	gebluft	
fietsen *Rad fahren*	▶	fiet<u>s</u>	▶	gefietst	
juichen *jubeln*	▶	jui<u>ch</u>	▶	gejuicht	
klappen *klatschen*	▶	kla<u>p</u>	▶	geklapt	

Übrigens: In Verben wie **beleven** *erleben* oder **reizen** *reisen* gilt die **'t kofschip**-Regel nicht, auch wenn der Stamm mit **-f** (**beleef**) bzw. **-s** (**reis**) endet. Entscheidend ist der Konsonant der Infinitivform, die Formen lauten daher **beleefd** bzw. **gereisd**.

Hier finden Sie eine Übersicht über die wichtigsten regelmäßigen Verben, die Sie bereits gelernt haben:

bellen *klingeln*	**gebeld**	logeren *wohnen*	**gelogeerd**
horen *hören*	**gehoord**	lusten *mögen (Essen)*	**gelust**

knuffelen *kuscheln*	**geknuffeld**	maken *machen*	**gemaakt**
kussen *küssen*	**gekust**	vieren *feiern*	**gevierd**
leren *lernen*	**geleerd**	werken *arbeiten*	**gewerkt**

Bei den unregelmäßigen Verben fängt das Partizip genau wie bei den regelmäßigen Verben normalerweise mit der Vorsilbe **ge-** an. Es endet aber nicht auf **-d** oder **-t**, sondern auf **-en** oder **-n**. Eine Liste mit den wichtigsten unregelmäßigen Verben finden Sie im Anhang (→ Seite 223–225).

Die wichtigsten unregelmäßigen Verben, die Sie bereits gelernt haben, lauten:

doen *tun, machen*	**gedaan**	lezen *lesen*	**gelezen**
eten *essen*	**gegeten**	kijken *schauen*	**gekeken**
gaan *gehen*	**gegaan**	komen *kommen*	**gekomen**
geven *geben*	**gegeven**	ontbijten *frühstücken*	**ontbeten**
heten *heißen*	**geheten**	spreken *sprechen*	**gesproken**

Bei untrennbaren Verben entfällt die Vorsilbe **ge-**: **ontdekt** *entdeckt* – **beleefd** *erlebt* – **verteld** *erzählt* – **vergeten** *vergessen* – **vertrokken** *abgefahren* – **aanbevolen** *empfohlen*.

Bei trennbaren Verben steht das **-ge-** zwischen Vorsilbe und Stamm: **opgelet** *aufgepasst*, **uitgestippeld** *eingezeichnet*, **uitgeslapen** *ausgeschlafen*, **ingesproken** *eingesprochen*.

Wat heb je allemaal gedaan?

Joost:	Ik heb je kaartje gisteren gekregen. Je hebt flink gefietst. 340 km, toch?
Jörg:	Dat valt wel mee. Ik heb vooral veel beleefd. Oergezellige steden hebben jullie.
Joost:	Wat heb je allemaal gezien?
Jörg:	Zoveel torens overal: vuurtorens, kerktorens of één van de vele belforten.
Joost:	Heb je ook wat over de geschiedenis geleerd?
Jörg:	Nou en of.
Joost:	Ben je 's avonds naar een concert geweest?
Jörg:	Daar had ik helemaal geen tijd voor.
Joost:	Vertel eens wat je in Rotterdam hebt ontdekt.
Jörg:	Niet zoveel. Eigenlijk alleen maar de haven.
Joost:	Heb je niets van de prachtige moderne architectuur gezien?
Jörg:	Eerlijk gezegd ben ik …
Joost:	En ben je niet in het Museum Boijmans Van Beuningen geweest? Daar hangt "De toren van Babel", het beroemdste schilderij van Bruegel. Je houdt toch van torens?
Jörg:	Laat me even uitspreken, Joost. Ik ben niet tot in Rotterdam geraakt.

Joost: Is er iets gebeurd onderweg? Had je een lekke band?

Jörg: Nee, nee, maak je geen zorgen. Ik ben in Leuven gebleven.

Joost: Je bent in Leuven blijven hangen? Maar je bent toen pas met je fietstocht begonnen!

Jörg: Dat klopt. Ik ben er in een leuk studentencafé beland op de Oude Markt. Daar heb ik dan Anneke en Gerrit ontmoet.

Joost: En het was dus liefde op het eerste gezicht?

Jörg: Zeg dat wel!

Joost: En op wie ben je verliefd geworden? Op Anneke?

Woordenschat

De Grote Routepaden	
routepaden ['rutepaˈdə(n)]	Route, Strecke
pad (het) [pɑt]	Pfad
wandelen ['ʋɑndələ(n)]	wandern
fietsen ['fitsə(n)]	Fahrrad fahren
afstand ['ɑfstɑnt]	Abstand
vanuit [vɑn'œˈyt]	ab (lokal)
door [doːr]	Durch

bos (het) [bɔs]	Wald
heuvel ['høˈvəl]	Hügel
volgen ['vɔlɣə(n)]	folgen
kanaal (het) [kaˈnaˈl]	Kanal
tot in [tɔt‿ɪn]	bis nach
rivier [riˈviːr]	Fluss
richting ['rɪχtɪŋ]	Richtung
oversteken ['oˈvərsteˈkə(n)]	überqueren

grens [ɣrɛns]	Grenze	vuurtoren	Leuchtturm
kiezen ['kizə(n)]	wählen	['vy:rto:rə(n)]	
het Groene Hart	das Grüne Herz	kerktoren	Kirchturm
[ət‿χrunə 'hɑrt]		['kɛrkto:rə(n)]	
vervolgens	anschließend	belfort (het)	Burgfried
[vər'vɔlɣəs]		['bɛlfɔrt]	
centrum (het)	Zentrum	geschiedenis	Geschichte
['sɛntrʌm]		[ɣə'sχidənɪs]	
zo ... dat	so ... dass	nou en of	und ob
[zo· ... dɑt]		[nɔ·uʋ‿ən‿'ɔf]	
uitstippelen	aussuchen	concert (het)	Konzert
['œ·ytstɪpələ(n)]		[kɔn'sɛrt]	
gezelligheid	Gemütlichkeit	ontdekken	entdecken
[ɣə'zɛləχɛ·it]		[ɔn'dɛkə(n)]	
stad, steden	Stadt, Städte	alleen maar	nur
[stɑt, 'ste·də(n)]		[a'le·n ma:r]	
uitgestrekt	ausgedehnt	niets [nits]	nichts
['œ·ytχəstrɛkt]		modern [mo·'dɛrn]	modern
natuurgebied (het)	Naturgebiet	architectuur	Architektur
[na·ty:rɣəbit]		[arχitɛk'ty·r]	
kaartje (het)	Postkarte	eerlijk ['e:rlək]	ehrlich
['ka:rtjə]		museum (het)	Museum
tip [tɪp]	Tipp	[mʌ'zejʌm]	
mens [mɛns]	Mensch	hangen ['haŋə(n)]	hängen
leuke mensen	interessante Leute	Laat me even	Lass mich (doch)
['lø·kə‿'mɛnsə(n)]		uitspreken!	mal ausreden!
stress [strɛs]	Stress	[la·t mə 'e·vən‿	
binnenkort	in Kürze	'œ·ytspre·kə(n)]	
[bɪnə'kɔrt]		schilderij (het)	Gemälde
vertellen	erzählen	[sχɪldə'rɛ·i]	
[vər'tɛlə(n)]		beroemd [bə'rumt]	berühmt
		geraken	(irgendwo) hin-
Wat heb je allemaal gedaan?		[ɣə'ra·kə(n)]	kommen
allemaal [ɑlə'ma·l]	alles	gebeuren	passieren
flink [flɪŋk]	tüchtig	[ɣə'bø:rə(n)]	
Dat valt wel mee.	Das war nicht so	onderweg	unterwegs
[dɑt‿fɑlt vɛl 'me·]	schlimm.	[ɔndər'vɛχ]	
vooral [vo:r'ɑl]	vor allem	eigenlijk ['ɛ·iɣələk]	eigentlich
oergezellig	urgemütlich	een lekke band	ein platter Reifen
['u·rɣəzɛləχ]		[ən 'lɛkə 'bɑnt]	
zoveel [zo·'ve·l]	so viel	zich zorgen maken	sich sorgen
overal [o·vər'ɑl]	überall	[zɪχ‿'sɔrɣə(n)	
		'ma·kə(n)]	

blijven ['blɛ·ivə(n)]	bleiben	ontmoeten	begegnen
fietstocht	Fahrradtour	[ɔnt'mutə(n)]	
['fitstɔχt]		liefde op het eerste	Liebe auf den ersten
pas [pɑs]	erst	gezicht	Blick
beginnen	beginnen	['livdə‿ɔp‿ət‿	
[bə'ɣɪnə(n)]		'eːrstə ɣə'zɪχt]	
belanden	landen	worden ['ʋɔrdə(n)]	werden
[bə'lɑndə(n)]		verliefd worden op	sich verlieben in
op de Oude Markt	am Alten Markt	[vər'lift 'ʋɔrdən‿ɔp]	
[ɔb‿də ɔ·udə 'mɑrkt]			

Grammatica

1. Das Perfekt mit *hebben* und *zijn* oef 1, 2, 3, 6

Die niederländische Grammatik ist der deutschen Grammatik in vielen Bereichen ähnlich. Es gibt zahlreiche Übereinstimmungen, u. a. auch bei den Hilfsverben. Sie verwenden im Niederländischen bei transitiven Verben in der Regel genau wie im Deutschen das Hilfsverb **hebben** *haben*. Transitive Verben sind Verben mit einem direkten Objekt, z. B. **bezoeken** *besuchen*, **zien** *sehen*, **spreken** *sprechen*:
Heb jij het museum **bezocht**? *Hast du das Museum besucht?*
Ik **heb** het schilderij van Bruegel **gezien**. *Ich habe das Gemälde von Bruegel gesehen.*
Hij **heeft** Nederlands **gesproken**. *Er hat Niederländisch gesprochen.*

Intransitive Verben, d. h. Verben ohne direktes Objekt, werden im Perfekt mit dem Hilfsverb **zijn** *sein* verbunden, z. B. **komen** *kommen*, **gebeuren** *geschehen, passieren*, **blijven** *bleiben*:
Ik **ben** van Suriname naar Nederland **gekomen**. *Ich bin von Suriname in die Niederlande gekommen.*
Wat **is** er **gebeurd**? *Was ist passiert?*
Ze **zijn** lang **gebleven**. *Sie sind lange geblieben.*

2. Das Perfekt im deutsch-niederländischen Vergleich oef 3, 4

Anders als im Deutschen können Bewegungsverben wie **fietsen** *Rad fahren*, **wandelen** *spazieren*, **zeilen** *segeln*, **varen** *Boot fahren*, **rennen** *laufen* das Perfekt sowohl mit **hebben** als auch mit **zijn** bilden. **Zijn** brauchen Sie, wenn Sie eine Richtung ausdrücken wollen, **hebben**, wenn Sie keine Richtung, sondern die Art der Bewegung angeben:

Richtung	Art der Bewegung
Jörg **is** van Brussel naar Amsterdam **gefietst**.	Jörg **heeft** 340 km **gefietst**.

Gewöhnungsbedürftig sind für Deutschsprachige die Partizipien der Verben lateinischen Ursprungs, die auf **-eren** enden: **studeren** *studieren*, **concentreren** *(sich) konzentrieren*, **formuleren** *formulieren*. Diese Partizipien erhalten im Niederländischen immer die Vorsilbe **ge-**:
Wat **heb** je **gestudeerd**? *Was hast du studiert?*
Hij **heeft** zich niet **geconcentreerd**. *Er hat sich nicht konzentriert.*
Jullie **hebben** dat juist **geformuleerd**. *Ihr habt das richtig formuliert.*

Opgelet struikelblok!

	NL + *sein*	D + *haben*
beginnen *beginnen*	Ik **ben** begonnen.	*Ich **habe** begonnen.*

3. Lokale Präpositionen   *oef 5*

In der Wegbeschreibung des Fernradweges von Brüssel nach Amsterdam gibt es sehr viele Präpositionen. Präpositionen können genau wie im Deutschen unterschiedlich eingesetzt werden. Sie können damit z. B. einen Zeitpunkt nennen (→ Lektion 4), einen Ort bezeichnen oder eine Richtung angeben.
Vanuit Brussel rijd je eerst **door** het bos "Zoniënwoud" **over** de Brabantse heuvels **naar** Leuven. *Ab Brüssel fahren Sie zuerst **durch** den Wald „Zoniënwoud" **über** die Brabanter Hügel **nach** Löwen.*

In der Übersicht finden Sie die häufigsten lokalen Präpositionen:

NL	D		
bij	*bei*	bij Amsterdam	*bei Amsterdam*
door	*durch*	door het bos	*durch den Wald*
in	*in*	in de stad	*in der Stadt*
langs	*entlang*	langs het kanaal	*am Kanal entlang*
naar	*nach/in*	naar Gouda/naar de stad	*nach Gouda/in die Stadt*
op	*auf*	op de website	*auf der Website*
over	*über*	over de rivier	*über den Fluss*
tot	*bis*	tot Rotterdam	*bis Rotterdam*
tussen	*zwischen*	tussen Brussel en Amsterdam	*zwischen Brüssel und Amsterdam*

NL	D		
uit	*aus*	uit het bos	*aus dem Wald*
van(af)	*ab*	vanaf de grens	*ab der Grenze*
vanuit	*ab*	vanuit het centrum	*ab dem Zentrum*
van ... tot	*von ... bis*	van Brussel tot Amsterdam	*von Brüssel bis Amsterdam*
via	*über*	via Antwerpen	*über Antwerpen*
voor	*vor*	voor de stad	*vor der Stadt*

Opgelet struikelblok!

NL	D
in	*in (+ Dat)*
naar	*in (+ Akk)*

Ik ben **in** het centrum van de stad.
Ich bin im Zentrum der Stadt.
Wanneer ga jij eens **naar** de stad?
Wann gehst du mal in die Stadt?

4. Verbindende Adverbien   *oef 6*

Wenn Sie etwas erzählen möchten, brauchen Sie Adverbien, die einzelne Informationen zu einer zeitlichen Abfolge miteinander verbinden: **eerst** *zuerst* – **dan/toen** *dann* – **daarna** *danach*. Sie erzählen im Präsens (→ Lektion 1) und Futur (→ Lektion 4) oder im Perfekt. In der Vergangenheit können Sie das Adverb **dan** durch **toen** ersetzen:
We eten **eerst** iets, **dan** gaan we naar het museum en **daarna** gaan we naar het concert. *Wir essen zuerst etwas, dann gehen wir ins Museum und danach gehen wir ins Konzert.*
We hebben **eerst** iets gegeten, **dan/toen** zijn we naar het museum gegaan en **daarna** zijn we naar het concert gegaan. *Wir haben zuerst etwas gegessen, dann sind wir ins Museum gegangen und danach sind wir ins Konzert gegangen.*

Taalweetjes

Der Weg ist das Ziel

Mit folgenden Ausdrücken finden Sie auf Reisen immer den richtigen Weg:
● Sorry, hoe kom ik in Katwijk-aan-Zee?
  Entschuldigung, wie komme ich nach Katwijk-aan-Zee?
● U rijdt eerst naar ... Dan volgt u de wegwijzers naar ...
  Sie fahren zuerst nach ... Danach folgen Sie den Wegweisern nach ...

● Hoe ver is het nog tot Amsterdam? *Wie weit ist es noch bis Amsterdam?*
● Dat is niet ver meer. Met de auto doet er nog een half uurtje over. Met de fiets rekent u nog een klein uurtje.

Das ist nicht mehr weit. Mit dem Auto brauchen Sie noch eine halbe Stunde. Mit dem Fahrrad kalkulieren Sie noch eine knappe Stunde. (wörtl.: ein kleines Stündchen)

● Waar ligt Sint-Michiels-Gestel? *Wo liegt Sint-Michiels-Gestel?*
● U wilt naar Sint-Michiels-Gestel? Oh, dan zit u helemaal verkeerd. U moet helemaal de andere kant op.
Sie möchten nach Sint-Michiels-Gestel? Oh, dann sind Sie völlig falsch. Sie müssen in die ganz andere Richtung.

„Falsche Freunde" im Verkehr

Die niederländische Übersetzung **varen** für *fahren* bezieht sich nur auf die Schifffahrt: **bootje varen, met de zeilboot varen.** Auf dem Landweg gilt immer das Verb **rijden** *fahren, reiten*: z. B. **autorijden, met de bus, de tram of de fiets rijden** *fahren*, **paardrijden** *reiten*.

Opgelet struikelblok!

NL	D
varen	*(Schiff, Boot) fahren*
rijden	*fahren*

Eine Postkarte an Freunde schreiben

Die Anrede **beste** *liebe(r)* können Sie auch ohne Namen benutzen. Wenn Sie jemanden besonders mögen, schreiben Sie **liefste** oder **allerliefste** + Vornamen. Die erste Zeile beginnen Sie mit einem Großbuchstaben. Beenden Sie die Karte mit den Grußformeln **lieve** *liebe* oder **hartelijke groet(en)** *herzliche Grüße*, **groetjes** *Grüße* oder **liefs** *(alles) Liebe*.

Extra woorden

Aktivitäten beim Fahrradurlaub

op fietsvakantie zijn	*Fahrradurlaub machen*
een fietstocht maken	*eine Radtour machen*
de weg op de kaart zoeken	*den Weg auf der Karte suchen*
kamperen	*zelten*
in de tent slapen	*im Zelt schlafen*
een stad of een museum bezoeken	*eine Stadt oder ein Museum besuchen*
mensen leren kennen	*Menschen kennenlernen*
naar een concert gaan	*in ein Konzert gehen*
naar de bioscoop gaan	*ins Kino gehen*

5

Rund ums Fahrrad

fiets	*Fahrrad*
fietsen of met de fiets rijden	*Fahrrad fahren*
fietshelm	*Fahrradhelm*
band	*Reifen*
wiel (het)	*Rad*
een lekke band hebben	*einen Platten haben*

de band is plat	*der Reifen hat keine Luft*
zadel (het)	*Sattel*
pedaal (het)	*Pedal*
ketting	*Kette*
fietspomp	*Fahrradpumpe*
stuur (het)	*Lenker*
fietsbel	*Fahrradklingel*
fietslicht (het)	*Fahrradlampe*
rem	*Bremse*
versnelling	*Gang*
bagagedrager	*Gepäckträger*
fietsslot (het)	*Fahrradschloss*
de fiets op slot doen	*das Rad abschließen*

i Kennen Sie den **fietspaddestoel** *Fahrradpilz*? Den finden Sie überall in den Niederlanden als Wegweiser. In Belgien hat man ein Netz mit **fietsknooppunten** *Fahrradknotenpunkten* ausgedacht. Alle Radwege sind über diese Knotenpunkte miteinander verbunden. Sie können Ihre Route von **knooppunt tot knooppunt** selbst planen. Parken können Sie Ihr Fahrrad in Amsterdam übrigens ganz bequem im **fietsflat**, einem *Fahrradparkhaus*.

Oefeningen

1 Schreiben Sie die folgenden Sätze im Perfekt.

1. Ik fiets van Brugge naar Gent.   *Ik ben van Brugge naar Gent gefietst.*

2. Ik bezoek Gent. ....

3. Ik rijd van Gent naar Rotterdam. ....

4. In Rotterdam ga ik naar het museum. ....

5. De volgende dag kom ik in Leiden aan. ....

2 Bilden Sie das Perfekt der folgenden Bewegungsverben.

1. Hij loopt elke dag een uurtje: *heeft gelopen* ....
2. Hij loopt naar het park: ....
3. Hij wandelt in Parijs: ....
4. Hij wandelt naar het strand: ....
5. Hij vliegt nooit: ....
6. Hij vliegt naar Amerika: ....

3 Tragen Sie die deutsche Bedeutung der Verben ein und bilden Sie dann das Partizip. Beachten Sie, dass die Vokale in der vorletzten Silbe des Infinitivs sich im Partizip ändern.

Infinitiv: ij	Partizip: e	Infinitiv: e	Partizip: o
1. rijden	*gereden*	3. nemen	....
2. kijken	....	4. spreken	....

Infinitiv: i	Partizip: o	Infinitiv: ie	Partizip: o
5. drinken	....	7. genieten	....
6. vinden	....	8. vliegen	....

Infinitiv: ui	Partizip: o	Infinitiv	unverändert
9. ruiken *riechen*	....	11. lopen	....
10. duiken *tauchen*	....	12. zien	....

4 Bilden Sie nun die Partizipien dieser unregelmäßigen Verben, die Sie bereits gelernt haben. Ziehen Sie bei Bedarf das Glossar im Anhang zu Rate.

1. eten *gegeten* ....
2. doen ....
3. gaan ....
4. ontbijten ....
5. lezen ....

6. krijgen ....
7. geven ....
8. uitslapen ....
9. vertrekken ....
10. staan ....

5

5 Ergänzen Sie in der Postkarte die richtigen Präpositionen.

Beste Mark,

Ik ben eerst ..*in*...... (1.) Utrecht aangekomen.

Dan ben ik met de fiets .... (2.) de Vecht

.... (3.) Naarden gereden. .... (4.)

Naarden-Vesting ben ik .... (5.) het oude

stadje gelopen. De volgende keer kom je met

me mee!

Groetjes van

Erik

Mark Vermeer
Duinen 4
2220 AN Katwijk-
aan-Zee

6 Tineke ist mit ihrem Freund Luk die Zuiderzeeroute gefahren. Sie hat sich in ihrem Reisetagebuch viele Notizen gemacht. Schreiben Sie Tinekes Reisebericht auf ein separates Blatt Papier.

So können Sie beginnen: *Maandag zijn we om half zeven opgestaan. ...*

maandag	6.30 's morgens ca. 12.00 na de middag	1. opstaan 2. samen met Luk met de trein naar Frankfurt 3. aankomst in Schiphol 4. Amsterdam bezoeken
dinsdag	eerst dan daarna	5. lekker ontbijten 6. fiets huren* 7. fietstocht beginnen – via het IJsselmeer naar Waterland rijden
woensdag	 's morgens	8. kamperen op een camping 9. kerktoren bezoeken in Randsdorp
donderdag	10.00–12.00 's middags	10. in Volendam wandelen 11. we zien heel veel toeristen 12. eten in Hoorn 13. ook in de haven naar de zeilboten kijken
vrijdag	11.00–15.00	14. door het natuurgebied "De Nek" achter de dijk rijden 15. slapen in het hotel IJsselmeer

*huren: *mieten*

1 Lesen Sie die E-Mails und entscheiden Sie, ob die Aussagen richtig **(juist)** oder falsch **(fout)** sind.

Gent 1 augustus

Geachte mevrouw,
U wilt bij ons Nederlandse les
volgen. Het spijt me, maar de
cursus is vol. U kunt wel over
twee weken beginnen. Belt u
me a.u.b. nog eens op!
Met vriendelijke groet,
An van Opstal

Beste,
Onze collega Hans de Groot
vertrekt binnenkort naar
Suriname. Wij organiseren een
borrel op vrijdag a.s. Hans
weet het niet. Geef een seintje
aan Ellen!
Tot vrijdag!
Pieter

	juist	fout
1. Er is een nieuwe cursus op 15 augustus.	☐	☐
2. An van Opstal wil opbellen.	☐	☐
3. Hans en zijn collega's krijgen dit mailtje.	☐	☐
4. De collega's moeten iets meebrengen voor Ellen.	☐	☐

Punkte

....../4

2 Stellen Sie Jörg einem niederländischen Freund vor. Verwenden Sie dazu folgende Angaben und bilden Sie Sätze.

1. *Mein Kollege Jörg Suhr …*: ....

2. *… ist 32 Jahre*: ....

3. *… ist Deutscher*: ....

4. *… arbeitet für eine belgische Firma*: ....

5. *… spricht Niederländisch, Rumänisch, Türkisch*: ....

....

6. *… mag Milchkaffee*: ....

Punkte

....../6

3 Setzen Sie die Adjektive ein, die die passende Nationalität wiedergeben.

1. "Mort subite" uit Brussel is de naam van een .... bier.

2. Pizza is een .... specialiteit.

3. In Suriname spreek je officieel de .... taal.

4. Leuven is geen Waalse, maar een .... stad.

5. In Parijs eten toeristen graag een .... croissantje.

6. De Matterhorn ligt in de .... Alpen.

Punkte

....../6

4 Wie sagen Sie es auf Niederländisch?

1. *Mir geht es ausgezeichnet.* ....

2. *Woher kommen Sie?* ....

3. *Können Sie das noch einmal wiederholen?* ....
....

4. *Verzeihen Sie mir!* ....

5. *Es tut mir leid.* ....

6. *Guten Appetit!* ....

5 Tragen Sie die richtigen Präpositionen ein.

Kom je .... (1.) ons mee? We gaan .... (2.) zondag
.... (3.) het ontbijt .... (4.) de Zuiderzee. We
blijven .... (5.) IJmuiden .... (6.) zondagavond.

6 Schreiben Sie Ihre Aktivitäten aus dem Terminkalender im Perfekt.
Die Abkürzungen stehen für die Wochentage.

ma	wo	zat
12.45 u met Marleen lunchen	9.00 u een museum bezoeken	voor 12.00 u een nieuwe fiets kopen
vanaf 15.00 u boodschappen doen	21.00 u naar een concert gaan	weekend aan zee kamperen met vrienden

(Op) Maandag heb ik om kwart ....
....
....
....
....
....
....

In dieser Lektion beschäftigen Sie sich mit:
- ▌ **Wegbeschreibungen** in der Stadt
- ▌ den **Ordnungszahlen** von 1–100
- ▌ der Angabe des **Datums**
- ▌ dem Infinitiv mit **te** nach **staan, zitten, liggen, lopen**
- ▌ dem Adverb **er**

Gezicht op Delft

De tekenaar van het stadsgezicht leeft in de 21e eeuw. Hij heeft zich daarbij geïnspireerd op een heel beroemd schilderij van Johannes Vermeer. U ziet de stad vanuit het zuiden. Op de voorgrond herkent u de haven de Kolk aan de rivier de Schie. Enkele mensen staan te praten, enkele kinderen zitten te spelen. Aan de overkant zijn er twee stadspoorten: links de Schiedamse poort en rechts de Rotterdamse poort. Hoog boven de stad hangen donkere wolken. Maar als u goed kijkt, ziet u de toren van de Nieuwe Kerk in de stralende zon. Er staan nog geen flatgebouwen in de stad. Er zijn veel historische monumenten uit de 15e, 16e en de 17e eeuw in de binnenstad. Die kunt u nog altijd bezoeken. Informatie vindt u bij de VVV (Vereniging voor Vreemdelingenverkeer).

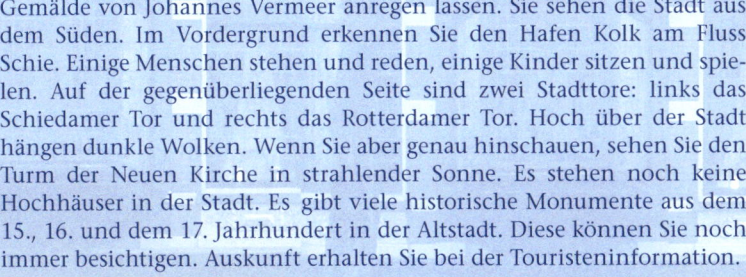

Ansicht von Delft

Der Zeichner der Stadtansicht lebt im 21. Jahrhundert. Er hat sich von einem sehr berühmten Gemälde von Johannes Vermeer anregen lassen. Sie sehen die Stadt aus dem Süden. Im Vordergrund erkennen Sie den Hafen Kolk am Fluss Schie. Einige Menschen stehen und reden, einige Kinder sitzen und spielen. Auf der gegenüberliegenden Seite sind zwei Stadttore: links das Schiedamer Tor und rechts das Rotterdamer Tor. Hoch über der Stadt hängen dunkle Wolken. Wenn Sie aber genau hinschauen, sehen Sie den Turm der Neuen Kirche in strahlender Sonne. Es stehen noch keine Hochhäuser in der Stadt. Es gibt viele historische Monumente aus dem 15., 16. und dem 17. Jahrhundert in der Altstadt. Diese können Sie noch immer besichtigen. Auskunft erhalten Sie bei der Touristeninformation.

Wat nieuw is!

Die Ordnungszahlen von 1–100 *oef 2, 3*

Im Eingangstext sind Ihnen Zeitangaben begegnet, die mit Ordnungszahlen ausgedrückt werden: **de 21e eeuw** *das 21. Jahrhundert*. Die Ordnungszahlen bilden Sie
im Niederländischen mit den Endungen **-de** oder **-ste**, die Sie an das Zahlwort
anhängen: **twee** ▶ **tweede** *zwei* ▶ *zweite(r,s)*, **twintig** ▶ **twintigste** *zwanzig* ▶
zwanzigste(r,s). Dabei bleibt in der Regel die Grundform erhalten, außer bei **een** ▶
eerste *eins* ▶ *erste(r,s)* und **drie** ▶ **derde** *drei* ▶ *dritte(r,s)*.
Beim Schreiben wird im Niederländischen kein Punkt hinter die Ziffern gesetzt.
Stattdessen hängen Sie entweder die vollständige Endung oder einfach nur verkürzt
das **-e** an die Ziffer an: **1ste** oder **1e**, **3de** oder **3e**.

Jetzt müssen Sie nur noch wissen, nach welchen Ziffern welche Endung steht. Das
zeigt Ihnen die folgende Tabelle:

1ste (!)	eerste	*erste(r,s)*	...	...	...
2de	tweede	*zweite(r,s)*	**19de**	negentiende	*neunzehnte(r,s)*
3de (!)	derde	*dritte(r,s)*	**20ste**	twintigste	*zwanzigste(r,s)*
4de	vierde	*vierte(r,s)*	**21ste**	eenentwintigste	*einund-zwanzigste(r,s)*
5de	vijfde	*fünfte(r,s)*	**22ste**	tweeëntwintigste	*zweiund-zwanzigste(r,s)*
6de	zesde	*sechste(r,s)*	**23ste**	drieëntwintigste	*dreiund-zwanzigste(r,s)*
7de	zevende	*siebte(r,s)*	...	...	...
8ste (!)	achtste	*achte(r,s)*	**30ste**	dertigste	*dreißigste(r,s)*
9de	negende	*neunte(r,s)*	**100ste**	honderdste	*hundertste(r,s)*

Die Endung **-ste** brauchen Sie bei 1, 8 und bei allen Ziffern ab 20 aufwärts, ansonsten lautet die Endung **-de**. Wenn Sie beim Schreiben **-e** verwenden, liegen Sie
immer richtig. Achten Sie auf das Trema bei **22e** und **23e**: **tweeëntwintigste**,
drieëntwintigste.

Ordnungszahlen verwenden Sie bei:
▮ Reihenfolgen: **eerste straat** *1. Straße*, **tweede station** *2. Haltestelle*
▮ Herrscherdynastien: **Lodewijk de veertiende** *Ludwig XIV.*
▮ Jahrhunderten: **de 17e eeuw** *das 17. Jahrhundert*

Wegwijs in de stad

Anneke is net in het Centraal Station in Amsterdam aangekomen en zoekt de weg.

Anneke:	Dag mevrouw, mag ik u wat vragen?
Voorbijganger 1:	Ja, zegt u het maar! Zoekt u de weg?
Anneke:	Precies. Kunt u me zeggen waar ik de Brederodestraat vind?
Voorbijganger 1:	Even kijken! Nou, die ligt volgens mij in de buurt van het Vondelpark. Heel zeker ben ik niet. *(Spreekt iemand aan:)* Meneer?
Voorbijganger 2:	Dames! Lekker weertje vandaag. Dat wordt een mooi dagje Amsterdam.
Voorbijganger 1:	U hebt mooi praten. Ik moet zo gaan werken en deze jonge dame zoekt de Brederodestraat. Weet u waar zij moet zijn?
Voorbijganger 2:	Nou, ik ben hier niet bekend. Sorry! Leuke tas heb je trouwens.
Anneke:	Oh, dank je wel! Die heb ik net nieuw gekocht.
Voorbijganger 2:	Zal ik even een plattegrondje halen? De VVV zit hier op de hoek.
Voorbijganger 1:	Dat is erg vriendelijk, maar doet u geen moeite. Daar komt hippe Japie de sleutelmaker. Die weet de weg wel. *(Roept:)* Hé Japie!
Japie:	Jantien meid, wat is er? Ben je je sleutel weer kwijt? Is dat je zusje?
Voorbijganger 1:	Nee hoor! We hebben elkaar net leren kennen. Zij zoekt de Brederodestraat.
Japie:	Dat is boffen. Die ligt op mijn weg. *(Tot Anneke:)* Heb je nog meer bagage?
Anneke:	Alleen een koffer en deze schoudertas.
Japie:	Gooi je tassen maar in de bak. Jij gaat achterop. Dan laat ik je hartje Amsterdam zien.

Op de bakfiets door de binnenstad.

Japie: Zie je dat grote monument aan je linkerkant? Dat is het Nationaal Monument. Daar herdenken we op 4 mei de slachtoffers van oorlogen.
Anneke: Hoe heet dit plein? Het is een heel druk kruispunt.
Japie: De Dam. Wij slaan nu rechts af naar de beroemde negen straatjes.
Anneke: Daar kun je heerlijk winkelen. Dat heb ik gelezen in mijn reisgids.
Japie: Het is er peperduur. Ga jij maar gezellig shoppen op de Albert Cuyp. Daar heb je leuke spullen voor een zacht prijsje.
Anneke: Kom je langs het Rijksmuseum?
Japie: Dat ligt aan de andere kant van het Vondelpark. Dan moet ik een heel eindje om.

In de Brederodestraat.

Japie: Afstappen! We zijn er. Tjonge, jonge … geen kraakpand zo te zien!
Anneke: Even kijken of het adres klopt.
Japie: Hier heb je mijn adres. Misschien heb je me wel eens nodig. Je weet maar nooit.
Anneke: Dankjewel voor de rit. Je bent een fantastische stadsgids.
Japie: Graag gedaan. Veel plezier verder in Amsterdam. Ajuus!

Woordenschat

Gezicht op Delft	
(stads)gezicht (het)	(Stadt-)Ansicht
tekenaar	Zeichner
eeuw	Jahrhundert
daarbij	dazu
zich inspireren op	sich anregen lassen von
heel	sehr
zuiden (het)	Süden
voorgrond	Vordergrund
herkennen	(wieder)erkennen
enkele	einige
staan	stehen
praten	reden
zitten	sitzen
spelen	spielen
aan de overkant	auf der gegenüber-liegenden Seite
stadspoort	Stadttor

links	links
rechts	rechts
hoog	hoch
boven	oben; oberhalb
donker	dunkel
wolk	Wolke
stralende zon	strahlende Sonne
flatgebouw (het)	Hochhaus
historisch	historisch
monument (het)	Denkmal
binnenstad, binnensteden	Innenstadt
bezoeken	besuchen
VVV (Vereniging voor Vreemdelingenverkeer)	Touristeninformation

Wegwijs in de stad

wegwijs	im Bilde (hier: vertraut mit)
net	gerade, eben
centraal station	Hauptbahnhof
voorbijganger	Passant
precies	genau
liggen	liegen
volgens mij	meiner Meinung nach
zeker	sicher
Dames!	Meine Damen!
mooi	schön
niet bekend zijn	sich nicht auskennen
tas	Tasche
net	soeben
kopen	kaufen
plattegrondje (het)	Stadtplan
hoek	Ecke
vriendelijk	freundlich
moeite doen	Mühe geben
hip	lässig
sleutelmaker	Schlüsseldienst
sleutel	Schlüssel
Jantien	weiblicher Vorname
meid!	Mensch! (wörtl.: Mädchen, Dienstmädchen)
iets kwijt zijn	etw verloren haben
zusje (het)	Schwester
boffen	Glück haben
bagage	Gepäck
koffer	Koffer
schoudertas	Umhängetasche (wörtl.: Schultertasche)
gooien	werfen
bak	Kiste
jij gaat achterop ugs	du setzt dich hinten drauf
hartje (Amsterdam)	im Zentrum (wörtl.: Herz)

bakfiets	Lastenfahrrad
aan je linkerkant	auf deiner linken Seite
nationaal	national
herdenken	gedenken
slachtoffers	Opfer
oorlog	Krieg
plein (het)	Platz
druk	lebhaft
kruispunt (het)	Kreuzung
rechts afslaan	nach rechts abbiegen
winkelen	einkaufen
reisgids	Reiseführer
peperduur	sehr teuer (wörtl.: teuer wie Pfeffer)
shoppen	einkaufen
spullen	Habseligkeiten
voor een zacht prijsje	zu einem niedrigen Preis
langs	vorbei
kant	Seite
een eindje om moeten	einen Umweg machen
afstappen	absteigen
tjonge, jonge	Junge, Junge
kraakpand (het)	besetztes Haus
zo te zien	wie man sieht
rit	Fahrt
fantastisch	fantastisch
plezier (het)	Spaß
verder	weiter
Ajuus! (NL)	Adieu!

Grammatica

1. Die Angabe des Datums   *oef 1*

Bei der Angabe des Datums wird im Niederländischen – anders als im Deutschen –
in der Regel die Grundzahl und nicht die Ordnungszahl verwendet.
- Wanneer ben je jarig? *Wann hast du Geburtstag?*
- Op zestien juli. *Am sechzehnten Juli.*
- De hoeveelste is het vandaag? *Der Wievielte ist heute?*
- Het is eenentwintig maart. *Heute ist der einundzwanzigste März.*

Beachten Sie, dass auch beim Datum nie ein Punkt hinter den Ziffern steht: 16 juli
16. Juli, 21 maart *21. März.* Wenn Sie ein Datum nur in Ziffern angeben wollen,
können Sie einen Bindestrich als Trennzeichen verwenden: 16-07, 21-03.

Jahreszahlen werden im Niederländischen meist in Zehnerblöcken (ohne das
Wort **honderd**) gesprochen: 1648 – **zestien achtenveertig**, 1989 – **negentien
negenentachtig**. Eine Ausnahme bilden die ersten zehn Jahre eines Jahrhunderts
und die Jahreszahlen des 21. Jahrhunderts: 1901 – **negentien één**, 2010 –
tweeduizend tien.

Bei der Angabe des Jahres steht im Niederländischen immer die Präposition **in**:
In 1982 heeft hij in Amsterdam gestudeerd. *1982 hat er in Amsterdam studiert.*

2. Der Infinitiv mit *te* nach *staan, zitten, liggen, lopen*   *oef 5, 6*

In der Bildbeschreibung im Lesetext stehen einige Sätze, die Sie nicht wörtlich ins
Deutsche übertragen können:
Enkele mensen staan **te** praten. *Einige Menschen reden gerade.*
(wörtl.: … stehen und reden)
Enkele kinderen zitten **te** spelen. *Einige Kinder spielen gerade.*
(wörtl.: … sitzen und spielen)

Der Infinitiv mit **te** steht hier nach den Verben **staan** *stehen,* **zitten** *sitzen,* **liggen**
liegen und **lopen** *laufen.* Diese Verben werden normal konjugiert, danach folgt **te**
und der Infinitiv eines beliebigen anderen Verbs.

Im Niederländischen wird diese Konstruktion sehr häufig verwendet. Sie drückt
aus, dass zwei Dinge gleichzeitig passieren: Während jemand steht, sitzt, liegt oder
läuft, kann er oder sie gleichzeitig etwas anderes tun, z. B. ein Buch lesen, fernsehen, etwas essen. Dabei wird die gerade stattfindende Handlung besonders betont.
Deshalb können Sie diese Konstruktion im Deutschen am besten ausdrücken,
indem Sie sie mit dem Wort *gerade* umschreiben.

Ik sta **te** wachten. *Ich warte **gerade**. (wörtl.: Ich stehe und warte.)*
Jij zit een boek **te** lezen. *Du liest **gerade** ein Buch. (wörtl.: Du sitzt und liest ein Buch.)*
Hij ligt tv **te** kijken. *Er schaut **gerade** fern. (wörtl.: Er liegt und schaut fern.)*
We lopen **te** zingen. *Wir singen **gerade**. (wörtl.: Wir laufen und singen.)*

3. Das Adverb *er*   oef 6

❙ er als vorläufiges Subjekt

Erinnern Sie sich an diese Beispiele aus dem Lesetext? Das Adverb **er** nimmt hier
die Position des vorläufigen Subjekts ein. Das echte Subjekt ist unbestimmt und
steht weiter hinten im Satz.
Er zijn twee **stadspoorten**. *Es gibt zwei Stadttore.*
Er staan **mensen** op straat. *Es stehen Menschen auf der Straße.*
Er hangen **wolken** boven de stad. *Es hängen Wolken über der Stadt.*

Wenn Sie den Ausdruck *es gibt* verwenden wollen, müssen Sie im Niederländischen
den Unterschied zwischen Singular und Plural (**er is** / **er zijn**) beachten:
Er is een stadspoort. *Es gibt ein Stadttor.*
Er zijn twee stadspoorten. *Es gibt zwei Stadttore.*

❙ er als Ortsangabe

Im folgenden Kurzdialog lernen Sie eine weitere Funktion des Adverbs **er** kennen:
● Wat kun je in Amsterdam allemaal doen? *Was kann man in Amsterdam alles tun?*
● Je kunt **er** heerlijk winkelen. Het is **er** wel peperduur. *Man kann **dort** wunderbar*
*einkaufen. Es ist **dort** aber sehr teuer.*
● Kun je **er** ook lekker eten? *Kann man **da** auch gut essen?*
● Ja zeker, je vindt **er** voor elk wat wils. *Ja sicher, man findet **dort** für jeden*
Geschmack etwas.

Das Adverb **er** verweist in allen Sätzen auf die Stadt Amsterdam. Es lässt sich durch
in Amsterdam ersetzen. Diese Sätze können – anders als die oben aufgeführten
Beispiele – nicht mit **er** beginnen. Wenn Sie einen bestimmten Ort hervorheben
wollen, verwenden Sie **hier** *hier* oder **daar** *dort*:
● Ben je al eens in Amsterdam geweest? *Bist du schon mal in Amsterdam gewesen?*
● Nee, **daar** ben ik nog nooit geweest. *Nein, **da** bin ich noch nie gewesen.*
● Zit **hier** al iemand? *Sitzt **hier** schon jemand?*
● Nee, gaat u **daar** maar zitten. *Nein, setzen Sie sich doch **dort** hin.*

Taalweetjes

Das Genus in der Umgangssprache

In der Umgangssprache gibt es eine Möglichkeit, die Problematik des Genus
(→ Lektion 2) bei **de-woorden** *(m./v.)* zu umgehen. Sie benutzen statt der Personal-
pronomen **hij/zij** *er/sie* (Subjekt) bzw. **hem/haar** *ihn/sie, ihm/ihr* (Objekt) und
statt des Artikels **de** *der/die* das Demonstrativpronomen **die** *diese(r,s)*.
- Waar is **de** Kalverstraat? *Wo ist die Kalverstraat?*
- **Die** ligt volgens mij in het centrum. *Die liegt meiner Meinung nach im Zentrum.*
  Statt: **Hij** ligt volgens mij in het centrum.
- Leuke **tas** heb je trouwens! *Du hast übrigens eine tolle Tasche.*
- **Die** heb ik net nieuw gekocht. *Die habe ich gerade neu gekauft.*
  Statt: Ik heb **hem** net nieuw gekocht.

Nach dem Weg fragen   *oef 4, 8*

Mit **Is/Zijn er ...?** können Sie allgemein nach Geschäften, öffentlichen Verkehrs-
mitteln und Einrichtungen fragen:
Is er een VVV in de buurt? *Ist hier eine Touristeninformation in der Nähe?*
Zijn er leuke restaurants op het plein? *Gibt es tolle Restaurants auf dem Platz?*

Wenn Sie etwas Bestimmtes suchen, z.B. eine Straße, einen Platz oder ein Restaurant, benutzen Sie die Fragewörter **wie**, **wat**, **waar**, **hoe** (→ Lektion 1):
Sorry, **waar** is het Rembrandtplein? *Entschuldigung, wo ist der Rembrandtplein?*

Sie können diese Fragesätze noch höflicher formulieren:
Weet u **waar** de Brederodestraat **is**? *Wissen Sie, wo die Brederodestraat ist?*
Kunt u me zeggen **hoe** laat het **is**? *Können Sie mir sagen, wie spät es ist?*

Diese indirekten Fragesätze sind Nebensätze. Deshalb steht das Verb möglichst weit
hinten. Sie brauchen im Niederländischen kein Komma, um den Hauptsatz vom
indirekten Fragesatz zu trennen.

Hilfe anbieten

Sie wissen bereits aus → Lektion 3, dass Sie mit dem Verb **zullen** jemandem einen
Vorschlag machen können. Genauso können Sie jemandem Hilfe anbieten:
Zal ik u even helpen? *Kann ich Ihnen (eben) helfen?*
Zal ik een plattegrondje halen? *Soll ich einen Stadtplan holen?*
Wenn Sie selbst Hilfe benötigen, benutzen Sie das Verb **kunnen** *können*:
Kunt u me a.u.b. helpen? *Können Sie mir bitte helfen?*

Extra woorden   *oef 7*

Wegbeschreibungen in der Stadt

de eerste straat	*die erste Straße*	tot het volgende	*bis zur nächsten*
links / rechts	*links / rechts*	kruispunt	*Kreuzung*
linksaf / rechtsaf	*nach links / nach*	bij het stoplicht	*bei der Ampel rechts*
	rechts	rechtsaf	
rechtdoor	*geradeaus*	tot de rotonde	*bis zum Kreisver-*
langs het hoge	*dem Hochhaus*		*kehr*
flatgebouw	*entlang*	door het park	*durch den Park*
over het plein	*über den Platz*	om de hoek	*um die Ecke*

i Im Mittelalter bildeten die reichen flämischen Städte durch den Tuchhandel das wirtschaftliche Kerngebiet nördlich der Alpen. Jan van Eyck und Hans Memling sind berühmte Maler aus dieser Zeit. Nach der Trennung der spanischen Niederlande 1648 verlagerte sich der wirtschaftliche Schwerpunkt durch die Auswanderung vieler erfolgreicher Flamen nach Norden. Die nordniederländischen Städte erlebten einen enormen Aufschwung. Dieses Jahrhundert wird in der neuen Republik **de Gouden Eeuw** *das Goldene Jahrhundert* genannt. Die Malerei von Rembrandt, Frans Hals und Johannes Vermeer wurde weltberühmt. Vondel, Brederode und Huygens sind große Namen der niederländischen klassischen Literatur. Viele Straßennamen wie Vondelpark, Rembrandtplein, Brederodestraat erinnern an **de Gouden Eeuw**.

Oefeningen

1 Wann haben die Mitglieder der Königsfamilie Geburtstag? Schreiben Sie die Daten in Worten.

1. Koningin Beatrix (31-01)   *op eenendertig januari* ....

2. Prins Willem-Alexander (27-04) ....

3. Prins Constantijn (11-10) ....

4. Prinses Maxima (17-05) ....

5. Koningin Paola (11-09) ....

6. Prins Filip (15-04) ....

7. Prinses Maria Laura (26-08) ....

6

2 Wann sind diese Herrscher geboren und gestorben? Schreiben Sie die Ziffern aus.

1. Karel V (geboren in 1500 – gestorven* in 1558)

    Karel de vijfde geboren in vijftienhonderd, gestorven in vijftien achtenvijftig.

2. Leopold I (1790 – 1865)

    ....

3. Willem II (1792 – 1849)

    ....

4. Leopold III (1901 – 1983)

    ....

*gestorven: *gestorben*

3 Schreiben Sie das passende Jahrhundert zu einigen historischen Ereignissen in Delft.

1. Delft wordt stad in 1246.   *de dertiende eeuw* ....

2. Rond 1400 komt er een haven, de Delftshaven. ....

3. Rond 1632 is Johannes Vermeer geboren.   ....

4. De Technische Universiteit Delft (TUD) begint in 1842.   ....

5. Kent u een beroemd tekenaar uit de tijd vanaf 2000?   ....

4 Fragen Sie nach dem Rembrandt-Platz in Amsterdam. Variieren Sie Ihre Fragen.

● ....

● Sorry, maar ik ben hier niet bekend.

● ....

● Ik ben zelf op bezoek. Ik kan u niet helpen.

● ....

● Het spijt me. Ik heb geen tijd.

● ....

● I'm so sorry. I don't speak Dutch.

5 Was machen die Menschen in diesem Haus?

a. Beschreiben Sie die Tätigkeiten der Personen mit den Verben **staan**, **zitten**, **liggen** und **lopen**.

1. Iemand _zit koffie te drinken._
2. Iemand ....
3. Iemand ....
4. Twee mensen ....
5. Iemand ....
6. Vier kinderen ....

b. Beschreiben Sie die Tätigkeiten jetzt mit dem Adverb **er**.

1. Er _zit iemand koffie te drinken._
2. Er ....
3. Er ....
4. Er ....
5. Er ....
6. Er ....

6 Setzen Sie diese Sätze in den Plural.

1. Er staat een kind op het schilderij. _Er staan kinderen op het schilderij._
2. Er is een boodschap op mijn mobieltje. ....
3. Er ligt een boek op tafel. ....
4. Er is één buitenlander op de fuif. ....
5. Er zit een man in de trein. ....

6

7 Sie möchten mit einem Freund / einer Freundin Delft besuchen. Sie planen für November und Ihr Budget beträgt € 35 pro Person. Sie mögen keine Gruppen-reisen. Suchen Sie aus den Angeboten des Fremdenverkehrsvereins das passende Angebot aus und kreuzen Sie es an. Dazu müssen Sie nicht jedes Wort verstehen.

A ☐
DelftXpress. Ga mee met de DelftXpress en ontdek op een leuke manier de mooie plekken en musea van Delft. Uw kaartje is de hele dag geldig. Kosten € 4 per persoon.We rijden van 1 april tot eind oktober van 10.00 tot 17.00, zeven dagen in de week. ▶ ▶ ▶

B ☐
Delft door de ogen van Johannes Vermeer en Willem van Oranje. Bij de "historische wandeling door Delft" leert u met een gids de historische binnenstad kennen. Dit dagje Delft krijgt u voor slechts € 32,45 (minimaal 10 personen; kleine groepen vanaf twee personen: extra prijs € 8,45). ▶ ▶ ▶

C ☐
Picknick. U kunt met maximaal 8 personen vanaf mei lekker picknicken in het bootje Canal Hopper. U zegt ons hoeveel u per persoon wilt betalen. Informatie krijgt u bij de VVV. ▶ ▶ ▶

D ☐
Stadswandeling met lekker eten. Deze wandeling duurt 4 of 5 uur. U krijgt een historische stadwandeling en tussendoor gaan we eten en drinken. We beginnen natuurlijk met een aperitief. Na de eerste stadswandeling gaan we genieten van een voorgerecht in een restaurant aan het water. Dan krijgt u een gerecht in een ander restaurant. We wandelen en dan is er een heerlijk dessert met koffie op het marktplein. Informatie krijgt u bij de VVV. ▶ ▶ ▶

8 Wo befindet sich die Person auf der Zeichnung? Kreuzen Sie die passenden Orts-angaben an.

☐ **1.** op de kerktoren

☐ **2.** in de binnenstad

☐ **3.** op het plein

☐ **4.** voor de kerk

☐ **5.** tussen het eetcafé "Smulpaap" en de kerktoren

☐ **6.** voor het station

☐ **7.** naast het monument

In dieser Lektion lernen Sie:
- **Einkaufsgespräche** zu führen
- sich kritisch über den **Preis** zu äußern
- jemanden oder etwas zu **vergleichen**
- die **Steigerungsformen** der Adjektive
- die **Zahlen** ab 100
- wichtige **Maßeinheiten**

Rotterdam – stad van superlatieven

Volgens mij is Rotterdam een stad van superlatieven. Allereerst springt de indrukwekkende skyline met de hoogste wolkenkrabbers van Nederland in het oog. Meer dan tien wolkenkrabbers zijn hoger dan honderd meter. Met 151,32 meter is de Montevideo de allerhoogste woon- en werktoren van de Benelux. Je kunt er op de bovenste verdieping voor meer dan twee miljoen ook het duurste appartement kopen. Daar heb je natuurlijk het mooiste uitzicht over de stad, de haven en de Maas. Rotterdam doet er alles voor om de beroemdste en spectaculairste architectuurstad van de wereld te blijven. De belangrijkste architecten zijn Rem Koolhaas en Michiel Brinkman. Het hoogste en oudste gebouw en de belangrijkste monumenten van Rotterdam kun je op deze stadswandeling ontdekken.

Top 5 van de dichtstbevolkte landen in Europa	
Aantal inwoners per km²	
1. Malta	1.272
2. Nederland	484
3. België	347
4. Verenigd Koninkrijk	250
5. Duitsland	231

Rotterdam – Stadt der Superlative

Meiner Meinung nach ist Rotterdam eine Stadt der Superlative. Zuerst fällt die beeindruckende Skyline mit den höchsten Wolkenkratzern der Niederlande ins Auge. Mehr als zehn Hochhäuser sind höher als einhundert Meter. Mit 151,32 Metern ist der Montevideo der allerhöchste Wohn- und Büroturm der Benelux-Staaten. Man kann dort auf der obersten Etage für mehr als zwei Millionen Euro auch die teuerste Wohnung kaufen. Dort hat man natürlich die schönste Aussicht über die Stadt, den Hafen und die Maas. Rotterdam setzt alles daran, die berühmteste und spektakulärste Architekturstadt der Welt zu bleiben. Die wichtigsten Architekten sind Rem Koolhaas und Michiel Brinkman. Das höchste und älteste Gebäude und die wichtigsten Denkmäler von Rotterdam kannst du auf diesem Stadtrundgang entdecken.

Top 5 der am dichtesten besiedelten Länder in Europa	
Anzahl der Einwohner pro km²	
1. Malta	1.272
2. Niederlande	484
3. Belgien	347
4. Vereinigtes Königreich	250
5. Deutschland	231

7

Wat nieuw is!

Der Superlativ oef 2, 4, 5

Im Lesetext finden Sie zahlreiche Superlative. Der Superlativ wird aus dem Adjektiv und der Endung **-st** gebildet, wenn er selbstständig (d. h. prädikativ) benutzt wird. Er steht nach Verben immer mit dem Artikel **het**:
In Rotterdam is de woon- en werktoren "Montevideo" **het hoogst**.
In Rotterdam ist der Wohn- und Büroturm „Montevideo" am höchsten.

Steht der Superlativ mit einem Substantiv (d. h. attributiv) wird die Endung **-st** bei **de-** und bei **het-woorden** im Singular und Plural mit einem **-e** erweitert:
De **hoogste** wolkenkrabber van Nederland is de woon- en werktoren "Montevideo".
Der höchste Wolkenkratzer der Niederlande ist der Wohn- und Büroturm „Montevideo".
Het **duurste** appartement in de wolkenkrabber is op de bovenste verdieping.
Die teuerste Wohnung in dem Wolkenkratzer ist auf der obersten Etage.

Die Konstruktion **één van de + Superlativ** gibt an, dass etwas zwar nicht das größte, beste oder höchste ist, aber doch zu dieser Kategorie gerechnet werden kann:
Antwerpen heeft **één van de** groot**ste** havens in Europa.
Antwerpen hat einen der größten Häfen in Europa.

Wenn Ihnen der Superlativ nicht ausreicht, können Sie ihn wie im Deutschen noch mit **aller-** verstärken: **de allerhoogste** *der allerhöchste*, **de allergrootste** *der allergrößte*.

Merken Sie sich besonders die drei Superlative, die sich nicht vom Grundwort ableiten lassen:
goed *gut* – **best(e)**   **veel** *viel* – **meest(e)**   **weinig** *wenig* – **minst(e)**

Und zum Schluss lernen Sie noch einige nützliche Wendungen mit **best(e)**:
Beste ... *Liebe(r)* ... dient als Anrede im Brief bei bekannten und weniger bekannten Personen.
Het gaat **best** wel. *Mir geht es recht gut.*
De mannequin is **best** wel mooi.
Das Mannequin ist recht schön.
Schaatsen kan ik het **best**.
Schlittschuh fahren kann ich am besten.
Ik doe mijn **best**. *Ich tue mein Bestes.*

Pakjesavond

Gerrit wil Karel dit jaar op pakjesavond een bijzonder cadeautje geven, maar heeft nog geen idee. Hij loopt winkel in winkel uit. Vindt hij wat hij zoekt?

In de supermarkt.

Winkelier:	Kan ik u helpen?
Gerrit:	Waar vind ik het snoepgoed? Chocoladeletters, pepernoten, speculaasjes, strooigoed …
Winkelier:	U bent net ietsje te laat. Alles is al uitverkocht. Sinterklaas staat voor de deur. Morgenavond is het pakjesavond.
Gerrit:	Dat vind ik niet zo erg. Minder snoep is gezonder. Hebt u ook gebak?
Winkelier:	Daarvoor moet u bij de banketbakker zijn.

In het warenhuis.

Verkoopster:	U zoekt iets bijzonders?
Gerrit:	De prijs speelt geen rol. Het mag zo'n 150 euro kosten.
Verkoopster:	Dan moet u eens een kijkje nemen bij de parfums op de vijfde verdieping. Of bij de dessous op de derde verdieping in de damesafdeling.
Gerrit:	Sorry, maar het cadeautje is voor een vriend.
Verkoopster:	Waarom niet eens een cadeaubon en u laat uw vriend zelf uitkiezen?
Gerrit:	Ach, dat heb ik al zo vaak gedaan.

Bij de slijter.

Slijter:	Belgisch bier verkoop ik niet per liter, maar wel per meter. U kunt één meter bier kopen. Dat zijn 10 flessen van 25 centiliter in een houten kistje.
Gerrit:	Mijn vriend is niet zo'n bierdrinker. Hij drinkt liever champagne. Hoeveel kost een fles?

Slijter:	Champagne is heel wat duurder dan bier. U moet ten minste 45 euro per fles rekenen, als u één van de beste wilt.
Gerrit:	En hoeveel flessen heb ik nodig als ik er een heel bad mee wil vullen?

Bij de kruidenier.

Kruidenier:	Anders nog iets, meneer?
Gerrit:	Ik moet even op mijn boodschappenlijstje kijken. 250 g bloem, 30 g gist en de zuivelproducten: vier eieren, 125 g boter, ...
Kruidenier:	Dat klinkt naar pannenkoeken.
Gerrit:	Nee, u slaat de bal mis. Op het wenslijstje voor de Sint staan dit jaar Brusselse wafels. Ik wilde mijn vriend met wat anders verrassen, maar dit is een stuk goedkoper!
Kruidenier:	Hebt u geen melk nodig?
Gerrit:	Ja natuurlijk. Een halve liter graag!
Kruidenier:	Hier hebt u nog een pakje poedersuiker. Dat bent u nog vergeten. En het borrelglas cognac ...
Gerrit:	U weet er alles van!
Kruidenier:	Tja, uw vriend is vandaag ook al in de winkel geweest.

Woordenschat

Rotterdam stad van superlatieven		**belangrijk**	*wichtig*
superlatief	*Superlativ*	architect	*Architekt*
allereerst	*zuerst*	**dik**	*dick*
indrukwekkend	*beeindruckend*	dichtbevolkt	*dichtbesiedelt*
skyline	*Skyline*	dichtstbevolkt	*am dichtesten besiedelt*
wolkenkrabber	*Wolkenkratzer*		
in het oog springen	*ins Auge springen*	**aantal inwoners**	*Einwohnerzahl*
allerhoogste	*allerhöchster*	**per km² (vierkante kilometer)**	*pro Quadratkilometer*
woon- en werktoren	*Wohn- und Büroturm*	**Verenigd Koninkrijk**	*(das) Vereinigte Königreich*
Benelux	*Belgien/Niederlande/Luxemburg*		
verdieping	*Stockwerk*	**Pakjesavond**	
op de bovenste verdieping	*im obersten Stockwerk*	pakjesavond (NL)	*Geschenkeabend (Abend vor dem Nikolaustag, 5.12.)*
appartement (het)	*Wohnung*		
miljoen (het)	*Million*	**bijzonder**	*besondere(r,s)*
uitzicht (het)	*Aussicht, Panorama*	**cadeautje (het)**	*Geschenk*
spectaculair	*spektakulär*	**winkel**	*Geschäft*
architectuurstad	*Architekturstadt*	**supermarkt**	*Supermarkt*
wereld	*Welt*	**winkelier**	*Verkäufer*

(snoep)goed	*Süßigkeiten*	liter	*Liter*
chocolade	*Schokolade*	**per**	*pro*
letter	*Buchstabe*	**meter**	*Meter*
pepernoten (NL)	*Pfeffernüsse*	**centiliter**	*Zentiliter*
speculaasje (het)	*Spekulatius(keks)*	houten kistje (het)	*Holzkiste*
strooigoed (het)	*Süßigkeiten, die an*	**bierdrinker**	*Biertrinker*
	Nikolaus in die	**fles**	*Flasche*
	Menge geworfen	**rekenen**	*rechnen*
	werden (wörtl.:	**ten minste**	*zumindest*
	Streugut)	bad (het)	*Badewanne*
ietsje te laat	*etwas zu spät*	**vullen**	*füllen*
uitverkocht	*ausverkauft*	**kruidenier**	*Gemüsehändler*
morgenavond	*morgen Abend*	**Anders nog iets?**	*Sonst noch etwas?*
Sinterklaas	*Sankt Nikolaus*	**boodschappen-**	*Einkaufsliste*
voor de deur	*vor der Tür*	**lijstje (het)**	
minder	*weniger*	**bloem**	*Mehl*
gezond	*gesund*	gist	*Hefe*
gebak (het)	*Kuchen*	**zuivelproducten**	*Milchprodukte*
banketbakker (NL)	*Konditor*	**boter**	*Butter*
warenhuis (het)	*Warenhaus*	pannenkoek	*Pfannkuchen*
verkoopster	*Verkäuferin*	de bal misslaan	*daneben liegen*
iets bijzonders	*etwas Besonderes*		*(wörtl.: den Ball*
prijs	*Preis*		*falsch schlagen)*
geen rol spelen	*keine Rolle spielen*	**wenslijstje (het)**	*Wunschliste*
kosten	*kosten*	**wafel**	*Waffel*
een kijkje nemen	*einen Blick werfen*	**verrassen**	*überraschen*
afdeling	*Abteilung*	**goedkoop**	*billig*
dessous	*Damenunterwäsche*	**melk**	*Milch*
cadeaubon	*Geschenkgutschein*	**half**	*halb*
(uit)kiezen	*(aus)wählen*	**een pakje**	*ein Päckchen Puder-*
vaak	*oft*	**poedersuiker**	*zucker*
slijter	*Spirituosenhändler*	borrelglas (het)	*Schnapsglas*

Grammatica

1. Der Komparativ   *oef 4, 5, 6*

Wenn Sie jemanden oder etwas miteinander vergleichen wollen, verwenden Sie den Komparativ, den Sie genauso wie im Deutschen bilden. Sie hängen an die Grundform des Adjektivs die Endung -er an: **klein** *klein* ▶ **kleiner** *kleiner*, **groot** *groß* ▶ **groter** *größer*, **leuk** *lustig* ▶ **leuker** *lustiger*.

Ik vind pakjesavond leuk**er**. *Ich finde (den) Nikolausabend lustiger.*
Ik wil toch lie**v**er chocoladeletters.
Ich möchte doch lieber Schokoladenbuchstaben.

Beachten Sie bei den Adjektiven **lief** *lieb*
und **boos** *böse* den Konsonantenwechsel
und denken Sie auch an die Rechtschreibregeln, die Sie in → Lektion 3
(Seite 47) gelernt haben:
lie**f** – lie**v**er (**f** / **v**-Wechsel),
boo**s** – bo**z**er (**s** / **z**-Wechsel).

Wenn das Adjektiv auf **-r** endet, erhält der Komparativ die Endung **-der**. Das lässt
sich leichter aussprechen: **duur** *teuer* – **duurder** *teurer*, **lecker** *lecker* – **leckerder**
leckerer.
Champagne is heel wat duur**der**. *Champagner ist um einiges teurer.*
Ik vind bier lekker**der**. *Ich finde Bier leckerer.*

Achten Sie auf die gebräuchlichen Adjektivendungen (→ Lektion 3), wenn Sie den
Komparativ attributiv mit einem Substantiv anwenden:
U wilt dus een grotere taart? *Sie möchten einen größeren Kuchen?*
Ik wil liever een kleiner (!) taartje. *Ich möchte lieber eine kleinere Torte.*

2. Der Vergleich   *oef 3, 5, 6*

Mit **dan** *als* und dem Komparativ können Sie zwei Personen oder Dinge mitein-
ander vergleichen.
Ik vind pannenkoeken lekkerder **dan** wafels. *Ich mag lieber Pfannkuchen **als** Waffeln.*
Meer **dan** tien wolkenkrabbers zijn hoger **dan** honderd meter. *Mehr **als** zehn
Wolkenkratzer sind höher **als** hundert Meter.*

Mit den Ausdrücken **even ... als** *genauso ... wie* oder **net zo ... als** *nicht so ... wie*
drücken Sie aus, dass zwei Personen oder Dinge (nicht) gleichwertig sind:
- Is Rotterdam **even** groot **als** Hamburg? *Ist Rotterdam genauso groß wie Hamburg?*
- Nee, Rotterdam is **niet zo** groot **als** Hamburg. *Nein, Rotterdam ist nicht so groß
wie Hamburg.*

Beachten Sie besonders die folgenden unregelmäßigen Steigerungsformen:
goed *gut* – beter – best   veel *viel* – meer – meest
graag *gern* – liever – liefst   weinig *wenig* – minder – minst

Taalweetjes

So sagen Sie, dass Sie einkaufen gehen

Wenn Sie Lebensmittel einkaufen wollen, brauchen Sie das Verb **boodschappen doen** *einkaufen (wörtl.: Einkäufe machen).* **Winkelen** *einkaufen* ist der Oberbegriff:
Jan, ga je nog boodschappen doen? *Jan, gehst du noch einkaufen?*
Lies, kom je zaterdag mee winkelen? *Lies, kommst du (am) Samstag mit einkaufen?*

Opgelet struikelblok!

NL	D		NL	D
winkel	*Geschäft*		boodschappen	*Einkäufe*
hoek	*Winkel*		ambassade	*Botschaft*

So reagieren Sie beim Einkauf   oef 7

Verkoper en klant *Verkäufer und Kunde*
- Wie is er aan de beurt? *Wer ist an der Reihe?*
- Ik ben aan de beurt. *Ich bin dran.*
- Zegt u het maar! *Was hätten Sie gern?*
- Ik had graag … *Ich hätte gern …*
- Wat hebt u nodig? *Was brauchen Sie?*
- Voor mij graag …/Ik wil graag … *Für mich bitte …/Ich hätte gern …*
- Hoeveel wilt u? *Wie viel möchten Sie?*
- Doet u maar een kilo … *Geben Sie mir ein Kilo …*
- Anders nog iets? *Sonst noch etwas?*
- Ja graag./Nee, dat was het. *Ja, bitte./Nein, das ist alles.*
- Alles bijeen wordt het … *Alles zusammen macht das …*
- Alsjeblieft. *Bitte.*
- Hebt u het niet kleiner? *Haben Sie es nicht kleiner?*
- Het spijt me, maar ik heb geen kleingeld. *Es tut mir leid, aber ich habe kein Kleingeld.*

So äußern Sie sich kritisch über den Preis

Volgens mij is dat veel te duur. *Meiner Meinung nach ist das viel zu teuer.*
Ik vind dat erg duur. *Ich finde das sehr teuer.*
Hebt u niets in de aanbieding? *Haben Sie nichts im Angebot?*
Is er geen goedkoper alternatief? *Gibt es keine billigere Alternative?*

7 Extra woorden *oef 1, 6*

Die Zahlen ab 100			
101, 102 ... 112	honderdeen	honderdtwee	honderdtwaalf
113, 114 ... 199	honderddertien	honderdveertien	honderdnegenennegentig
200, 300 ... 900	tweehonderd	driehonderd	negenhonderd
244	tweehonderdvierenveertig		
1.000	duizend		
1.001, 1.002 ... 1.012	duizend een	duizend twee	duizend twaalf
1.013, 1.014 ... 1.099	duizend dertien	duizend vijftig	duizend negenennegentig
2.000, 3.000 ... 9.000	tweeduizend	drieduizend	negenduizend
2.444	tweeduizend vierhonderdvierenveertig		
1.000.000 etc.	miljoen *Million*	miljard *Milliarde*	biljoen *Billion*

Die Zahlen werden bis einschließlich **duizend** *Tausend* immer in einem Wort geschrieben: 244 **tweehonderdvierenveertig**. Das gilt auch für die Vielfachen von Tausend: 2000 **tweeduizend**, 3000 **drieduizend** usw.

Bei Zahlen über 1000 folgt in der Regel ein Wortabstand nach den Tausendern: 1200 **duizend tweehonderd**, 2100 **tweeduizend honderd**. In der gesprochenen Sprache werden die Zahlen 101–112 und 1001–1012 manchmal auch mit -en- verbunden: 101 **honderdeneen**, 1001 **duizendeneen**.

Die Wörter **miljoen, miljard, biljoen** werden kleingeschrieben und sie stehen immer getrennt: **twee miljoen, twee miljoen honderdduizend tweehonderdtwee**.

Es gibt keine Abkürzung wie z.B. *Mio* im Deutschen. Außerdem benutzen Sie bei Zahlenangaben nur den Singular, auch bei mehreren Millionen. Den Plural brauchen Sie im Niederländischen nur für eine unbestimmte Mengenangabe.
In Nederland wonen 16 miljoen mensen.
In den Niederlanden wohnen 16 Millionen Menschen.
Dat huis kost miljoenen. *Das Haus kostet Millionen.*

Wichtige Maßeinheiten *oef 8*

Die Maßeinheiten entsprechen den deutschen Einheiten. Bei Kommazahlen lesen Sie zuerst die Hauptzahl, dann die Maßeinheit und anschließend die Zahl hinter dem Komma. Das gilt auch für Geldbeträge:
De toren is 151,32 meter (honderdteenenvijftig meter tweeëndertig) hoog.
Der Turm ist 151,32 Meter hoch.
Dat kost 25,30 € (vijfentwintig euro dertig). *Das kostet 25,30 €.*

Gewicht

een ons (NL)	*100 gram*
een half pond	*250 gram*
een pond	*500 gram*
een kilo (kg)	*1000 gram*
anderhalve kilo	*1,5 kg*

Volumen

een halve liter	*500 centiliter*
een liter (l)	*1000 centiliter*
anderhalve liter	*1,5 liter*

Länge

een meter (m)	*100 centimeter*
een kilometer (km)	*1000 meter*
anderhalve kilometer	*1,5 kilometer*

Verpackungen

een pakje boter	*ein Päckchen Butter*
een fles melk	*eine Flasche Milch*
een plakje kaas	*eine Scheibe Käse*
een sneetje brood	*eine Scheibe Brot*
een krat bier	*eine Kiste Bier*
een blikje tomaten	*eine Dose Tomaten*
een zakje friet	*eine Portion Pommes frites*
een potje jam	*ein Glas Marmelade*

i Das **Sinterklaasfeest** *Nikolausfest* gehört in den Niederlanden und in Belgien zu den beliebtesten Festen. **Sinterklaas** stellt sogar Weihnachten in den Schatten! In den Niederlanden feiert man am 5. Dezember abends im Familienkreis den **pakjesavond** *Geschenkeabend*. Alle erhalten kleine **surprises** *Überraschungen* mit einem selbstverfassten Gedicht dazu, die sogenannten **Sinterklaasrijmpjes**. Übrigens kommt **Sinterklaas** jedes Jahr aus Spanien mit einem **stoomboot** *Dampfer* angereist.

Oefeningen

1 Schreiben Sie diese Zahlen zur Bevölkerungsdichte in Worten.

1. Malta 1.272: *duizend tweehonderdtweeënzeventig*

2. Nederland 484: ....

3. België 347: ....

4. Verenigd Koninkrijk 250: ....

5. Duitsland 231: ....

7

2 Verbinden Sie die passenden Satzhälften.

1. In Amsterdam kun je
2. In België smaakt de chocolade
3. Aan de kust is de wind
4. De Nederlanders zijn in Europa
5. Als taal vind ik Russisch

a. de langste mensen.
b. het moeilijkst.
c. het lekkerst.
d. de mooiste dingen kopen.
e. het sterkst.

3 In einem Brief an den Nikolaus schreibt ein Kind, was es alles nicht will. Entscheiden Sie sich für die Negation **geen** oder **niet**.

Beste Sint,

Ik hoef ..*geen*......... (1.) pepernoten, ... (2.) chocoladeletter,

.... (3.) fiets. Ik wil .... (4.) cadeaus. Weet u Sint, ik

heb eigenlijk maar één grote wens. Ik wil .... (5.) meer alleen

zijn en .... (6.) meer bang zijn*.

*bang zijn: *Angst haben*

4 Tragen Sie in die Tabelle die fehlenden Steigerungsformen ein.

1.	*hoog*................	*hoger*................	hoogst
2.	duur	....	....
3.	....	mooier	....
4.	beroemd	....	....
5.	....	....	belangrijkst
6.	groot	....	....
7.	goed	....	....
8.	lang	....	....
9.	....	....	lekkerst
10.	oud	....	....
11.	....	meer	....

5 In den folgenden Dialogen sind sich die beiden Freunde nie einig. Wählen Sie die passenden Adjektive aus Übung 4 und ergänzen Sie sie.

a. ● Waar vind je de ..*hoogste*........... (1.) wolkenkrabber?

● In Rotterdam heb je de .... (2.) woon- en werktoren.

● Ik denk dat de wolkenkrabbers in New York veel .... (3.) zijn.

● De Taipei 101 is .... (4.).

● Nee, dat klopt niet. De Brudsch Dubai is nog .... (5.).

b. ● Wie is de .... (6.) Nederlander?

● De koningin is natuurlijk .... (7.).

● Ik heb gelezen dat Willem van Oranje .... (8.) is.

● Volgens de Nederlanders zelf is Pim Fortuyn de .... (9.) Nederlander.

c. ● Is de Zeelandbrug de .... (10.) brug* ter wereld?

● Ben je gek? De Oostbrug in Denemarken is 1624 m lang en is dus .... (11.).

● Maar de Japanse brug Akashi-Kaikyo is met 1991 m .... (12.).

*brug: *Brücke*

6 Schreiben Sie die Zahlen in den Klammern aus und ersetzen Sie die Zeichen *größer als* [>] , *kleiner als* [<], *gleich groß* [=] durch passende Wendungen.

1. Brussel is de enige stad in de Benelux met [> 1.000.000]
..*meer dan één miljoen*............................ inwoners.

2. Amsterdam heeft [739 290] .... inwoners
en is [<] .... Brussel.

3. Antwerpen heeft ca [500 000] ....
inwoners en is [=] .... Rotterdam.

4. Leiden is iets [>] .... Leuven, maar in
Leuven ([31653] ....
studenten) zijn er [>] .... in Leiden.

7

7 **a.** In welchen Geschäften kaufen Sie diese Produkte?

> jenever ✔ wafels jonge Gouda oude kaas hagelslag gebak aardappels
> schaats wijn bloem speculaas cognac parfum horloge geitenkaasje

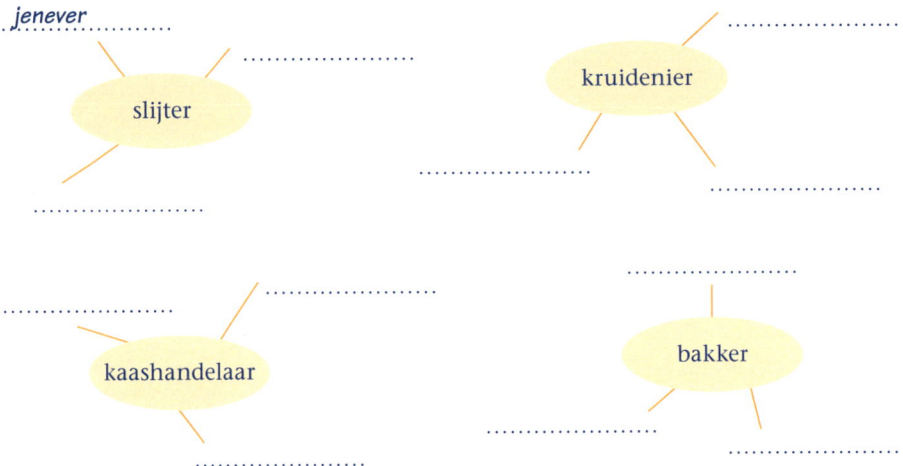

.jenever..........

....

....

(**slijter**)

....

(**kruidenier**)

....

....

....

....

(**kaashandelaar**)

....

....

....

(**bakker**)

....

....

b. Drei der Produkte bekommen Sie nicht in diesen Geschäften. Welche?

1. ....   2. ....   3. ....

8 Sie wollen sich einen gemütlichen Abend machen und gehen einkaufen. Die Hälfte
Ihres Einkaufszettels ist verloren gegangen. Ergänzen Sie die Mengenangaben.

> 1 fles ✔   1 pakje   een kilo   6 plakjes   een halve pond
> 1 pakje   een halve liter   twee

Boodschappenlijstje

1 fles .... rode wijn   .... melk

.... wortels   .... boter

.... stokbroden   .... bloem

.... poedersuiker   .... oude kaas

8

Een nachtelijk concert

(VAN ONZE PLAATSELIJKE REPORTER)

■ Gisteren wekten drie studenten de binnenstad van Leiden met een bijzonder concert. De inwoners konden hun oren niet geloven toen ze tegen de ochtend de klokken van de kerk hoorden. De klokken luidden zo hard dat niemand meer kon slapen. Dus belden de bewoners van de Leidse binnenstad de politie op. Toen de politie kwam, zaten de studenten nog altijd boven in de toren. Enkele Leidenaars keken toe vanuit het raam. De politie vroeg de studenten om de toren te verlaten, maar ze wilden niet naar beneden komen. Ze bewogen niet. De politieagenten deden alsof ze weggingen. Het was even heel stil en de studenten beslisten om de toren toch maar te verlaten. Toen ze beneden kwamen, dook de politie weer op. Ze nam de studenten vast. Ze kregen een bekeuring omdat ze de nachtrust hadden verstoord. De studenten vonden hun uitstapje best wel succesvol. De Leidenaars waren de volgende dag erg moe, maar hadden ook sympathie voor de studentenstreek. Een carilonconcert hoor je niet elke nacht!

Ein Nachtkonzert

(VON UNSEREM LOKALREPORTER)

■ Gestern weckten drei Studenten die Innenstadt von Leiden mit einem besonderen Konzert. Die Einwohner trauten ihren Ohren nicht, als sie am frühen Morgen die Glocken der Kirche hörten. Die Glocken läuteten so kräftig, dass niemand mehr schlafen konnte. Also riefen die Bewohner der Leidener Innenstadt die Polizei an. Als die Polizei kam, saßen die Studenten immer noch oben im Turm. Einige Leidener schauten aus dem Fenster zu. Die Polizei bat die Studenten, den Turm zu verlassen, aber sie wollten nicht herunterkommen. Sie bewegten sich nicht. Die Polizisten taten so, als ob sie weggingen. Es war kurz ganz still und die Studenten entschieden sich, den Turm doch zu verlassen. Als sie unten waren, tauchte die Polizei wieder auf. Sie nahm die Studenten fest. Sie erhielten eine Verwarnung, weil sie die Nachtruhe gestört hatten. Die Studenten fanden ihren Ausflug recht erfolgreich. Die Leidener waren am nächsten Tag sehr müde, aber sie hatten auch Sympathie für den Studentenstreich. Ein Glockenspiel hört man nicht jede Nacht!

Wat nieuw is! oef 1, 2, 3, 5

In → Lektion 5 haben Sie das Perfekt zum Ausdruck von vergangenen Handlungen gelernt. In dieser Lektion geht es um das Imperfekt. Mit dem Imperfekt können Sie zusammenhängende Geschichten in der Vergangenheit wiedergeben.
De studenten **wekten** de bewoners. *Die Studenten weckten die Einwohner.*
Ze **luidden** de klokken van de kerktoren. *Sie läuteten die Kirchenglocken.*
Toen **kwam** de politie en **vroeg** hen om de toren te verlaten.
Dann kam die Polizei und bat (fragte) sie, den Turm zu verlassen.

In den Beispielsätzen sind regelmäßige Verben und unregelmäßigen Verben ent-
halten. Regelmäßig sind **wekken** *wecken* – **wekte/wekten** und **luiden** *läuten* –
luidde/luidden.
Unregelmäßig sind **komen** *machen, tun* – **kwam/kwamen** und **vragen** *fragen* –
vroeg/vroegen.

Bei den regelmäßigen Verben lauten die Endungen des Imperfekts entweder **-de**
(Plural **-den**) oder **-te** (Plural **-ten**):

Verbstamm + **-de(n)** oder **-te(n)**, wenn der letzte Buchstabe des Stamms **t, k, f, s,
ch, p** ist.

Die unregelmäßigen Verben haben wir in einer Tabelle im Anhang (→ Seite 223–
225) für Sie zusammengestellt. Dort können Sie nachschlagen, wenn Sie eine Form
vergessen haben.

Achten Sie bei der Rechtschreibung auf folgende Besonderheiten:
▌ Verben mit **-v** oder **-z** im Infinitiv (z. B. **beleven** *erleben* – **beleefde(n)** – **beleefd**,
reizen *reisen* – **reisde(n)** – **gereisd**) erhalten die Endung **-de**.
▌ Endet der Stamm auf **-d** oder **-t**, wird beim Anhängen der Imperfektendung das
-d/-t verdoppelt (z. B. **luid-en** *läuten* – **luidde(n)**, **antwoord-en** *antworten* –
antwoordde(n), **lust-en** *mögen (Essen)* – **lustte(n)**, **praten** *reden* – **praat** – **praatte(n)**.

Hier finden Sie nun eine Übersicht über die regelmäßigen Verben. Im Niederländischen gibt es im Singular und im Plural jeweils nur eine Form für die 1. bis
3. Person. Achten Sie besonders auf die Verdoppelung der Vokale:

Infinitiv	Imperfekt	Partizip	Infinitiv	Imperfekt	Partizip
bellen *klingeln*	belde(n)	gebeld	beslissen *entscheiden*	besliste(n)	beslist
betalen *zahlen*	betaalde(n)	betaald	lusten *mögen*	lustte(n)	gelust
horen *hören*	hoorde(n)	gehoord	maken *machen*	maakte(n)	gemaakt
leren *lernen*	leerde(n)	geleerd	wekken *wecken*	wekte(n)	gewekt
luiden *läuten*	luidde(n)	geluid	werken *arbeiten*	werkte(n)	gewerkt

Een verhaal uit het verleden

Anneke is erg onder de indruk van een foto van Karels grootmoeder. Karel vertelt over het verleden. Anneke luistert geboeid naar hem.

Karel: Op deze foto staat mijn grootmoeder. Is ze niet heel erg mooi?

Anneke: Ze ziet er ook heel statig uit, een beetje mysterieus. Ze kijkt een beetje streng vind ik.

Karel: Dat was ze ook, vooral voor zichzelf. Ze was enig kind uit een arme aristocratische familie in Den Haag. Ze speelde prachtig piano. Op haar zestiende gaf ze huisconcerten en ze kende alle Schumannliederen uit het hoofd.

Anneke: Haar ouders waren vast en zeker apetrots.

Karel: Ze wilden voor hun dochter het allerbeste. Concertpianiste was hun droom. Daar hadden ze alles voor over.

Anneke: Dat is wel ongewoon voor die tijd. Een meisje moest trouwen, het huishouden doen. Ze kreeg een hoop kinderen.

Karel: Maar zij stuurden alle aanbidders weg. Of ze waren te arm, of te weinig gecultiveerd, of gewoon te dom in hun ogen. Toen kwam mijn grootvader.

Anneke: Hij was rijk, welopgevoed en slim.

Karel: Tjonge, jonge ... Wat heb jij psychologisch inzicht. Hij had wel één gebrek.

Anneke: Hij was ontzettend jaloers en een moederszoontje.

Karel: Hoe raad je het? Tja, ze trouwden, gingen in Amsterdam wonen en mijn grootvader verloor zijn kersverse echtgenote geen seconde uit het oog. Hij organiseerde alle concerten voor haar. Ze mocht zelfs in het concertgebouw optreden. Ze was zijn ster!

Anneke: En toen liep het mis. Hij was een nietsnut zonder zijn vrouw. Hij ging aan de drank, zocht troost bij andere vrouwen ...

Karel: Zo'n vaart liep het niet, maar hij sloot mijn grootmoeder op in de mooie kamer. Ze oefende dag in dag uit en mocht zonder hem het huis niet uit.

Anneke: Ze leefde in een gouden kooitje. Hoe lang hield ze het vol?

Karel: Zie je dat jongetje onder de piano? Dat is mijn vader. Hij zat altijd aan de voeten van zijn moeder te spelen. Hij is nooit in Nederland geweest. Mijn grootmoeder heeft Amsterdam verlaten toen ze mijn vader verwachtte. Hij is in Nederlands-Indië geboren. Mijn grootvader wist er niets van tot ik – zijn kleinzoon – een jaar geleden voor de deur stond. Hij heeft haar overal gezocht, maar nooit gevonden. Ik zorg nu voor hem en vertel hem alles wat ik nog over mijn grootmoeder weet.

Anneke: Nu snap ik waarom jij en Gerrit in zo´n prachtig herenhuis wonen.

Woordenschat

Een nachtelijk concert

nachtelijk	*nächtlich*
concert (het)	*Konzert*
plaatselijk	*lokal*
reporter	*Reporter*
wekken	*wecken*
oor (het)	*Ohr*
geloven	*glauben*
klok	*Kirchenglocke*
luiden	*läuten*
hard	*hart, (hier:) laut*
slapen	*schlafen*
bewoner	*Bewohner*
politie	*Polizei*
(toe)**kijken**	*(zu)schauen*
raam (het)	*Fenster*
verlaten	*verlassen*
beneden	*unten*
bewegen	*bewegen*
politieagent	*Polizist*
alsof	*als ob*
weggaan	*weggehen*
stil	*still, ruhig*
beslissen	*entscheiden*
opduiken	*auftauchen*
(vast)**nemen**	*(fest)nehmen*
bekeuring	*Strafzettel, hier: Verwarnung*
nachtrust	*Nachtruhe*
verstoren	*stören*
uitstapje (het)	*Ausflug*

best wel	*ziemlich*
succesvol	*erfolgreich*
sympathie	*Sympathie*
studentenstreek	*Studentenstreich*
carillon (het)	*Glockenspiel*

Een verhaal uit het verleden

verhaal (het)	*Erzählung*
verleden (het)	*Vergangenheit*
onder de indruk zijn van iets	*von etw beeindruckt sein*
grootmoeder	*Großmutter*
vertellen	*erzählen*
luisteren naar	*zuhören*
geboeid	*fasziniert*
foto	*Foto*
heel erg mooi	*außergewöhnlich schön*
statig	*vornehm, erhaben*
mysterieus	*mysteriös*
streng	*streng*
zichzelf	*sich selbst*
enig kind (het)	*Einzelkind*
arm	*arm*
aristocratisch	*aristokratisch*
familie	*Familie, Verwandtschaft*
prachtig	*prächtig*
piano	*Klavier*
huisconcert (het)	*Hauskonzert*
lied (het)	*Lied*

8

uit het hoofd kennen	auswendig können	echtgenoot, echtgenote	Ehemann, Ehefrau
ouders	Eltern	seconde	Sekunde
vast en zeker	ganz bestimmt	oog (het)	Auge
apetrots	sehr stolz (wörtl.: affenstolz)	organiseren	organisieren
		concertgebouw (het)	Konzerthaus
dochter	Tochter		
het allerbeste	das Allerbeste	optreden	auftreten
concertpianiste	Konzertpianistin	ster	Stern
droom	Traum	Het loopt mis!	Es läuft schief!
ongewoon	ungewöhnlich	nietsnut	Taugenichts
trouwen	heiraten	zonder	ohne
huishouden (het)	Haushalt	aan de drank zijn	alkoholsüchtig sein
hoop	Menge	troost	Trost
sturen	schicken	Zo'n vaart liep het niet.	So schlimm kam es nicht.
aanbidder	Verehrer		
gecultiveerd	kultiviert	(op)sluiten	(ein)sperren
dom	dumm	oefenen	üben
grootvader	Großvater	zonder	ohne
rijk	reich	gouden kooitje (het)	goldener Käfig
welopgevoed	wohlerzogen	hoe lang	wie lange
slim	intelligent	volhouden	durchhalten
psychologisch inzicht	psychologischer Durchblick	voet	Fuß
		verwachten	erwarten
gebrek (het)	Mangel, Fehler	Nederlands-Indië	(Indonesien als Kolonie)
ontzettend + Adj	sehr		
jaloers	eifersüchtig	kleinzoon	Enkel
moederszoontje (het)	Muttersöhnchen	geleden	vor
raden	raten	zorg	Sorge
verliezen	verlieren	snappen	kapieren
kersvers	ganz frisch, (hier:) frischgebacken	herenhuis	Patrizierhaus

Grammatica

1. Das Imperfekt der Hilfs- und Modalverben

Wenn Sie über Handlungen in der Vergangenheit sprechen, verwenden Sie **zijn** und **hebben** häufiger im Imperfekt als im Perfekt. Sie fragen **Waar was je?** *Wo warst du?* statt **Waar ben je geweest?** *Wo bist du gewesen?* oder **Had je een leuke vakantie?** *Hattest du schöne Ferien?* statt **Heb je een leuke vakantie gehad?** *Hast du schöne Ferien gehabt?*

Das gilt auch für die Modalverben. Hier eine Übersicht über die Imperfektformen. Sie wissen bereits, dass es im Niederländischen nur eine Form im Singular und im Plural gibt.

Infinitiv	Imperfekt Singular	Imperfekt Plural
zijn	was	waren
hebben	had	hadden
kunnen	kon	konden
mogen	mocht	mochten
willen	wilde / wou*	wilden
moeten	moest	moesten
niet hoeven	hoefde niet	hoefden niet

* **wilde** und **wou** sind bedeutungsgleich

2. Regelmäßige und unregelmäßige Verben im Imperfekt und im Perfekt oef 1, 2, 3, 5

Meistens sind die Verben sowohl im Imperfekt als auch im Perfekt entweder regel-mäßig oder unregelmäßig. Einige wenige niederländische Verben weichen davon allerdings davon ab. Vergleichen Sie:

	Imperfekt regelmäßig	Perfekt unregelmäßig
bakken *backen*	bakte	gebakken
lachen *lachen*	lachte	gelachen

	Imperfekt unregelmäßig	Perfekt regelmäßig
vragen *fragen*	vroeg	gevraagd
zeggen *sagen*	zei (*auch:* zegde)	gezegd

Die meisten Verben, die im Deutschen regelmäßig sind, sind es auch im Niederlän-dischen, es gibt aber Ausnahmen:

	NL – unregelmäßig	D – regelmäßig
duiken *tauchen*	dook – gedoken	*tauchte – getaucht*
bewegen *bewegen*	bewoog – bewogen	*bewegte – bewegt*
bezoeken *besuchen*	bezocht – bezocht	*besuchte – besucht*
kopen *kaufen*	kocht – gekocht	*kaufte – gekauft*
schenken *schenken*	schonk – geschonken	*schenkte – geschenkt*

Opgelet struikelblok!

NL	D
kocht	*kaufte*
kookte	*kochte*

3. Nebensätze mit den Konjunktionen *toen* und *als*   oef 4

In → Lektion 5 haben Sie das Wort **toen** als Zeitadverb kennengelernt. Sie übersetzen es mit dem deutschen Wort *dann* oder *danach*.
Eerst hoorde ik de klokken niet. *Zuerst hörte ich die Glocken nicht.*
Toen luidden de studenten zo hard dat ik niet meer kon slapen.
Dann läuteten die Studenten so laut, dass ich nicht mehr schlafen konnte.

Das Wort **toen** kann auch als Konjunktion verwendet werden. Dann bedeutet es im Deutschen *als* und verbindet zwei Sätze miteinander. Damit beschreiben Sie entweder eine einmalige Handlung oder eine abgeschlossene Zeitspanne in der Vergangenheit.
Toen de politie kwam, zaten de studenten nog altijd boven in de toren.
Als die Polizei kam, saßen die Studenten immer noch oben im Turm.
Toen ze nog jong was, ging ze elke avond dansen.
Als sie noch jung war, ging sie jeden Abend tanzen.

Die Konjunktion **als** drückt im Niederländischen – im Gegensatz zu **toen** – eine wiederkehrende Handlung aus und wird im Deutschen mit *wenn* übersetzt. Hilfreich zum Verständnis ist die Verstärkung mit **telkens** *jedes Mal*. Immer wenn Sie **telkens** ergänzen können, müssen Sie **als** *wenn* verwenden (**telkens als** *jedes Mal wenn*):
(Telkens) Als ik naar Nederland ging, kocht ik lekkere stroopwafeltjes.
(Jedes Mal) Wenn ich in die Niederlande fuhr, kaufte ich leckere Honigwaffeln.

Opgelet struikelblok!

NL	D
toen	*als*
als	*wenn*

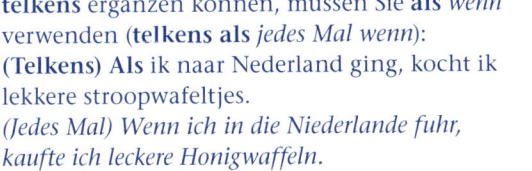

4. Der Gebrauch des Imperfekts

Im Niederländischen verwenden Sie das Imperfekt in folgenden Fällen:

▌ Sie beschreiben eine Handlung oder Situation in der Vergangenheit, die endgültig vorbei ist: Vorig jaar **gaven** enkele studenten een bijzonder carillonconcert.
Letztes Jahr gaben einige Studenten ein besonderes Kirchenglockenkonzert.

▌ Sie beschreiben eine Gewohnheit in der Vergangenheit: Ik **stond** elke nacht op toen de kinderen nog klein waren. *Ich stand jede Nacht auf, als die Kinder noch klein waren.*

▌ Sie beschreiben aufeinanderfolgende Handlungen in der Vergangenheit: Ik **hoorde** de klokken luiden, **maakte** mijn man wakker, **stond** op, **ging** naar het raam en **belde** de politie. *Ich hörte die Glocken läuten, weckte meinen Mann, ging zum Fenster und rief die Polizei.*

Taalweetjes

So beschreiben Sie Aussehen und Charakter einer Person   *oef 7*

● Hoe ziet ze eruit? *Wie sieht sie aus?*
● Ze ziet er mooi, mysterieus en streng uit. *Sie sieht schön, mysteriös und streng aus.*
● Hoe is hij? *Wie ist er?*
● Hij is slim, welopgevoed en gecultiveerd. *Er ist klug, wohlerzogen und kultiviert.*

Sie können Ihre Aussagen nuancieren und dadurch die Bedeutung der Adjektive verstärken, wenn Sie sie mit folgenden Wörtern kombinieren:

heel erg / ontzettend *außergewöhnlich, besonders*	een beetje *ein wenig*
erg / zeer / heel *sehr*	niet zo *nicht so*
best wel *recht*	niet *nicht*
nogal *ziemlich*	helemaal niet *gar nicht*

Das Wort **erg** hat mehrere Bedeutungen. Steht es bei einem Adjektiv, verstärkt es die Bedeutung des Adjektivs:
Het was een **erg mooi** verhaal. *Es war eine sehr schöne Geschichte.*
Hij was **erg jaloers**. *Er war sehr eifersüchtig.*

Wenn **erg** als selbständiges Wort benutzt und nicht mit einem Adjektiv kombiniert wird, bedeutet es *schlimm, arg*:
Dat verhaal vind ik **erg**! *Die Geschichte finde ich schlimm!*
Het was een **erg** verhaal. *Es war eine schlimme Geschichte.*

Opgelet struikelblok!	
NL	**D**
slim	klug
erg	schlimm, arg

Beliebt sind im Niederländischen bildhafte
Verstärkungen der Adjektive:
duur *teuer* – **peper**duur *teuer wie Pfeffer*
(→ Lektion 6)
trots *stolz* – **ape**trots *stolz wie ein Affe*
vers *frisch* – **kers**vers *ganz frisch*

Extra woorden   *oef 6*

Zeitangaben in der Vergangenheit

gisteren	*gestern*	onlangs	*neulich, unlängst*
gistermorgen	*gestern Morgen*	vroeger	*früher*
gisteravond	*gestern Abend*	zojuist / daarnet	*gerade, vorhin*
gisternacht	*gestern Nacht*	vanmorgen	*heute Morgen*
eergisteren	*vorgestern*	vanmiddag	*heute Mittag*
vorige week	*letzte Woche*	vanavond	*heute Abend*
een jaar geleden	*vor einem Jahr*	vannacht	*heute Nacht*

Verwandtschaftsbeziehungen

ouders	*Eltern*	grootvader	*Großvater*
moeder	*Mutter*	kleinkinderen	*Enkelkinder*
vader	*Vater*	kleindochter	*Enkelin*
kinderen	*Kinder*	kleinzoon	*Enkel*
dochter	*Tochter*	tante	*Tante*
zoon	*Sohn*	oom	*Onkel*
zus	*Schwester*	nicht	*Nichte, Cousine*
broer	*Bruder*	neef	*Neffe, Cousin*
zussen en broers	*Geschwister*	schoonzus	*Schwägerin*
getrouwd met	*verheiratet mit*	schoonbroer	*Schwager*
grootouders	*Großeltern*	schoonouders	*Schwiegereltern*
grootmoeder	*Großmutter*	suikertante	*unverheiratete Tante*

Opgelet struikelblok!

NL	**D**	**NL**	**D**
de familie	*die Verwandtschaft*	enkel	*Knöchel*
het gezin	*die Kleinfamilie*	kleinzoon	*Enkel*

8

Studentenstreiche haben eine lange Geschichte. An den flämischen und niederländischen Universitäten nehmen Studienanfänger an der Erstlings-taufe teil: **de ontgroening** (NL), **de doop** (B) *die Taufe*. In Belgien wird die Taufe auch außerhalb der Studentenverbindungen organisiert. Durch mehrere Aufgaben sollen die Studienanfänger zeigen, dass sie den älteren Jahrgängen ebenbürtig sind, was aber kaum gelingt! Manch ein Studentenstreich endet mit einem Strafzettel. Die älteste Universität der historischen Niederlande wurde 1425 in Leuven im heutigen Flandern gegründet. Leiden erhielt 1575 seine Universität von Willem van Oranje als Anerkennung für den tapferen Widerstand gegen die Spanier. Sie ist die erste Universität der heutigen Niederlande.

Oefeningen

1 Ein Student berichtet dem Reporter, der alles sofort in seinen Laptop eintippt.
Einige Buchstaben sind in der Eile durcheinandergeraten.

We (dniwle) .... (1.) iets leuks doen. We hadden geen zin

om (rana) .... (2.) (ushi) .... (3.) te gaan

en alle (éafcs) .... (4.) waren om 5 uur 's (cntshdoe)

.... (5.) gesloten. Toen (aegzn) .... (6.) we

de toren van de kerk. Toen we boven (akeawanmn) .... (7.),

ontdekten we de (klekonk) .... (8.). We begonnen meteen

te (dnuile) .... (9.). We (aehtndc) .... (10.)

niet veel na. Het (nlkok) .... (11.) geweldig!

2 Wie lautet der Infinitiv zu den folgenden unregelmäßigen Verben?

1. wilde   *willen* ....
2. weggingen   ....
3. begonnen   ....
4. deden   ....
5. kregen   ....

6. belden   ....
7. kwamen   ....
8. waren   ....
9. gaven   ....
10. wilden   ....

3 Setzen Sie die Verben aus Übung 2 in den folgenden Pressebericht ein.

Drie studenten .... (1.) dinsdagochtend in Leiden een carillon-

concert. Twee studenten .... (2.) 23 jaar en één 20 jaar. Rond

05.00 uur .... (3.) ze de klokken te luiden. Bewoners van de Leidse

binnenstad .... (4.) de politie. De politie .... (5.)

dat de studenten naar beneden komen, maar zij .... (6.) niet.

Toen de agenten .... (7.) alsof ze .... (8.),

.... (9.) de studenten naar beneden. Ze .... (10.)

een bekeuring voor het verstoren van de nachtrust.

4 Ergänzen Sie **toen** oder **als**.

1. ...*Toen*..... ik klein was, woonde ik in Nederlands-Indië.
2. .... grootmoeder piano speelde, zat ik aan haar voeten te spelen.
3. Ik bezocht mijn grootvader vaak .... mijn grootmoeder niet meer leefde.
4. .... ik mijn grootvader opbelde, was hij heel gelukkig.
5. Ik luisterde dag en nacht naar de verhalen van mijn grootvader .... hij
   over mijn grootmoeder vertelde.

5 Ordnen Sie die Wörter und bilden Sie Sätze im Imperfekt.

1. niet – opstaan – vanmorgen – hij – kunnen

   ....

2. toen – opsluiten – komen – de politie – de studenten – ze – naar beneden

   ....

3. Vlaanderen – bezoeken – hij – zijn – in – als – familie – telkens – hij – zijn

   ....

4. mooi – er – zien – jong – vader – uit – streng – mijn – toen – en –zijn

   ....

8

6 Ergänzen Sie die richtigen Pluralformen.

● Hoeveel broer_s................ (1.) en zus................... (2.) heb jij?

● Ik heb er geen.

● Heb jij oom................... (3.) en tante................... (4.)?

● Nee, ook niet.

● Dan heb je ook geen nicht................... (5.) en nev................... (6.)?

● Nee, geen één.

● Leven je grootouder................... (7.) nog?

● Nee, zij zijn gestorven.

● Oh, dan ben jij helemaal alleen op de wereld.

● Nee, ik heb negen kind................... (8.)

7 Übersetzen Sie die deutschen Ausdrücke in den Personenbeschreibungen.

1. Dit zijn mijn zusjes Anneleen en Katrien. Anneleen is ....
   (außergewöhnlich schön). Katrien is .... *(recht schön)*,
   maar .... *(nicht so schön wie)* Anneleen.

2. Dit is mijn vader met zijn schoonbroer. Ze zijn allebei ....
   (sehr erfolgreich). Mijn vader is .... *(nicht so erfolgreich)*
   zijn schoonbroer.

3. Dit zijn mijn tantes. Tante Loes is .... *(sehr groß)*,
   maar .... *(nicht so groß wie)* tante Trui. Die is
   .... *(besonders groß)*. Tante Truus is
   .... *(gar nicht groß)*.

9

In dieser Lektion lernen Sie:
▌ Ihre **Meinung** zu äußern
▌ einen **Lebenslauf** und einen **formellen**
Brief zu schreiben
▌ einen **Arbeitsplatz** zu beschreiben
▌ **Berufsbezeichnungen**
▌ die **Relativpronomen die** und **dat**
▌ Wendungen mit **doen** und **maken**

SKILERAAR GEZOCHT!

Voor onze skischool in Zwitserland zoeken we een enthousiaste skileraar (m./v.).
Functie: Je geeft elke dag minstens 4 uur les aan toeristen die Duits of Nederlands spreken.
Profiel: Je bent een gediplomeerd en gepassioneerd skileraar. Je bent minstens 25 jaar. Je bent een teamspeler die zelfstandig kan werken. Behalve Duits als moedertaal spreek je vloeiend Nederlands en Engels.
Wat wij je bieden: Accomodatie, gratis skipak en skipas, verzekering, volledige reiskostenvergoeding, werkweek van zes dagen, loon 48,00 € netto per dag.
Interesse? Stuur dan uiterlijk vóór 30 november je schriftelijke sollicitatie met cv op.

SKILEHRER GESUCHT!

Für unsere Skischule in der Schweiz suchen wir einen enthusiastischen Skilehrer (m/w).
Aufgabe: Sie unterrichten jeden Tag mindestens 4 Stunden Touristen, die Deutsch oder Niederländisch sprechen.
Profil: Sie sind ein diplomierter und leidenschaftlicher Skilehrer. Sie sind mindestens 25 Jahre alt. Sie sind ein Teamplayer, der selbstständig arbeiten kann. Außer Deutsch als Muttersprache sprechen Sie fließend Niederländisch und Englisch.
Was wir Ihnen bieten: Unterkunft, gratis Skianzug und Skipass, Versicherung, Reisekostenerstattung, Arbeitswoche von sechs Tagen, Lohn 48,00 € netto am Tag.
Interesse? Dann schicken Sie bis spätestens 30. November Ihre schriftliche Bewerbung mit Lebenslauf.

Jörg solliciteert:

Ik ben 31 jaar. Ik werk parttime voor de Nederlandse firma Groendaal in Berlijn. Ik doe heel graag aan sport. Skiën is mijn passie. Daarom heb ik leven en werk hierop aangepast. Ik ben skileraar in mijn vrije tijd. Ik spreek vloeiend Duits en Nederlands.

Jörg bewirbt sich:

Ich bin 31 Jahre alt. Ich arbeite Teilzeit für die niederländische Firma Groendaal in Berlin. Ich treibe sehr gerne Sport. Skifahren ist meine Leidenschaft. Deshalb habe ich Leben und Arbeit darauf abgestimmt. In meiner Freizeit bin ich Skilehrer. Ich spreche fließend Deutsch und Niederländisch.

Wat nieuw is!

Männliche und weibliche Berufsbezeichnungen *oef 1*

Im Deutschen ist die Bildung von weiblichen Berufsbezeichnungen einfach. Sie brauchen zu der männlichen Bezeichnung nur die Endung *-in* hinzuzufügen. Im Niederländischen ist dies nur selten möglich (z. B. **boer** *Bauer* – **boerin** *Bäuerin*). Neben der Form **-in** gibt es noch die Endungen **-e**, **-es**, **-esse**, **-ster** für die weibliche Form. Oft existiert auch gar keine weibliche Form, vor allem bei Berufen, die historisch nicht von Frauen ausgeübt wurden. Mit dem Adjektiv **vrouwelijk** *weiblich* können Sie hervorheben, dass eine Frau gemeint ist.

Die Geschlechterfrage spielt im Niederländischen bei Berufsbezeichnungen keine große Rolle. Viele weibliche Berufstätige geben nur die männliche Bezeichnung auf ihrer Visitenkarte an. In Stellenangeboten steht hinter der Berufsbezeichnung immer das Kürzel **m. / v.: mannelijk** *männlich* / **vrouwelijk** *weiblich*: **Skileraar (m. / v.) gezocht!**

Einige Berufsbezeichnungen haben Sie in den vorherigen Lektionen bereits kennengelernt. Hier finden Sie die gängigsten Bezeichnungen im Überblick:

männlich + -e	**student** *Student* **politieagent** *Polizist* **pianist** *Pianist*	**studente** *Studentin* **politieagente** *Polizistin* **pianiste** *Pianistin*
männlich + -es	**leraar** *Lehrer*	**lerares** (!) *Lehrerin*
männlich + -ster	**verkoper** *Verkäufer*	**verkoopster** (!) *Verkäuferin*

Für den typisch weiblichen Beruf **secretaresse** *Sekretärin* setzt sich allmählich **assistent** durch, weil ein **secretaris** *Sekretär* genau wie im Deutschen eine andere Funktion hat. Die weibliche Form zu der Berufsbezeichnung **kelner** *Kellner* lautet im Niederländischen **serveerster** *Kellnerin*. Kein weibliches Pendant gibt es für die folgenden Berufsbezeichnungen:

bakker *Bäcker*	**slager** *Metzger*	**kruidenier** *Gemüsehändler*	**baas** *Chef*	**matroos** *Matrose*	**kapitein** *Kapitän*

Das Wort **bazin** gibt es zwar, es klingt aber abwertend. Sagen Sie lieber:
Mijn **baas** heet Joke de Meulemeester. *Meine Chefin heißt Joke de Meulemeester.*

Besonders erfreulich ist die Bezeichnung, die Sie in → Lektion 1 bereits gelernt haben: **collega** *Kollege, Kollegin* ist männlich und weiblich zugleich. Wenn Sie **bakkersvrouw** hören, handelt es sich um die Ehefrau des Bäckers. Anders ist es bei den gleichwertigen Bezeichnungen **sportman** *Sportler* und **sportvrouw** *Sportlerin*.

Solliciteren

Jörg, Gerrit en Henning hebben alledrie de advertentie voor een baantje als skileraar in de krant gelezen. Ze bellen de directrice van de skischool op voor meer informatie.

Joke: Met Joke de Meulemeester.

Jörg: Goedemorgen. U spreekt met Jörg Suhr. Ik heb gehoord dat u een skileraar zoekt?

Joke: Ja, ik heb net de advertentie in de krant geplaatst. We hebben een leraar nodig die goed met jongeren kan opschieten. Is dat iets voor u?

Jörg: Nou, ik geef eerlijk gezegd liever les aan volwassenen.

Joke: Het spijt me, maar dan heb ik niet het baantje dat u zoekt. Ik heb al genoeg medewerkers voor de cursussen met volwassenen. U contacteert het best een andere skischool. Daar maakt u misschien ook nog een kans.

Jörg: Hartelijk dank voor uw advies. Ik probeer het eens. Tot ziens!

Joke: Tot ziens en veel succes ermee!

Gerrit kent de skischool. We vallen midden in het gesprek.

Gerrit: Een groepje Nederlandse jongeren? Je bedoelt een stelletje van die pubers die nooit verstaan wat je zegt en alleen maar hun eigen zinnetje willen doen?

Joke: Waar heb je die pessimistische kijk vandaan, Gerrit? Onze skischool is geen hangplek. We beginnen 's morgens gewoon wat later. Dat weet je toch!

Gerrit: Ik oefen dit beroep al meer dan zes jaar uit. Ik ben iemand die gewoon veel eist.

Joke: Ik heb net een aanvraag binnen van een groepje 60-plussers die een oude droom willen waarmaken en met wie je heerlijke dagen kunt beleven.

Gerrit: Je bent natuurlijk nooit te oud om te leren. Nee, ik ben niet de man die je zoekt voor deze baan.

Joke: Jammer! Misschien wil je er nog eens een nachtje over slapen?

9

Henning hapt toe. Hij wil les geven aan jongeren en 60-plussers. Hij is erg gemotiveerd.

Joke:	Jij wil dus sportleraar worden. Je past perfect in het team met je profiel. Stuur je cv maar zo snel mogelijk op. Je kunt hem ook doorfaxen.
Henning:	Ik wil u nog wat vragen.
Joke:	Ga je gang!
Henning:	Ik zit in mijn laatste jaar en heb binnenkort nog een examen. Als ik voor het examen slaag, kan ik meteen aan de slag. Ik ben bang dat ik het niet haal.
Joke:	Maak je maar geen zorgen. Komt goed!
Henning:	Weet u eigenlijk dat ik nog geen vijfentwintig ben?
Joke:	Nee, dat wist ik niet. Dat is volgens mij geen probleem.
Henning:	Hoe goed moet ik Nederlands kunnen spreken?
Joke:	Je hebt het Certificaat Nederlands als Vreemde Taal, toch? Dat is fantastisch. Nog vragen? Ik heb niet veel tijd meer.
Henning:	Ik had graag nog het contactadres van iemand met wie ik kan praten.
Joke:	Je kunt Gerrit contacteren. Hij werkt hier vaker. Doe hem de groeten van mij.

Woordenschat

Skileraar gezocht!

ski	*Ski*
leraar	*Lehrer*
zoeken	*suchen*
m/v (mannelijk/ vrouwelijk)	*m/w (männlich/ weiblich)*
school	*Schule*
enthousiast	*enthusiastisch*
periode	*Zeitraum*
functie	*Aufgabe*
lesgeven	*unterrichten*
minstens	*mindestens*
toerist	*Tourist*
profiel (het)	*Profil*
gediplomeerd	*diplomiert*
gepassioneerd	*leidenschaftlich*
teamspeler	*Teamplayer*
zelfstandig	*selbstständig*
behalve	*außer*
moedertaal	*Muttersprache*
vloeiend	*fließend*

accomodatie	*Unterkunft*
gratis	*gratis*
skipak (het)	*Skianzug*
skipas	*Skipass*
verzekering	*Versicherung*
volledig	*vollständig*
reiskostenvergoeding	*Reisekosten- erstattung*
werkweek	*Arbeitswoche*
netto loon (het)	*Nettolohn*
per dag	*am Tag*
interesse (het)	*Interesse*
uiterlijk	*spätestens*
schriftelijk	*schriftlich*
sollicitatie	*Bewerbung*
cv (curriculum vitae)	*Lebenslauf*
solliciteren (naar)	*sich bewerben (auf)*
parttime werken	*in Teilzeit arbeiten*
aan sport doen	*Sport treiben*
skiën	*Ski fahren*

9

passie	Passion, Leiden-schaft
hierop	hieran, daran
aanpassen	anpassen
vrijetijd	Freizeit

Solliciteren	
een **advertentie** plaatsen	eine Anzeige aufgeben
krant	Zeitung
baantje (het)	Stelle
directrice	Direktorin
met iemand kunnen opschieten	gut mit jmdm auskommen
volwassene	Erwachsene
genoeg	genug
medewerker	Mitarbeiter
cursus	Kurs
contacteren	kontaktieren
kans maken op	eine Chance haben
advies (het)	Rat
succes (het)	Erfolg
midden in het gesprek	mitten im Gespräch
stelletje (het) ugs	Grüppchen, Truppe
puber	Pubertierende(r)
je zin(-netje) doen	das tun, worauf du Lust hast
pessimistisch	pessimistisch
hangplek	Jugendtreff
beroep (het)	Beruf
een beroep uitoefenen	einen Beruf ausüben
eisen	fordern
60-plusser	Senior(in)
een droom waarmaken	einen Traum realisieren
beleven	erleben
Jammer!	Schade!
toehappen	zuschlagen (wörtl.: zubeißen)
gemotiveerd	motiviert

sportleraar	Sportlehrer
passen bij	passen zu
perfect	perfekt
doorfaxen	(durch)faxen
Ga je gang!	Leg los!
in je laatste jaar zitten	das Studium abschließen
binnenkort	in Kürze
examen (het)	Prüfung
slagen voor het examen	die Prüfung bestehen
meteen	sofort
aan de slag kunnen	anfangen können
bang zijn voor	Angst haben vor
het niet halen	es nicht schaffen
zich zorgen maken	sich sorgen
Komt goed!	Wird schon!
eigenlijk	eigentlich
CNaVT (het Certificaat Nederlands als Vreemde Taal)	Zertfikat für Niederländisch als Fremdsprache
fantastisch	fantastisch
contactadres (het)	Kontaktadresse

EN, WAT IS JE MOEDERTAAL?

MAMA?

Grammatica

1. Das Verb *worden*   *oef 2*

Das niederländische Verb **worden** *werden* kann genau wie im Deutschen als selbständiges Verb vorkommen:

- Anneke, wat wil je later **worden**? *Anneke, was willst du später werden?*
- Ik studeer lichamelijke opvoeding en wil sportlerares **worden**. *Ich studiere Sportwissenschaft und will Sportlehrerin werden.*
- **Word** je geen animator? *Wirst du nicht Animateurin?*
- Nee, ik **word** vooral een goede sportvrouw! *Nein, ich werde vor allem eine gute Sportlerin.*

Singular		Plural	
ik	**word** *ich werde*	we (wij)	**worden** *wir werden*
je (jij) / u	**wordt** *du wirst/Sie werden*	jullie	**worden** *ihr werdet*
hij / ze (zij) / het	**wordt** *er/sie/es wird*	ze (zij)	**worden** *sie werden*

2. Die Relativpronomen *die* und *dat*   *oef 3, 4, 5*

Die Relativpronomen **die** *der, die* und **dat** *das* leiten einen Nebensatz ein und verweisen auf eine Person oder Sache im Hauptsatz.
We hebben **een leraar** nodig **die** goed met jongeren kan opschieten.
Wir brauchen einen Lehrer, der gut mit Jugendlichen zurechtkommt.
Ik heb niet **het baantje dat** u zoekt. *Ich habe nicht den Job, den Sie suchen.*
Tot je doelgroep behoren ook **kinderen die** zonder ouders op skivakantie zijn.
Zu deiner Zielgruppe gehören auch Kinder, die ohne Eltern im Skiurlaub sind.
Je bent **een teamspeler die** zelfstandig kan werken.
Du bist ein Teamplayer, der selbstständig arbeiten kann.

Singular				Plural	
de	**die** *der, die*	het	**dat** *das*	de	**die** *die*

Wird bei Personen das Relativpronomen mit einer Präposition kombiniert, wird das Pronomen **die** durch **wie** ersetzt:
Ik wil het adres van een leraar **met wie** ik kan praten.
Ich möchte die Adresse eines Lehrers, mit dem ich sprechen kann.
De toeristen **aan wie** hij skiles geeft, zijn Nederlanders.
Die Touristen, denen er Skiunterricht gibt, sind Niederländer.

9

Das Verb steht in den Relativsätzen möglichst weit hinten im Satz. Beachten Sie, dass zwar vor dem Relativpronomen im Niederländischen kein Komma steht, am Ende des Relativsatzes aber schon:

Ik ben de leraar die u **zoekt**. *Ich bin der Lehrer, den Sie suchen.*
Zij is iemand die graag met jongeren **werkt**.
Sie ist jemand, der gern mit Jugendlichen arbeitet.
De leraar die daar **staat**, is uit Zwitserland.
Der Lehrer, der dort steht, ist aus der Schweiz.

Taalweetjes

Du oder *Sie*?

Ist Ihnen im Gespräch zwischen Joke und Henning aufgefallen, dass sowohl **je** als auch **u** benutzt werden? Aus deutscher Perspektive wäre es möglich, dass Henning sich noch nicht traut, Joke gleich im ersten Gespräch zu duzen. Es gibt aber aus niederländischer Perspektive noch eine andere Erklärung: Jüngere Personen siezen oftmals die älteren, während die älteren im selben Gespräch die jüngeren duzen. Das ist nicht ungewöhnlich.

So schreiben Sie einen formellen Brief

Anrede	Geachte mevrouw, Geachte meneer, Geachte heer, mevrouw,	*Sehr geehrte Frau* (+ Nachname), *Sehr geehrter Herr* (+ Nachname), *Sehr geehrte Damen und Herren,*
Eröffnung	Naar aanleiding van uw advertentie in de krant van 30 oktober wil ik graag solliciteren naar de baan als skileraar.	*bezugnehmend auf Ihre Anzeige in der Zeitung vom 30. Oktober möchte ich mich um die Stelle als Skilehrer bewerben.*
Schlusszeile	Mocht u nog vragen hebben, kunt u me altijd op het volgende nummer bereiken: ...	*Falls Sie noch Fragen haben, können Sie mich jederzeit unter der folgenden Nummer erreichen: ...*
Gruß	Met vriendelijke groet(en),	*Mit freundlichen Grüßen*

Beginnen Sie den Brief nach der Anrede immer mit einem Großbuchstaben.

9

So können Sie Ihren Lebenslauf aufbauen

Curriculum vitae *Lebenslauf*

Persoonlijke gegevens *Persönliche Angaben*	
Naam *Name*	de Groot
Voornaam *Vorname*	Anneke
Adres *Adresse*	Vrolijkestudentenstraat 15 in 3500 Leuven
Telefoon *Telefon*	0032 16 99999
Geboortedatum *Geburtsdatum*	11.11.1988
Burgerlijke staat *Familienstand*	ongehuwd *unverheiratet*
	(gehuwd *verheiratet* – gescheiden *geschieden* –
	verweduwd *verwitwet*)
Opleiding *Ausbildung*	
Middelbare school *Schule*	2000 – 2006 Maria Assumptalyceum
Vervolgopleiding *Ausbildung*	sinds 2006 studie lichamelijke opvoeding aan
	de KU Leuven *seit 2006 Studium der Sportwissen-*
	schaft an der Katholischen Universität Leuven
Diploma's *Zeugnisse*	Skidiploma *Skilehrer-Diplom*
	Rijbewijs bromfiets *Führerschein Motorrad*
Talenkennis *Sprachkenntnis*	Nederlands, moedertaal *Niederländisch, Mutter-*
	sprache
	Frans, zeer goed *Französisch, sehr gut*
	Engels, redelijk *Englisch, genügend*
Werkervaring *Berufserfahrung*	als serveerster in studentencafés
	als au pair in Parijs
Vrije tijd *Freizeit*	skiën *Ski fahren*, zwemmen *Schwimmen*,
	tennissen *Tennis spielen*, architectuur *Architektur*
Referenties *Referenzen*	Jan Rooibos van het café "De vrolijke student"
	Familie van Ackere in Parijs

Wendungen mit *doen* und *maken*   oef 6, 7

Im Prinzip haben **doen** *tun, erledigen* und **maken** *machen, herstellen, ausführen*
dieselbe Bedeutung wie im Deutschen. Es gibt aber Ausnahmen:

doen	**maken**
Doe de groeten! *Bestelle viele Grüße!*	Hoe maakt u het? *Wie geht es Ihnen?*
Doe het goed! *Mach's gut!*	met iemand kennis maken *jmdn*
Wat doe ik met jou? *Was mache ich mit dir?*	*kennenlernen*
boodschappen doen *Einkäufe machen*	eten klaarmaken *Essen zubereiten*
aan sport doen *Sport treiben*	plezier maken *Spaß haben*
examen doen *eine Prüfung machen*	

9

Extra woorden   oef 1, 8, 9, 10

- Wat is jouw/uw beroep? *Was bist du/sind Sie von Beruf?*
- Ik heb geen werk, ik ben werkloos. *Ich habe keine Arbeit, ich bin arbeitslos.*
- ▲ Ik ben mijn eigen baas. *Ich bin mein eigener Chef.*

Ik ben ... *Ich bin ...*	Ik werk ... *Ich arbeite ...*
huisman/huisvrouw *Hausmann/Hausfrau*	thuis *zu Hause*
	In de stad *In der Stadt*
arbeider *Arbeiter(in)*	in een fabriek *in einer Fabrik*
bakker *Bäcker(in)*	in een bakkerij *in einer Bäckerei*
slager *Metzger(in)*	in een slagerij *in einer Metzgerei*
kruidenier *Gemüsehändler(in)*	in een groentewinkel *in einem Gemüse-geschäft*
kapper/kapster *Friseur(in)*	in een kapperszaak *in einem Friseursalon*
verkoper/verkoopster *Verkäufer(in)*	in een warenhuis (het) *in einem Kaufhaus*
	Bij de dokter *Beim Arzt*
dokter, arts/artse *Arzt/Ärztin*	in een dokterspraktijk *in einer Arztpraxis*
verpleger, verpleegster *Krankenpfleger/ Krankenschwester*	in een ziekenhuis (het) *in einem Kranken-haus*
tandarts, -e *Zahnarzt/Zahnärztin*	in een tandartspraktijk *in einer Zahnarzt-praxis*
apotheker, apotheekster *Apotheker(in)*	in een apotheek *in einer Apotheke*
	Op kantoor *Im Büro*
(politie)agent, agente *Polizist(in)*	op het politiekantoor *auf der Polizei*
ambtenaar *Beamte(r)*	op het postkantoor *auf der Post*
	Op school *In der Schule*
onderwijzer, onderwijzeres *Lehrer(in)*	op de basisschool *an der Grundschule*
leraar, lerares *Lehrer(in)*	aan een lyceum (het) *am Gymnasium*
docent, docente *Dozent(in)*	op de universiteit *an der Universität*

i Im Bewerbungsgespräch erwähnt Joke de Meulemeester das Zertifikat Niederländisch. Damit meint sie das offizielle Zertifikat **CNaVT (Certificaat Nederlands als Vreemde Taal)**. Das *Zertifikat Niederländisch als Fremdsprache* ist international anerkannt und wird von der **Nederlandse Taalunie** (→ Lektion 11) ausgegeben. Das Zertifikat umfasst sechs Profilprüfungen. Diese Prüfungen entsprechen verschiedenen Niveaus des *Gemeinsamen Europäischen Referenzrahmens (GER)*. Die Prüfungen finden einmal jährlich an verschiedenen Prüfungsinstitutionen in über 50 Ländern statt. Weitere Informationen finden Sie unter www.cnavt.org.

9

Oefeningen

1 Kennen Sie folgende Berufsbezeichnungen auf Niederländisch? Schreiben Sie unter die Zeichnungen den Beruf und den Ort, an dem der Beruf ausgeübt wird.

1. 2. 3. 4. 5.

..._kapster_....... ....

..._kapperszaak_... ....

2 Ergänzen Sie die richtige Form des Verbs **worden**.

- Kareltje, wat wil jij .... (1.)?
- Ik .... (2.) bakker.
- Maar Lowietje .... (3.) toch bakker!
- Lowietje kan geen goede bakker .... (4.).
- En jij wel? Waarom .... (5.) je niet politieagent?
- Nee. Lowietje .... (6.) politieagent en ik .... (7.) bakker.
- Of jullie .... (8.) allebei bakker. Dat kan toch ook!

3 Verbinden Sie die Sätze mit den Relativpronomen **die** oder **dat** und machen Sie aus den zwei Sätzen einen Relativsatz.

1. Dat is het meisje. Ik zoek het.   _Dat is het meisje dat ik zoek._
   ....

2. Dat is het meisje. Het zoekt mij.   ....

3. Dat is de docente. Ik vind haar leuk.   ....

4. Dat is de docente. Zij vindt mij leuk.   ....

5. Dat zijn de studenten. Ik zoek hen.   ....

6. Dat zijn de studenten. Zij zoeken mij.   ....

9

4 In den Kurzdialogen sind die Antworten durcheinandergeraten. Ordnen Sie die Wörter und bilden Sie sinnvolle Sätze.

1. ● Van wie is dit boek?
   (is | wie | het | man | van | de | weg | is | boek | net)

   ● ....

2. ● Met wie is hij weggegaan?
   (de | ken | niet | hij | man | wie | met | weggegaan | ik | is)

   ● ....

3. ● Aan wie geef je dan het boek?
   (het | nooit | iets | wie | aan | ik | iemand | ik | nog | geef | gegeven | heb)

   ● ....

5 **Met** oder **van**? Tragen Sie die richtige Präposition ein.

1. .... wie ga je skiën?

2. .... de man .... wie ik hou.

3. En .... wie hou je?

4. .... de man .... wie ik ga skiën.

6 Ergänzen Sie **doen** oder **maken** in diesen Wendungen.

1. de groeten ..doen......

2. plezier ....

3. het goed ....

4. met iemand kennis ....

5. aan sport ....

6. eten klaar ....

7 Vervollständigen Sie die Sätze.

1. .... vele groeten aan je moeder.

2. Wanneer heeft hij met haar kennis ....?

3. We .... altijd veel plezier, als we samen op stap zijn.

4. In het weekend .... hij aan sport.

5. Heb je nu examen? .... het goed!

6. Ze heeft het druk. Ze komt laat naar huis en moet dan nog het eten ....

9

8 Was gehört zusammen? Finden Sie den passenden niederländischen Ausdruck.

1. Gern geschehen!	a. Dat klopt!
2. Bitte sehr.	b. Echt waar?
3. Schade!	c. Het spijt me.
4. Wieso?	d. Altijd rechtdoor.
5. Das stimmt!	e. Komt goed.
6. Das klappt schon!	f. Hoezo?
7. Es tut mir leid.	g. Jammer!
8. Immer geradeaus.	h. Ga je gang!
9. Wirklich?	i. Alstublieft.
10. Leg los!	j. Graag gedaan!

9 **Hoe** oder **wat**? Kreuzen Sie das richtige Pronomen in der Tabelle an. Manchmal gibt es zwei Möglichkeiten.

	Hoe	Wat	
1.	☐	☒	wil je zeggen?
2.	☐	☐	bedoel je?
3.	☐	☐	duur is die fiets?
4.	☐	☐	kun jij goed Nederlands!
5.	☐	☐	spel je dat?
6.	☐	☐	een prachtig dagje Amsterdam!

10 Sie hinterlassen Ihren Mitbewohnern Notizzettel mit kurzen Mitteilungen.

1. Sie sind einkaufen. Sie kommen gleich wieder.

2. Sie sind beim Friseur und kommen in zwei Stunden wieder.

3. Sie kochen heute Abend und gehen zum Gemüsehändler und zum Metzger.

Hoi!

Ik ben even

boodschappen gaan

doen. Ik ben zo terug.

Tot straks

10

In dieser Lektion beschäftigen Sie sich mit:
- **Zukunftsplänen**
- dem Ausdruck von **Wünschen**
- weiteren **Zeitadverbien**
- verschiedenen Sprechabsichten mit **zullen**
- dem Modalverb **zullen**
- der Verwendung von **al**, **alle** und **allebei**

Wegwezen!

Liefste Margriet,
Sinds we naar Australië geëmigreerd zijn, zit er alweer een jaartje op. Wij hebben allebei een leuke baan gevonden. Bas is op een boerderij gaan werken en ik werk als verpleegster in een bejaardentehuis. Er zitten heel wat Nederlandse ouderen. Sommigen kunnen op hun oude dag ineens geen Engels meer spreken. Ze zijn erg blij met een Nederlandstalige gesprekspartner.
Ook ik mis erg veel: de kletspraatjes met jou, onze heerlijke kookavonden. Als ik al die oudjes op mijn werk zie, dan krijg ik het echt wel benauwd. Zal ik hier ook zo oud worden? Ook vind ik het leven hier nogal saai. Nou ja, af en toe eens barbecueën en altijd maar windsurfen. Ik heb er genoeg van!
Zou je iets voor me willen doen? Zou je me wat kunnen opsturen? Ik zou graag wat Hollandse kaas willen en natuurlijk ook vla, drop. Ik had ook graag van die lekkere Belgische chocolade. Misschien helpt dat tegen heimwee. Ik denk vaak aan jou.
Kusjes van je zusje Marjolein

Nichts wie weg!

Liebste Margriet,
seit wir nach Australien ausgewandert sind, ist schon wieder ein Jahr vergangen. Wir haben beide einen tollen Job gefunden. Bas arbeitet auf einem Bauernhof und ich arbeite als Pflegerin in einem Altenheim. Es gibt hier etliche niederländische alte Menschen. Manche können auf ihre alten Tage plötzlich kein Englisch mehr sprechen. Sie sind sehr glücklich über einen niederländischen Gesprächspartner.
Auch fehlt mir sehr viel: Die Schwätzchen mit dir und unsere herrlichen Kochabende. Wenn ich all die Alten bei meiner Arbeit sehe, wird mir ziemlich mulmig. Werde ich hier genauso alt werden? Auch finde ich das Leben hier ziemlich langweilig. Na ja, ab und zu mal grillen und immer wieder windsurfen. Mir reicht es! Könntest du etwas für mich tun? Könntest du mir etwas schicken? Ich hätte gern holländischen Käse und natürlich auch Pudding und Lakritze. Ich hätte auch gern leckere belgische Schokolade. Vielleicht hilft das gegen Heimweh. Ich denke oft an dich.
Bussis von deiner Schwester Marjolein

10

Wat nieuw is!

Die höfliche Bitte   *oef 2, 8*

Marjolein bittet ihre Schwester um einen besonderen Gefallen und drückt damit
einen starken Wunsch aus. Dazu verwendet sie den Ausdruck:
Ik **zou** graag wat kaas **willen**. *Ich hätte gern etwas Käse.*
(wörtl.: Ich würde gern etwas Käse wollen.)

Die Verbformen **zou/zouden** stehen immer mit einem Infinitiv. Es sind die Imperfektformen des Hilfsverbs **zullen**, das Sie schon in → Lektion 3 kennengelernt
haben.

Singular	Präsens	Imperfekt	Plural	Präsens	Imperfekt
ik	zal	zou	**we (wij)**	zullen	zouden
je (jij)/u	zal/zult	zou	**jullie**	zullen	zouden
hij/ze (zij)/het	zal	zou	**ze (zij)**	zullen	zouden

Wenn Sie Sätze mit **zou/zouden** ins Deutsche übersetzen, verwenden Sie am besten
die Modalverben *mögen* und *können*:
Ik zou graag met jou praten. *Ich möchte mich gern mit dir unterhalten.*
Je zou echt eens moeten komen. *Du solltest wirklich mal kommen!*
Zou je me wat kunnen opsturen? *Könntest du mir etwas schicken?*
Zij zouden graag weer in Nederland gaan wonen. *Sie möchten gern wieder in die
Niederlande ziehen.*

In → Lektion 3 haben Sie gelernt, dass Sie mit dem Ausdruck **ik wil graag ...** *ich
hätte gern ...* freundlich um etwas bitten können. Als Alternative dazu steht Ihnen
der Ausdruck **ik had graag ...** .mit der Imperfektform des Hilfsverbs **hebben** zur
Verfügung.

Ik had graag chocolade. *Ich hätte gern Schokolade.*
Wij hadden graag chocolade. *Wir hätten gern Schokolade.*

Emigreren

Joost en Ilona zijn collega's en werken voor een internationaal bedrijf in Brussel. Hun kantoor is op de Louizalaan achter het Justitiepaleis. Joost heeft net zijn ontslag bij de baas ingediend en wil zijn collega Ilona over zijn plannen inlichten.

Joost: Hoi Ilona, stoor ik? Je bent druk bezig zo te zien.

Ilona: Ach, dat valt best mee. Ik ben net een artikel aan het schrijven voor de pers. Jan gaat me interviewen. Hij komt straks. Je kent hem toch?

Joost: Heb je het over die journalist? En of ik hem ken! Je weet toch wat ik van hem denk. Ik vind hem ...

Ilona: ... een "opgeblazen kikker". Ja ja ... ga nu weer niet zitten zeuren over Jan. Vertel eens. Je ziet er nogal moe uit. Problemen met de baas?

Joost: Nee hoor, maar ik geef mijn baan hier op en vertrek volgende maand naar Australië.

Ilona: Wat zeg je nu? Ga je hier alles zomaar overboord gooien?

Joost: Ik stop met werken. Ik wil het wat rustiger aan doen, meer tijd hebben voor mezelf en mijn gezin. Zeg eens, zullen we niet samen lunchen? Dan kan ik je alles vertellen.

Joost en Ilona gaan op zoek naar een gezellig café.

Joost: De Brusselse cafés zal ik wel missen in Sydney.

Ilona: Zullen we dan maar naar mijn lievelingscafé gaan?

10

Joost: Kijk eens aan! Wie staat er in jouw café te praten? Is dat niet jouw journalist? Laten we toch maar liever ergens anders heen gaan.

Ilona: Nou, voor mijn part ... Zeg, waarom moet je het ook zover gaan zoeken?

Joost: Marijke krijgt een baan aan de universiteit van Sydney. Zij kijkt er erg naar uit.

Ilona: En de kinderen? Hebben die er ook zin in? Australië, dat is lekker sporten en surfen ...

Joost: Tja, ze zullen wel mee moeten, want ze zijn nog te jong om hier alleen te blijven.

Ilona: Hoezo? Waarom zouden ze dan niet meekomen?

Joost: Alleen als Americo ook mee mag, zullen ze akkoord gaan.

Ilona: Wie is Americo? Daar heb ik nog nooit iets over gehoord.

Joost: Dat is hun paard. Maar hoe verhuis je in hemelsnaam een paard overzee?

Woordenschat

Wegwezen!

wegwezen	*nichts wie weg*
sinds	*seit*
emigreren	*auswandern, emigrieren*
Er zit alweer een jaartje op!	*Es ist schon wieder ein Jahr her!*
alweer	*schon wieder*
Australië	*Australien*
boerderij	*Bauernhof, (hier:) Farm*
verpleegster	*Krankenschwester*
bejaardentehuis (het)	*Altenheim*
ouderen	*(die) Alten*
sommigen	*manche (Alte)*
op hun oude dag	*auf ihre alten Tage*
ineens	*plötzlich*
blij	*glücklich*
gesprekspartner	*Gesprächspartner*
missen	*vermissen*
kletspraatje (het)	*Schwätzchen*
oudje (het)	*(der/die) Alte*
het benauwd krijgen	*mulmig werden*
saai	*langweilig*

af en toe	*ab und zu*
barbecueën	*grillen*
windsurfen	*windsurfen*
opsturen	*schicken*
vla	*Pudding*
drop	*Lakritz*
heimwee hebben	*Heimweh haben*

Emigreren

bedrijf (het)	*Betrieb, Firma*
justitiepaleis (het)	*Justizpalast*
ontslag indienen	*kündigen*
inlichten	*informieren*
storen	*stören*
druk bezig zijn	*sehr beschäftigt sein*
zo te zien!	*wie man sieht!*
pers	*Presse*
interviewen	*interviewen*
journalist	*Journalist*
straks	*später*
opgeblazen kikker	*Angeber (wörtl.: aufgeblasener Gockel)*
zeuren	*nörgeln*
opgeven	*aufgeben*
vertrekken	*abreisen*
zomaar	*einfach so*

overboord gooien	*über Bord werfen*	**uitkijken**	*ausschauen*
stoppen	*aufhören*	**akkoord gaan met**	*einverstanden sein*
het rustig aandoen	*es ruhig angehen*		*mit*
mezelf	*mich selbst*	paard (het)	*Pferd*
lunchen	*zu Mittag essen*		
voor mijn part	*was mich betrifft*	**verhuizen**	*umziehen*
het (zo)ver gaan	*es (so)weit suchen*	in hemelsnaam	*um Himmels willen*
zoeken	*gehen*	overzee	*Übersee*
uitkijken naar	*sich auf etwas*		
	freuen		

Grammatica

1. Über die Zukunft sprechen   *oef 1, 3*

In → Lektion 4 haben Sie gelernt, wie man im Niederländischen eine Handlung in der Zukunft ausdrückt. Zur Erinnerung: Sie haben die Möglichkeit, das Präsens mit einer Zeitangabe oder das Verb **gaan** mit einem Infinitiv zu verwenden:
Ik **vertrek** volgende maand naar Sydney. *Ich ziehe nächsten Monat nach Sydney.*
Wanneer **gaan** jullie vertrekken? *Wann werdet (wörtl.: geht) ihr abreisen?*

Mit dem Hilfsverb **zullen** *werden* (+ Infinitiv) haben Sie eine weitere Möglichkeit, ein Ereignis in der Zukunft auszudrücken:
We **zullen** volgende maand vertrekken. *Wir werden nächsten Monat abreisen.*

2. Verschiedene Sprechabsichten mit *zullen*   *oef 1, 2, 4, 6*

In den → Lektionen 3 und 6 haben Sie **zullen** verwendet, um einen Vorschlag zu machen oder Hilfe anzubieten:
Zullen we samen een glaasje drinken? *Sollen wir zusammen etwas trinken gehen?*
Zal ik voor u een plattegrondje halen? *Soll ich Ihnen einen Stadtplan holen?*

Sie können **zullen** auch noch in anderen Situationen verwenden, z. B. wenn Sie absolut sicher sind, dass etwas geschehen wird, wenn Sie Ihrer Aussage einen leicht drohenden Unterton hinzufügen möchten, oder wenn Sie jemandem etwas versprechen wollen:
De Brusselse cafés **zal** ik in Sydney echt missen.
Die Brüsseler Kneipen werden mir in Sydney bestimmt fehlen.
Dat **zul** je nog wel zien! *Das wirst du noch erfahren.*
We **zullen** jullie paard meenemen. *Wir werden euer Pferd mitnehmen.*

3. Das Modalverb zullen *oef 1, 5, 6*

Zullen ist ein sehr vielseitiges Hilfsverb. Sie können es auch in modaler Funktion benutzen, wenn Sie nicht sicher sind, ob etwas tatsächlich geschehen wird. Anders als bei der Zukunft drückt **zullen** dann die Möglichkeit oder Wahrscheinlichkeit aus, dass etwas stattfinden wird. Oftmals betonen Ausdrücke wie **wel eens** *womöglich*, **wel zo** *wahrscheinlich*, **misschien (wel)** *vielleicht* die Modalität zusätzlich.
Het **zal** wel zo zijn dat hij er niets van af wist. *Wahrscheinlich wusste er nichts davon.*
Neem je paraplu toch maar mee! Het **zal** misschien wel regenen. *Nimm den Regenschirm lieber mit. Es könnte regnen.*

Mit **zullen** können Sie Ihren Gesprächspartnern auch nachdrücklich zu etwas auffordern oder ein Gebot aussprechen. Beachten Sie, dass in der 2. Person Singular die Form **jij zult** statt **je zal** bevorzugt wird; das klingt energischer. Übrigens empfinden die Niederländer **zal** in der Regel als äußerst informell, in Flandern hat sich **zal** dagegen im Sprachgebrauch völlig durchgesetzt.
Jij **zult** je kamer opruimen! *Du sollst dein Zimmer aufräumen.*
(= Ich will, dass du dein Zimmer aufräumst.)

Opgelet struikelblok!

NL	D
zullen	(sollen), werden
moeten	sollen, müssen

Zullen we vertrekken? *Sollen wir abfahren?*
Daarmee moet hij maar eens ophouden.
Das sollte er bleiben lassen.

Taalweetjes

So drücken Sie Ihre Unzufriedenheit aus

Ik mis erg veel. *Mir fehlt sehr viel.*
Ik mis mijn familie. *Mir fehlt meine Familie.*
Ik ben niet tevreden (met mijn werk).
Ich bin nicht zufrieden (mit meiner Arbeit).
Ik vind het leven hier saai. *Ich finde das Leben hier langweilig.*
Ik ben het beu! *Ich habe es satt!*
Ik ben het eten beu. *Ich habe das Essen satt.*
Ik heb er genoeg van. *Mir reicht es.*

Die Verwendung von *al, alle* und *allebei*

Die Angabe **al** + **de** + Substantiv Plural ist bedeutungsgleich mit **alle** + Substantiv
Plural. Sie können statt **de** auch ein Possessivpronomen benutzen.
Al de / Alle oudjes zijn gelukkig met een gesprekspartner.
Alle alten Leute sind froh über einen (wörtl.: glücklich mit einem) Gesprächspartner.
Al onze oudjes zijn nu gelukkig. *Alle unsere alten Leute sind jetzt glücklich.*
Al mijn kinderen zijn tweetalig. *Alle meine Kinder sind zweisprachig.*

Alle lässt sich auch gut mit Zahlen kombinieren:
Jörg, Gerrit en Henning hebben alle drie de advertentie gelezen.
Jörg, Gerrit und Henning haben alle drei die Anzeige gelesen.

Allebei hat die Funktion eines Zahlworts und kann sich sowohl auf Personen als
auch auf Sachen beziehen:
Bas en ik, we hebben allebei werk gevonden. *Wir haben beide Arbeit gefunden.*
Hier heb je het oefen- en het leerboek Nederlands. Ik heb ze allebei gelezen.
Hier hast du das Übungs- und das Lehrbuch Niederländisch. Ich habe beide gelesen.

Extra woorden   oef 7, 9, 10

Zeitangaben in der Zukunft

(zo) meteen /	sofort	zo	gleich
dadelijk /		weldra	bald
onmiddellijk		straks	später
binnenkort	in Kürze	(ooit) eens	irgendwann

Wohnen und arbeiten im Ausland

vertrek (het)	Abfahrt; Ausreise	rijbewijs (het)	Führerschein
vertrekken naar	abreisen nach	verzekering	Versicherung
aankomst	Ankunft	verzekeringskaart	Versicherungskarte
aankomen in	ankommen in	ziekteverzekering	Krankenversicherung
verhuizing	Umzug	ambassade	Botschaft
verhuizen naar	umziehen nach	Kamer van	Handelskammer
verhuisfirma	Umzugsfirma	Koophandel	
EU-burger	EU-Bürger	inburgering	Einbürgerung
identiteitskaart,	Personalausweis	de papieren in	die Unterlagen
legitimatiebewijs		orde maken	fertigstellen
(het)		iets aanvragen	einen Antrag
paspoort (het)	Pass		stellen

10

i Flamen und Niederländer haben eine lange Auswanderungstradition. Beliebte Ziele sind Australien, USA, Kanada, Neuseeland und Südafrika. Heiß begehrt ist neuerdings auch Suriname. Viele Menschen suchen sich aber auch innerhalb Europas ein neues Lebensumfeld. Deutschland steht bei den Flamen nach Frankreich und den Niederlanden an dritter Stelle und viele Niederländer aus der Grenzregion pendeln nach Deutschland. Umgekehrt ziehen auch Deutsche gern in die Niederlande oder nach Belgien. Ärzte finden zum Beispiel in den Niederlanden gute Arbeitsbedingungen.

Oefeningen

1 Welche Sprechabsicht drückt **zullen** in den folgenden Sätzen aus? Kreuzen Sie an.

a. *über die Zukunft sprechen*
b. *einen Vorschlag machen*
c. *sicher sein, dass etwas eintreten wird*
d. *ein Versprechen geben*
e. *eine Aufforderung oder ein Gebot*

	a.	b.	c.	d.	e.
1. Jij zult dat voor me doen!					✗
2. Neem je dochtertje mee. Dat zal ze leuk vinden.					
3. We zullen morgen eens langskomen.					
4. Zullen we morgen eens langskomen?					
5. Zal ik voor jou eens lekker koken?					
6. Wanneer zullen jullie naar Polen vertrekken?					
7. Heeft hij dat gezegd? Dan zal hij het ook doen.					
8. Is zij weg gegaan? Ze zal je missen. Wacht maar!					
9. Jullie zullen alles moeten eten!					
10. Zij zullen binnenkort vertrekken.					
11. Ik weet zeker dat jij dat nooit zal durven.					
12. Zullen we je naar het station brengen?					
13. Hij zal het toch moeten leren!					

2 Formulieren Sie die Sätze so um, dass der Wunsch deutlich wird.

1. Je moet eens komen.   *Je zou eens moeten komen.*
2. Hij wil skiën.   ....
3. Jij wil met de kinderen op vakantie.   ....
4. Kun je een brood bij de bakker halen?   ....
5. Jij moet hem eens bezoeken.   ....
6. Zij willen graag in Rotterdam wonen.   ....
7. Wij willen graag fietsen.   ....
8. Ik wil graag goed Duits met mijn
   vrienden spreken.   ....
9. Ze willen graag Nederlands leren.   ....

3 Ergänzen Sie die passenden Verbformen in dem Dialog zwischen Ilona und Joost.

● Wat (zullen) ..*zul*........ (1.) je in Sydney allemaal doen?

● Ik (gaan) .... (2.) er vooral heerlijk surfen!

● (Gaan) .... (3.) jij en je vrouw
  er ook werken?

● We (zullen) .... (4.) ook wat
  geld moeten verdienen.

● (Zullen) .... (5.) jullie de
  kinderen ook meenemen?

● Zij (gaan) .... (6.) met hun
  studies beginnen en blijven liever in
  Brussel.

● Hoe (gaan) .... (7.) jullie het
  paard verhuizen?

● Het paard (zullen) .... (8.)
  met de boot reizen.

10

4 Ilona klärt einen neuen Kollegen über das Leben in Brüssel auf. Sie spricht so schnell, dass der Kollege Mühe hat, die Sätze zu verstehen. Markieren Sie die Wort- und Satzanfänge.

Als|je|naarBrusselgaatverhuizenkunjehetbestbuitendestadeen
huiszoekenomdathetervelerustigerisplanjevergaderinginéén
vandevelerestaurantsindebinnenstadjezultvaakdekans
krijgenomNederlandstesprekenwantBrusselistweetalig

5 Machen Sie einer Freundin Vorschläge oder bieten Sie ihr Hilfe an. Verwenden Sie dazu die Wendungen in dem Kasten und beginnen Sie mit **Zal ik ...** oder mit **Zullen we ...** .

> de kelner even roepen   samen naar Spanje gaan   geld geven
> een glaasje wijn bestellen   een plattegrondje bij de VVV halen   sinaasappelsap kopen
> dit jaar onze vrienden uitnodigen   met de auto naar Griekenland rijden
> eens Indonesisch koken voor jou   naar Suriname vertrekken

1. Ik wil emigreren.   _Zullen we naar Suriname vertrekken?_ ....

2. Ik heb zin in een wijntje.   ....

3. Ik heb geen geld meer.   ....

4. Vanaf morgen heb ik vakantie.   ....

5. Ik heb honger.   ....

6. Binnenkort verjaar ik.   ....

7. Ik weet de weg niet.   ....

8. Ik hou niet van melk.   ....

6 Ergänzen Sie **zullen** oder **moeten**.

1. Ik ..._zal_........... eens kijken of ik nog een boek voor je heb.

2. Dat .... wel kloppen wat jullie in de krant gelezen hebben.

3. Jij .... morgen werken, of je wil of niet!

4. We .... op tijd naar het station. De trein vertrekt.

5. Wat .... ik doen om hem terug te krijgen?

6. Jij komt natuurlijk nooit tenzij je ....

7 Übersetzen Sie die Schilder.

1   3.

4.  5.  6.

1. ....

2. ....

3. ....

4. ....

5. ....

6. ....

8 Sie sind längere Zeit im Ausland und vermissen einiges von zu Hause. Schreiben Sie eine E-Mail an einen Freund. Verwenden Sie ein separates Blatt Papier und vergessen Sie Anrede und Grußformel nicht.

Schreiben Sie,
… wo und wie lange Sie schon im Ausland sind,
… dass Sie die Menschen mögen,
… dass Sie sich beworben haben und eine Arbeit gefunden haben,
… dass Ihnen das deutsche Brot sehr fehlt, und dass Sie Lust auf frischen Käse haben,
… dass Sie sich wünschen, dass Ihr Freund Sie in dem Land besuchen kommt.

9 Ordnen Sie die Wörter, bilden Sie vollständige Sätze und berichten Sie über Ihre Zukunftspläne.

1. ● Jij gaat binnenkort verhuizen.
   (vertrekken – Brussel – en – blijven – een heel jaar)

   ● *Ik vertrek naar Brussel en blijf er een heel jaar.*

2. ● Mieke, wat wil jij later worden?
   (worden – politieagente – maar – meer aan sport doen)

   ● ....

3. ● Hebben jullie plannen voor het nieuwe jaar?
   (willen – eerst – Nederlands leren – dan – baantje zoeken – Nijmegen)

   ● ....

4. ● Wat moet u nog aanvragen voor uw vertrek naar Suriname?
   (alle papieren zijn in orde – behalve – paspoort – ziekteverzekering – waar? – aanvragen)

   ● ....
   ....

10 **a.** In diesem Buchstabensalat sind acht Wörter (siehe **Extra woorden**) versteckt. Suchen Sie waagerecht, senkrecht und diagonal.

v	r	p	z	x	f	s	z	g	v	n	n	c	z	r	a	a
e	i	o	c	c	u	h	b	h	e	e	j	h	y	z	m	k
r	j	i	n	b	u	r	g	e	r	i	n	g	h	e	b	e
h	b	q	k	k	s	i	q	e	t	f	e	p	c	l	a	x
u	e	g	u	j	h	x	i	q	r	q	l	c	o	s	s	x
i	w	v	a	o	x	p	l	r	e	n	n	m	j	k	s	h
z	i	b	g	z	a	b	k	j	k	m	e	m	g	q	a	o
e	j	e	y	p	r	n	a	a	n	k	o	m	s	t	d	k
n	s	c	p	a	s	p	o	o	r	t	u	l	t	p	e	v

....
....
....
....
....
....
....
....

b. Welche dieser Wörter haben den Artikel **het**?

1. .... 2. .... 3. ....

c. Welches dieser Wörter ist ein Verb? ....

1 Vergleichen Sie die Lebensläufe der Prinzessinnen Maxima und Mathilde. Welche Informationen finden Sie im Text? Kreuzen Sie an.

Prinses Mathilde werd geboren te Brussel in 1973. Ze ging in België naar een Franstalige school. Zij werd eerst logopedist en daarna heeft ze net als Prinses Maxima nog aan de universiteit gestudeerd. Ze reist vaak met Prins Filip naar het buitenland. Ze oefent haar beroep niet meer uit.

De Nederlandse Prinses Maxima is twee jaar ouder dan Prinses Mathilde. Ze heeft net als Prinses Mathilde tot haar huwelijk gewerkt. Ze is in Argentinië geboren, maar nu is ze Nederlandse. Ze heeft drie dochtertjes. Als de prinsessen tijd hebben, doen ze graag aan sport. Ze houden van tennis, zwemmen en skiën.

	nationaliteit	taal	opleiding	werk
Mathilde				
Maxima				

Punkte ..../4

2 Ordnen Sie die Aussagen den Sprechern in der richtigen Reihenfolge zu.

1. Ik sliep heel diep en ik hoorde de klokken helemaal niet.
2. Toen belde ik de politie op.
3. Toen kwam een telefoontje van een bewoner.
4. Mijn vrouw maakte me wakker.
5. Gisteravond zat ik een kopje koffie te drinken.
6. Toen ik nog geen politieagent was, haalde ik ook graag grappen uit.

De bewoner zegt: ....
....
....

De politieagent zegt: ....
....
....

Punkte ..../6

3 Tragen Sie Ihre eigenen Daten in den Auszug eines Lebenslaufs ein.

1. Burgerlijke staat ....
2. Middelbare school ....
3. Vervolgopleiding ....
4. Rijbewijs (klasse) ....
5. Vrije tijd ....
6. Referenties ....

Punkte ..../6

4 a. Schreiben Sie die geschätzten Jahreseinkommen in Worten.

1. Koning van Marokko: 1,5 .... miljard dollar

2. Koningin Beatrix: 300.000.000 .... dollar

3. Jörg Suhr: 80.000 .... dollar

b. Übersetzen Sie die deutschen Formulierungen ins Niederländische.

4. Koningin Beatrix verdient *mehr als* .... Jörg Suhr.

5. Hij verdient *am wenigsten* ....·

6. De koning van Marokko heeft *das meiste Geld* ....

.............................·

Punkte

....../6

5 Formulieren Sie Fragen. Die Personen sind befreundet.

1. .... Ik word later Sinterklaas.

2. .... Oh ja, ik ben al lang niet meer gaan eten.

3. .... Het boek is van Henning.

4. .... Een kilo kost 20 euro.

5. .... Hij ziet er erg mooi uit.

6. .... Nee, Amsterdam is kleiner dan Brussel.

Punkte

....../6

6 Welche Antwort passt? Kreuzen Sie an.

1. ... winkels in de buurt?
   ☐ a. Zijn er
   ☐ b. Is er

2. Kunt u me zeggen hoe laat het is?
   ☐ a. Sorry, ik ben hier niet bekend.
   ☐ b. Sorry, ik heb geen horloge.

3. Anders nog iets?
   ☐ a. Een kilo kaas alstublieft.
   ☐ b. Ik lust geen kaas.

4. Hebt u niets in ...?
   ☐ a. de boodschappen
   ☐ b. de aanbieding

5. Ik wil graag solliciteren.
   ☐ a. Wilt u naar de baan als verkoper solliciteren?
   ☐ b. Wilt u om de baan als verkoper solliciteren?

6. Zullen we samen eens uitgaan?
   ☐ a. Ja, je zult met mij uitgaan!
   ☐ b. Graag!

Punkte

....../6

Gesamt

....../34

Diese Lektion thematisiert:
- sich differenziert zu äußern
- die Begründung mit **omdat**, **want**, **dus** und **daarom**
- kleine Einwürfe beim **mündlichen** Sprachgebrauch
- die häufigsten **Indefinitpronomen**
- die Besonderheit des Verbs **leren**

ndse Taa

nu Onderzoek over de Nederlandse taal
Eine Untersuchung über die niederländische Sprache

Ben je trots op je moedertaal?

Bist du stolz auf deine Muttersprache?

Deze vraag stelde de "Nederlandse Taalunie" enkele jaren geleden in een onderzoek over het Nederlands aan 582 Nederlanders, 304 Vlamingen en 253 Surinamers. Negen van de tien Vlamingen en Nederlanders zijn trots op hun moedertaal. Van de Surinamers zijn dat 85 procent. Ze zijn trots omdat het zo'n mooie taal is, zeggen evenveel Nederlanders als Vlamingen. Sommige Surinamers geven als reden aan: "Omdat het de taal is waarin ik mij het beste kan uitdrukken." Op de vraag

Diese Frage stellte die „Nederlandse Taalunie" vor einigen Jahren in einer Untersuchung zur niederländischen Sprache 582 Niederländern, 304 Flamen und 253 Surinamern. Neun von zehn Flamen sind stolz auf ihre Muttersprache. Unter den Surinamern sind es 85 Prozent. Sie sind stolz, weil es solch eine schöne Sprache ist, sagen genauso viele Niederländer wie Flamen. Manche Surinamer geben als Grund an: „Weil es die Sprache ist, in der ich mich am besten ausdrücken kann." Auf die Frage

Zullen we over 50 jaar alleen nog Engels spreken?

Werden wir in 50 Jahren nur noch Englisch reden?

zijn de antwoorden nogal gedifferentieerd. Meer dan de helft van alle ondervraagden denkt dat het Engels vooral in bedrijven en aan universiteiten de voertaal wordt. Vooral veel Vlamingen hebben vertrouwen in het Nederlands. Bijna alle Surinamers vinden het zelfs goed als Engels aan de universiteit de instructietaal wordt.

sind die Antworten ziemlich unterschiedlich. Mehr als die Hälfte der Befragten denkt, dass Englisch hauptsächlich in Unternehmen und an Universitäten die Verkehrssprache sein wird. Vor allem viele Flamen haben Vertrauen zum Niederländischen. Fast alle Surinamer finden es sogar gut, wenn Englisch an der Universität zur Unterrichtssprache wird.

Wat nieuw is! oef 1, 2

In dieser Lektion lernen Sie, wie Sie mit unbestimmten Mengenangaben Ihre Meinung differenziert ausdrücken können. Dazu verwenden Sie die Pronomen **veel** *viel*, **weinig** *wenig*, **sommige** *manche* usw.

Im Lesetext steht, dass **negen van de tien Vlamingen** *neun von zehn Flamen* stolz auf ihre Muttersprache sind. Statt mit konkreten Zahlen können Sie eine vergleichbare Aussage auch mit einem unbestimmten Pronomen treffen:
Bijna alle/De meeste Vlamingen zijn trots of hun moedertaal.
Fast alle/Die meisten Flamen sind stolz auf ihre Muttersprache.

In der Skala finden Sie einen Überblick über die gebräuchlichsten Indefinitpronomen:

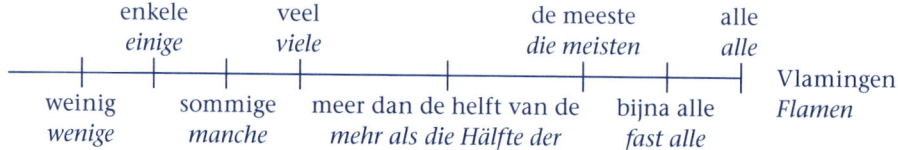

enkele	veel		de meeste	alle
einige	*viele*		*die meisten*	*alle*

Vlamingen
Flamen

weinig	sommige	meer dan de helft van de	bijna alle
wenige	*manche*	*mehr als die Hälfte der*	*fast alle*

Alle Pronomen werden hier mit dem Substantiv im Plural **Vlamingen** *Flamen* verbunden. Beachten Sie, dass **weinig** und **veel** kein **-e** am Ende haben, obwohl das Substantiv im Plural steht. Im Plural erhalten diese Pronomen nur ein **-e**, wenn sie mit einem bestimmten Artikel oder einem Possessivpronomen auftreten: **de vele Vlamingen** *die vielen Flamen* und **mijn weinige woorden** *meine wenigen Worte*.

Steht das Indefinitpronomen allein und bezieht es sich auf Personen, lautet die Endung **-en**. Bei Gegenständen steht dagegen nur die Endung **-e**.
Vel**en** zeggen het. *Viele sagen es.*
Sommig**en** denken het. *Manche denken es.*
De meest**en** geloven het. *Die meisten glauben es.*
All**en** doen het. *Alle tun es.* (Synonym zu: Ze doen het allemaal.)
Hij kent de meeste boeken. *Er kennt die meisten Bücher.*
De meeste kent hij. *Die meisten kennt er.*

Op de Nederlandse les

Jörg en Henning hebben zich alletwee voor een cursus Nederlands ingeschreven. Voor de les ontmoeten ze elkaar toevallig.

Jörg:	Henning, wat een verrassing!
Henning:	Hoi, Jörg. Wat doe jij hier? We hebben lang niets meer van elkaar gehoord.
Jörg:	Komaan, ik heb je onlangs nog een mailtje gestuurd.
Henning:	Dat is alweer enkele maanden geleden. Ik heb niet geantwoord omdat ik het zo druk had met mijn examens. Nu ben ik eindelijk klaar met mijn studie.
Jörg:	Gefeliciteerd! En wat ben je nu van plan?
Henning:	Mijn Nederlands wat opfrissen voor de skilessen.
Jörg:	Malle kerel, hou me niet voor de gek!
Henning:	Ik heb een leuk baantje bij een skischool in Zwitserland gekregen waar ik skilessen aan Nederlanders zal geven.

Op de les.

Liesje:	Hartelijk welkom op de Nederlandse les. Ik ben jullie lerares. Nou, zeggen jullie ook maar Liesje zoals iedereen. En jij, wie ben jij?
Cursist:	Dan mag jij me Bennie noemen. Ik ben met een Nederlandse getrouwd.
Liesje:	Daarom leer je Nederlands. Geweldig! En jij, waarom leer jij Nederlands?
Jörg:	Ik werk voor een internationaal bedrijf in Berlijn. Ik heb heel wat Nederlandstalige collega's met wie ik vaker telefoneer. Ik wil leren schrijven.
Liesje:	Ik ga ervan uit dat jullie voertaal Engels is. Waarom dan jouw belangstelling voor het Nederlands?
Jörg:	Omdat ik het een mooie taal vind. Mijn collega's moesten er wel even aan wennen. Zij schakelden na twee, drie zinnen altijd over naar het Engels of het Duits.

11

Liesje:	Misschien denken ze dat je het nog niet zo goed kunt. Of is er nog een andere reden?
Henning:	Omdat ze het zo gewend zijn. Nederlanders en Vlamingen begrijpen niet waarom iemand hun moedertaal wil leren. Snap je?
Jörg:	Ja, maar aan de andere kant denken veel Duitsers dat je Nederlands niet echt hoeft te leren.
Liesje:	Waarom niet?
Cursist:	Omdat het toch vanzelf gaat. Voor velen is het een soort Duits dialect. Ik moet echt nog veel oefenen want er zijn genoeg struikelblokken voor mij.
Liesje:	Jullie Nederlands klinkt alvast erg goed. Ik stel voor dat ik jullie eerst nog wat informatie geef over het CNaVT omdat dit een voorbereidingscursus is.

Praatje na de les.

Jörg:	Leuke lerares, toch? Wat vind jij?
Henning:	En of! Helemaal mijn type.
Jörg:	Zeg, wat ben jij van plan?
Henning:	Ach, je weet toch hoe slecht ik kan flirten.
Jörg:	Tja, dat zul je als skileraar wel moeten leren. Onderschat ze niet jouw Nederlandse toeristen!

Woordenschat

Onderzoek over de Nederlandse taal

onderzoek (het)	*Untersuchung, Forschung*
trots	*stolz*
vraag	*Frage*
stellen	*stellen*
Nederlandse Taalunie	*Niederländische Sprachunion*
procent (het)	*Prozent*
evenveel	*gleich viel(e)*
sommige	*manche*
reden	*Grund*
omdat	*weil*
zich uitdrukken	*sich äußern*
antwoorden	*antworten*
gedifferentieerd	*unterschiedlich*
helft	*Hälfte*
ondervraagde	*(der/die) Befragte*
voertaal	*Verkehrssprache*
vertrouwen (het)	*Vertrauen*
instructietaal	*Unterrichtssprache*

Op de Nederlandse les

op de les	*im Unterricht*
inschrijven	*einschreiben*
toevallig	*zufällig*
verrassing	*Überraschung*
Komaan!	*Sag bloß!*
studie	*Studium*
Gefeliciteerd!	*Herzliche Glück- wünsche!*
van plan zijn	*etw vorhaben*
opfrissen	*auffrischen*
malle kerel	*Witzbold*
iemand voor de gek houden	*jmdn zum Narren halten*
hartelijk welkom	*herzlich will- kommen*

cursist(e)	Kursteilnehmer(in)	dialect (het)	Dialekt
noemen	nennen	want	denn
belangstelling	Interesse	klinken	klingen
wennen aan	sich an etw gewöhnen	alvast	schon mal
		voorbereidingscursus	Vorbereitungskurs
overschakelen op	wechseln	type	Typ
begrijpen	begreifen	flirten	flirten
vanzelf	von selbst	onderschatten	unterschätzen

Grammatica

1. Die Begründung mit *omdat*, *want*, *dus* und *daarom*   oef 5, 6

Die Konjunktion **omdat** *weil* leitet immer einen Nebensatz ein, deshalb steht das Verb möglichst weit hinten im Satz. Wie im Deutschen können Sie auch nur mit dem Nebensatz antworten:
- Waarom leer jij Nederlands? *Warum lernst du Niederländisch?*
- (Ik leer Nederlands) **Omdat** ik het een mooie taal vind.
  (Ich lerne Niederländisch,) Weil ich die Sprache schön finde.

Mit **want** *denn* und **dus** *also* stehen Ihnen zwei weitere Konjunktionen zum Ausdruck einer Begründung zur Verfügung. Da **want** und **dus** zwei Hauptsätze miteinander verbinden, behält das Verb seine normale Position im Satz.
Ik leer Nederlands **want** ik vind het een mooie taal.
Ich lerne Niederländisch, denn ich finde es eine schöne Sprache.
Nederlands is een mooie taal **dus** ik leer ze.
Niederländisch ist eine schöne Sprache, also lerne ich sie.

Das Adverb **daarom** entspricht dem deutschen Wort *deshalb*. Danach steht direkt das Verb.
Nederlands is een mooie taal. **Daarom** leer ik de taal.
Niederländisch ist eine schöne Sprache. Deshalb lerne ich die Sprache.

2. Die Besonderheit des Verbs *leren*

Das Verb **leren** wird häufig mit einer Aktivität im Infinitiv verbunden, die auf den Erwerb von Kenntnissen und Fertigkeiten hinweist. Anders als im Deutschen bedeutet **leren** sowohl *lernen* als auch *lehren (unterrichten)*:
De cursisten **leren** Nederlands **schrijven**.
Die Kursteilnehmer lernen, Niederländisch zu schreiben.
Liesje **leert** hen Nederlands **schrijven**. *Liesje lehrt sie, Niederländisch zu schreiben.*

Im Perfekt oder in Verbindung mit einem Modalverb rücken **leren** und der Infinitiv an das Satzende:

De cursisten **hebben** Nederlands **leren schrijven.**
Die Kursteilnehmer haben Niederländisch schreiben gelernt.
Liesje **heeft** hen Nederlands **leren spreken.**
Liesje hat sie gelehrt, Niederländisch zu sprechen.
De cursisten **moeten** ook goed Nederlands **leren spreken.**
Die Kursteilnehmer müssen auch gut Niederländisch sprechen lernen.
De cursisten **hebben** ook goed Nederlands **moeten leren spreken.**
Die Kursteilnehmer haben auch gut Niederländisch sprechen lernen müssen.

Die Verbindung **leren kennen** *kennenlernen* ist auch eine solche Kombination.
We hebben elkaar net **leren kennen.** *Wir haben uns gerade kennengelernt.*

Taalweetjes oef 3, 6

So begründen Sie, dass Sie verhindert sind

Ik kan niet komen **omdat** ik op reis ben.
Ich kann nicht kommen, weil ich auf Reisen bin.
Ik kan niet komen **want** ik ben ziek. *Ich kann nicht kommen, denn ich bin krank.*
Ik ben ziek **dus** ik kan niet komen. *Ich bin krank, also kann ich nicht kommen.*

So können Sie Ihre Meinung sagen

- Wat vind jij van het Nederlands? *Was hältst du vom Niederländischen?*
- Ik vind de taal niet zo moeilijk. *Ich finde die Sprache nicht so schwierig.*
- Wat denkt u over het Engels in Europa?
  Was denken Sie über das Englische in Europa?
- Volgens mij wordt Engels de voertaal in bedrijven.
  Meiner Meinung nach wird Englisch die Verkehrssprache in Unternehmen.
- Gelooft u dat we over vijftig jaar alleen nog Engels spreken?
  Glauben Sie, dass wir in fünfzig Jahren nur noch Englisch sprechen?
- Ik vind dat we allemaal meertalig moeten zijn.
  Ich finde, dass wir alle mehrsprachig sein sollten.

Opgelet! In niederländischen dass-Sätzen dürfen Sie **dat** *dass* nie weglassen!

So beleben Sie ein Gespräch

Im folgenden Dialog zwischen Henning und Jörg sind die kleinen Floskeln, die ein
Gespräch beleben, hervorgehoben:
- Leuke lerares, **toch**? *Tolle Lehrerin, oder?* (Rückfrage)
- **En of!** *Und ob!* (Bestätigung)
- **Zeg**, wat ben jij van plan? *Sag mal, was hast du vor?* (Aufmerksamkeit)
- **Ach**, je weet toch hoe slecht ik kan flirten.
  Ach, du weißt doch, wie schlecht ich flirten kann. (Resignation)
- **Tja**, dat zul je als skileraar wel moeten leren.
  Tja, das wirst du als Skilehrer wohl lernen müssen. (Nachdenklichkeit)

Extra woorden   *oef 2, 4*

Rund um das Sprachenlernen

moedertaal,	*Muttersprache,*
moedertaalspreker	*Muttersprachler*
standaardtaal	*Standardsprache*
de voertaal in het	*Verkehrssprache im*
openbaar leven	*öffentlichen Leben*
omgangstaal	*Umgangssprache*
een vreemde taal	*eine Fremdsprache*
leren	*lernen*
eentalig, tweetalig	*ein-, zwei- oder*
of meertalig	*mehrsprachig*
opgroeien	*aufwachsen*
Nederlands leren	*Niederländisch spre-*
spreken, verstaan,	*chen, verstehen,*
lezen, schrijven	*lesen, schreiben*
	lernen
Hoe goed kun jij al	*Wie gut kannst du*
Nederlands?	*schon Nieder-*
	ländisch?
vloeiend kunnen	*fließend sprechen*
spreken	*können*
discussiëren	*diskutieren*
je mening zeggen	*deine Meinung sagen*
verhalen lezen	*Geschichten lesen*

naar gesprekken	*Gesprächen zuhören*
luisteren	
iemand verstaan	*jmdn verstehen*
brieven en kaartjes	*Briefe und Karten*
schrijven	*schreiben*
grammatica leren	*Grammatik lernen*
woorden spellen	*Wörter buchsta-*
	bieren
woordjes uit het	*Wörter auswendig*
hoofd leren	*lernen*
in het woordenboek	*im Wörterbuch*
opzoeken	*nachschlagen*
Wat betekent dat	*Was bedeutet das*
woord in het	*Wort im Nieder-*
Nederlands?	*ländischen?*
Wat is de betekenis	*Was ist die Bedeu-*
van het woord?	*tung des Wortes?*
je huiswerk maken	*deine Hausauf-*
	gaben machen
je op het taalexamen	*dich auf die Sprach-*
voorbereiden	*prüfung vorbereiten*
het examen afleggen	*die Prüfung ablegen*
slagen voor het	*die Prüfung*
examen	*bestehen*

11

> **i** Seit 1980 gibt es die internationale Organisation **Nederlandse Taalunie**, in der die Niederlande und Flandern Mitglied sind. Seit 2004 ist auch Suriname angeschlossen. Die Regierungen haben wesentliche Teile ihrer Sprach- und Kultur-politik der **Nederlandse Taalunie** übertragen, so z.B. die offizielle Festlegung der Rechtschreibung und die Durchführung und Ausgabe des Zertifikats *Niederländisch als Fremdsprache* CNaVT. Informationen finden Sie unter www.taalunieversum.org.

Oefeningen

1 Ersetzen Sie die attributiven Pronomen durch selbstständige Indefinitpronomen.

1. **Alle** mensen hebben een moedertaal.

    Allen hebben een moedertaal.
    ....

2. De meeste mensen houden van hun moedertaal.

    ....

3. Veel mensen zijn tweetalig opgegroeid.

    ....

4. Sommige mensen zijn drietalig opgegroeid.

    ....

5. Weinig mensen zijn meertalig opgegroeid.

    ....

6. Enkele mensen zijn meertalig.

    ....

2 **a.** Lesen Sie zuerst die Umfrageergebnisse zum Thema Mehrsprachigkeit.

Enquête
Waarom willen Nederlanders, Vlamingen en Surinamers meertalig zijn?

Antwoorden	Nederlanders	Vlamingen	Surinamers
Meertaligheid is voor alles goed.	75%	89%	78%
Het is leuk op vakantie.	50%	50%	26%
Ik heb het nodig voor mijn werk.	16%	26%	16%
Ik wil met mijn vrienden kunnen praten.	–	–	29%

b. Wählen Sie ein passendes Pronomen aus und ergänzen Sie die Informationen aus der Umfrage. Es kann mehrere Möglichkeiten geben.

> (bijna) evenveel … als   veel   weinig   sommige
> de meeste   (bijna) alle

1. _Bijna alle / De meeste_ Vlamingen vinden meertaligheid voor alles goed.

2. Bijna .... Nederlanders .... Surinamers vinden meertaligheid positief.

3. Meer dan de helft van .... Nederlanders, Vlamingen en Surinamers denken dat meertaligheid goed is.

4. .... Vlamingen .... Nederlanders vinden het leuk op vakantie.

5. .... Nederlanders en Surinamers hebben het nodig voor hun werk.

6. .... Vlamingen moeten op het werk meertalig zijn.

7. .... Surinamers willen behalve op vakantie ook met vrienden kunnen praten.

3 Beantworten Sie die Fragen aus Ihrer persönlichen Sicht.

1. ● Wat vindt u van het Nederlands?

   ● *Ik vind* ....

2. ● Wat denkt u over de Nederlanders en de Vlamingen?

   ● *Volgens mij* ....

3. ● Denkt u dat het Engels in Europa de voertaal wordt?

   ● *Ik denk* ....

4 Beantworten Sie die Frage: **Waarom leert hij Nederlands?** Verwenden Sie die vorgegebenen Wendungen und beginnen Sie jeden Satz mit **omdat hij**.

1. mooie taal vinden:

   Omdat hij het een mooie taal vindt. ....

2. met Nederlanders willen gaan varen:

   Omdat hij ....

3. nodig hebben voor zijn werk:

   ....

4. graag de moedertaal van zijn kleinkinderen willen spreken:

   ....

5. getrouwd zijn met een Nederlandse:

   ....

6. binnenkort naar Suriname op vakantie gaan:

   ....

7. volgend jaar in Leiden gaan studeren:

   ....

8. vorig jaar op een congres Vlamingen leren kennen:

   ....

9. solliciteren naar een baan bij een bedrijf in Brussel:

   ....

5 Welche Begründungen passen? Verbinden Sie die passenden Satzhälften und ergänzen Sie **want** oder **omdat**.

1. Ik kan niet met je mee

2. Ik wil niet met hem naar het feest

3. Ik heb geen zin in kippensoep

4. Zij leest nooit een boek

5. Hij komt bijna nooit naar huis

6. Zij wil niet naar Spanje

7. Hij wil niet met de auto naar de stad

8. Hij eet niet

9. Ik zal het niet doen

10. Ik ga niet met je uit eten

a. .... hij in China werkt.

b. .... hij heeft geen honger.

c. .... jij wil altijd zo vroeg naar huis.

d. .... ik geen zin heb.

e. .... hij niet kan dansen.

f. .... ze geen Spaans kan.

g. *want*...... ik moet werken.

h. .... ze moet altijd in de winkel helpen.

i. .... ik vegetariër ben.

j. .... het is er zo druk.

6 Sie haben einen vollen Terminkalender. Begründen Sie mit den Vorgaben in Klammern, weshalb Sie die Einladungen nicht annehmen können.

1. Heb je zin om zaterdag met mij te gaan winkelen? (werken)

   Het spijt me! Zaterdag kan ik niet met je gaan winkelen

   omdat ik nog moet werken.

2. We geven een groot feest vrijdagavond vanaf acht uur. Kom je?
   (naar Amerika vertrekken)

   ....

3. Ik nodig u zondag uit op mijn tentoonstelling in Amsterdam.
   (niet in Amsterdam zijn)

   ....

4. Ik word veertig. Kom je maandagavond naar mijn feest? (in het buitenland zijn)

   ....

   ....

5. Ik ben geslaagd voor het Certificaat Nederlands en wil je graag
   woensdagmiddag trakteren. (ziek zijn)

   ....

   ....

6. Wij vertrekken naar Amerika en nemen donderdag afscheid* van onze
   vrienden. We nodigen je uit op een etentje om zeven uur. (naar een vergadering
   op het werk moeten)

   ....

   ....

7. Wil je morgen met ons naar zee? (naar Duitsland vertrekken)

   ....

8. We gaan morgenavond Chinees eten. (geen Chinees eten lusten)

   ....

* afscheid: *Abschied*

12

In dieser Lektion geht es um:
- Ratschläge zum Thema **Gesundheit**
- **Körperteile** und **Beschwerden**
- ein Gespräch beim **Arzt**
- den **Konditional** mit **zou/zouden**
- die **Reflexivpronomen** und **reflexive** Verben
- die Verben **blijken** und **schijnen**

Nieuwtjes

Wist je ...

... dat griep nog altijd doodsgevaarlijk is? Als je flink koorts, hoofdpijn, spierpijn en een brandende keel hebt, dan heb je griep. Je moet wel erg oppassen en in bed blijven want griep zorgt nog elk jaar voor slachtoffers.

... dat lachen heel gezond is? Door veel te lachen zouden je hersenen endorfine vrijgeven. Zo zou je pijn kunnen controleren. Aan de Universiteit van Californië lieten onderzoekers kinderen hun handen in heel koud water steken. Terwijl ze naar een grappige tekenfilm keken, konden ze beter tegen de kou.

... dat dansen goed is voor je geheugen? Als je danst, gebruik je benen, armen, buik, handen en hoofd. Om al je ledematen vloeiend te laten bewegen, moet je ze goed coördineren en er een choreografie bij uitdenken. Daarvoor heb je je geheugen nodig.

Neuigkeiten

Wussten Sie, ...

... dass Grippe immer noch lebensgefährlich ist? Wenn Sie hohes Fieber, Kopfschmerzen, Muskelschmerzen und einen brennenden Hals haben, haben Sie Grippe. Sie müssen gut aufpassen und im Bett bleiben, denn Grippe fordert jedes Jahr Opfer.

... dass lachen sehr gesund ist? Durch häufiges Lachen soll das Gehirn Endorphine freigeben. Dadurch soll man den Schmerz kontrollieren können. An der Universität von Kalifornien ließen die Forscher Kinder ihre Hände in kaltes Wasser stecken. Während sie sich einen lustigen Zeichentrickfilm anschauten, konnten sie die Kälte besser aushalten.

... dass tanzen gut für Ihr Gedächtnis ist? Wenn Sie tanzen, gebrauchen Sie Ihre Beine, Arme, Bauch, Hände und Kopf. Um all Ihre Körperteile fließend bewegen zu können, müssen Sie sie gut koordinieren und eine Choreografie ausdenken. Dazu brauchen Sie Ihr Gedächtnis.

12

Wat nieuw is! oef 5

Im Niederländischen gibt es keinen Konjunktiv. Stattdessen wird z. B. bei der indirekten Rede einfach der Indikativ verwendet:
Hij zegt dat hij ziek **is**. *Er sagt, dass er krank **sei**.*
Hij zei dat hij ziek **was**. *Er sagte, dass er krank **sei**.*

Wenn Sie aber eine Information weitergeben möchten, die nicht gesichert ist, sondern nur auf Hörensagen beruht, brauchen Sie die Verbformen **zou/zouden** + Infinitiv. Sie werden von dem Verb **zullen** *werden* abgeleitet und bedeuten in diesem Kontext *soll/sollen*:
Men zegt dat je hersenen endorfine **zouden** vrijgeven.
Man sagt, dass das Gehirn Endorphine freigeben soll.
Je **zou** de pijn kunnen controleren. *Man soll den Schmerz kontrollieren können.*

Eine weitere Möglichkeit zur Wiedergabe von Fakten aus zweiter Hand bieten die beiden Verben **blijken** *sich herausstellen, sich zeigen* und **schijnen** *scheinen*. **Blijken** drückt aus, dass eine Aussage mit der Realität übereinstimmt. Wenn der Sprecher **schijnen** benutzt, ist der Realitätsbezug offen.
Dat **blijkt** uit een onderzoek van de universiteit.
Das zeigt sich in einer Untersuchung an der Universität.
Het **schijnt** dat dansen gelukkig maakt. *Es scheint, dass Tanzen glücklich macht.*

Een gezellig weekendje zeilen

Gerrit, Karel en Anneke zijn samen een weekendje uit. Ze zeilen langs de kust met de zeilboot. Ze hebben net één nachtje op de boot geslapen. Gerrit en Karel zijn aan dek. Anneke is nog in de kajuit.

Karel: En wat zegt de weerman?
Gerrit: Dat jij de leukste man bent van de wereld. Grapje!
Karel: Doe nou eens serieus.
Gerrit: We leven in een kikkerlandje, Karel. Af en toe een bui, matig tot sterke wind, windkracht 11. Zouden we de boot liever niet verkopen?
Karel: Waarom zou je dat doen?
Gerrit: Dan zouden we eindelijk geld hebben voor een mooie reis. Ik zou wel eens met jou voor een tijdje naar Azië willen. Heb je dan nooit heimwee naar je geboorteland Indonesië?
Karel: Ik zou mijn boot nooit voor een snoepreisje willen verkopen.
Gerrit: Toe nou! Zet het verleden toch eens aan de kant. De toekomst ligt voor ons.
Karel: Je hebt gelijk. Onze toekomst is een zalig weekendje samen zeilen langs de Nederlandse kust.

Gerrit: Zeilen noem je dit? Zwalpen – zou ik zo zeggen. Vandaag gaan we de strijd aan met de golven.

Gerrit begint een bekend zeemansliedje te zingen. Karel valt in.

Gerrit: "Heb je wel gehoord van de zilv'ren vloot."
Karel / Gerrit: "De zilv'ren vloot uit Spanje, die hadden de Spaanse matten aan boord, en appeltjes van Oranje. Piet Hein, Piet Hein, Piet Hein zijn naam is klein. Zijn daden bennen groot. Zijn daden bennen groot. Hij heeft gewonnen de zilv'ren vloot ..."

Ze zingen luidkeels door. Anneke komt naar buiten. Ze heeft zich net gewassen en zich aangekleed.

Anneke: Hé jongens, kan het niet wat zachter?
Gerrit: Sorry, we hadden het niet op jou gemunt.
Karel: Goedemorgen, Anneke. Voel je de branding?
Anneke: Hm!
Gerrit: Wat is er met je aan de hand? Je ziet er zo bleekjes uit. Heb je niet goed geslapen?
Anneke: Pfff, ik voel me helemaal niet lekker. Ik heb hoofdpijn en ben erg misselijk. Hebben jullie misschien een aspirientje voor me?
Gerrit: Karel, we moeten aan wal. Ik zei het je toch. Met deze boot heb je alleen maar herrie. Anneke, zou je niet naar de dokter gaan?
Karel: Loop jij maar niet te hard van stapel. Anneke is zeeziek. Ik zou Anneke het roer laten overnemen.
Gerrit: Nee Anneke, ik zou je enkele lichaamsoefeningen in de frisse lucht aanraden. *(Gerrit begint met een oefening:)* Eerst heel diep ademhalen, dan je armen omhoog, door je knieën gaan, je lichaam weer strekken ...
Anneke: Jullie geven fantastisch advies, maar zou een kopje koffie niet hetzelfde effect hebben?

12

Woordenschat

Nieuwtjes: Wist je ...

nieuwtje (het)	Neuigkeit
Wist je ...?	Wusstest du, ...?
griep	Grippe
doodsgevaarlijk	lebensgefährlich
koorts	Fieber
hoofdpijn	Kopfschmerzen
spierpijn	Muskelschmerzen
pijn	Schmerz
brandend	brennend
keel	Kehle
oppassen	aufpassen
zorgen voor	sorgen für, (hier:) fordern
lachen	lachen
hersenen (*nur Pl*)	Gehirn
endorfine	Endorphine
vrijgeven	freigeben
controleren	kontrollieren
universiteit	Universität
Californië	Kalifornien
onderzoeker	Forscher
koud	kalt
steken	stecken
terwijl	während
tekenfilm	Zeichentrickfilm
kou	Kälte
dansen	tanzen
geheugen (het)	Gedächtnis
been (het)	Bein
buik	Bauch
ledematen	Gliedmaßen
coördineren	koordinieren
choreografie	Choreografie
uitdenken	ausdenken

Een gezellig weekendje zeilen

zeilen	segeln
kust	Küste
dek (het)	Deck
kajuit	Kajüte

weerman	Wetterexperte
serieus	seriös
kikkerlandje (het)	kleines nasskaltes Land; (hier:) kleingeistige Mentalität
kikker	Frosch
bui	Regenguss
matig	mäßig
sterke wind	starker Wind
windkracht	Windstärke
verkopen	verkaufen
Azië	Asien
heimwee	Heimweh
geboorteland (het)	Geburtsland
Indonesië	Indonesien
snoepreisje (het)	Vergnügungsreise
toekomst	Zukunft
zalig	selig, (hier:) herrlich
zwalpen	schwanken, (hier:) auf den Wellen schaukeln
de strijd aangaan met	den Kampf ansagen
golf	Welle
zeemansliedje (het)	Seemannslied
invallen	einstimmen
zilveren	silbern
vloot	Flotte
Spaanse mat	historische Münzeinheit
daad	Tat
bennen	(hist.:) sind
winnen	siegen, gewinnen
luidkeels	lauthals
doorzingen	weitersingen
buiten	draußen
zich wassen	sich waschen
zich aankleden	sich anziehen

zacht	leise	zeeziek	seekrank
het op iemand gemunt hebben	es auf jmdn abgesehen haben	roer (het)	Ruder
		overnemen	übernehmen
voelen	fühlen, spüren	lichaamsoefening	Körperübung
branding	Brandung	fris	frisch
Wat is er aan de hand?	Was ist los?	aanraden	empfehlen
		ademhalen	einatmen
er bleekjes uitzien	blass aussehen	omhoog	nach oben
bleek	blass	door de knieën gaan	in die Knie gehen
misselijk zijn	übel sein		
aspirientje (het)	Schmerztablette	lichaam (het)	Körper
aan wal gaan	an Land gehen	strekken	strecken, dehnen
herrie hebben	Ärger haben	advies geven	beraten
hard van stapel lopen	übertreiben (wörtl.: vom Stapel laufen)		

Grammatica

1. Der Konditional mit *zou/zouden*

Im Niederländischen werden mit den Verbformen **zou/zouden** + Infinitiv nicht nur Informationen durch Hörensagen, sondern auch irreale Bedingungen, Wünsche und Vermutungen ausgedrückt. Im Deutschen verwendet man dafür den Konjunktiv. Die entsprechende Zeitform heißt im Niederländischen **conditionalis** und wird in folgenden Situationen eingesetzt:

▌ Sie vermuten etwas:
Anneke ziet er zo bleekjes uit. **Zou** ze ziek zijn?
Anneke sieht so blass aus. Könnte sie krank sein?

▌ Sie wünschen sich etwas:
Ik **zou** graag met jou zeilen. *Ich würde gerne mit dir segeln.*

▌ Sie bitten höflich um etwas:
Ik **zou** graag een kilo appelen willen. *Ich hätte gern ein Kilo Äpfel.*

▌ Sie geben einen Rat oder machen einen Vorschlag:
Je bent vaak ziek. Je **zou** wat meer aan sport moeten doen.
Du bist krank. Du solltest mehr Sport treiben.
Als je koorts hebt, **zou** je naar de dokter moeten.
Wenn du Fieber hast, solltest du zum Arzt (gehen).

▌ Sie drücken eine reale oder irreale Bedingung aus:
Als we de boot **zouden** verkopen, **zouden** we eindelijk geld hebben.
Wenn wir das Boot verkaufen würden, hätten wir endlich Geld.
Als ik geld **zou** hebben, **zou** ik met jou naar Azië op reis gaan.
Wenn ich Geld hätte, würde ich mit dir nach Asien auf Reisen gehen.

Opgelet! Im Niederländischen wird in Bedingungssätzen meist statt **zou / zouden** + Infinitiv das Imperfekt des Verbs gewählt. Die Sätze sind gleichbedeutend und klingen einfach besser:

Als we de boot **verkochten, zouden** we eindelijk geld hebben.
Wenn wir das Boot verkaufen würden, hätten wir endlich Geld.

Auch in einem Hauptsatz wie dem folgenden, wird häufig das Imperfekt statt des Konditionals verwendet:

Als ik geld **had, ging** ik met jou naar Azïe op reis.
Wenn ich Geld hätte, ginge ich mit dir nach Asien auf Reisen.

2. Die Reflexivpronomen   *oef 2*

Die Reflexivpronomen verweisen auf das Subjekt eines Satzes zurück. In den folgenden Beispielen sind die Reflexivpronomen fett gedruckt:

Ik voel **me** niet lekker. *Ich fühle mich nicht wohl.*
Jij moet **je** beter verzorgen. *Du solltest dich besser pflegen.*
U mag **u / zich** nu aankleden. *Sie dürfen sich jetzt anziehen.*
Zij wast **zich** nooit. *Sie wäscht sich nie.*
Jullie schamen **je.** *Ihr schämt euch.*

Die Tabelle gibt Ihnen einen Überblick über die Reflexivpronomen:

Singular	Reflexivpronomen	Plural	Reflexivpronomen
ik	me	we	ons
je / u	je, u / zich*	jullie	je
hij / ze / het	zich	ze	zich

*Die beiden Formen sind bedeutungsgleich.

3. Reflexive Verben

Viele deutsche reflexive Verben sind auch im Niederländischen reflexiv: **zich aankleden** *sich anziehen,* **zich wassen** *sich waschen.* Sie werden in beiden Sprachen mit den entsprechenden Reflexivpronomen verbunden:

Singular	ik was **me**	je wast **je** / u wast **u / zich**	hij / ze / het wast **zich**
Plural	we wassen **ons**	jullie wassen **je**	ze wassen **zich**

Es gibt aber auch reflexive deutsche Verben, die im Niederländischen nicht mit einem Reflexivpronomen stehen, z. B. *sich setzen, sich hinlegen, sich hinstellen.*

Diese Verben werden stattdessen mit **gaan** verbunden: **gaan zitten**, **gaan liggen**, **gaan staan**.
Gaat u toch zitten! *Setzen Sie sich doch!*
Ik moet even **gaan** liggen. *Ich muss mich kurz hinlegen.*
Als jullie daar **gaan** staan, maak ik een mooie foto.
Wenn ihr euch dort hinstellt, mache ich ein schönes Foto.

Bei den Verben **leren kennen** *kennenlernen*, **de hand geven** *die Hand geben* und
begroeten *begrüßen* benutzt man im Niederländischen das Pronomen **elkaar**
einander, das Sie im Deutschen auch einfach mit dem entsprechenden Reflexivpronomen übersetzen können. **Elkaar** weist darauf hin, dass etwas gegenseitig
passiert; es wird für alle Pluralformen benutzt:
Jan en Anneke begroeten **elkaar**. *Jan und Anneke begrüßen sich (einander).*
We geven **elkaar** de hand. *Wir geben uns (einander) die Hand.*
Waar hebben jullie **elkaar** leren kennen? *Wo habt ihr euch (einander) kennengelernt?*

Taalweetjes

So könnte Ihr Gespräch beim Arzt verlaufen   *oef 3, 4*

- Hoe gaat het met u? *Wie geht es Ihnen?*
- Ik voel me niet zo lekker. *Ich fühle mich nicht wohl.*
- Bent u ziek? *Sind Sie krank?*
- Ja, ik heb de griep. *Ja, ich habe (die) Grippe.*
- Heeft u pijn? *Haben Sie Schmerzen?*
- Ja, ik heb overal pijn. *Ja, ich habe überall Schmerzen.*
- Heeft u hoofdpijn? *Haben Sie Kopfschmerzen?*
- Ja, en ook keelpijn. *Ja, und auch Halsschmerzen.*
- Heeft u koorts? *Haben Sie Fieber?*
- Ik heb nog geen koorts gemeten. *Ich habe noch kein Fieber gemessen.*
- Sinds wanneer hebt u klachten? *Seit wann haben Sie Beschwerden?*
- Sinds gisteren. *Seit gestern.*
- U mag zich nu uit-/aankleden. *Sie dürfen sich jetzt aus-/anziehen.*
- Wilt u even diep ademhalen? *Atmen Sie bitte tief durch.*
- Rookt u veel? *Rauchen Sie viel?*
- Ik ben kettingroker. *Ich bin Kettenraucher.*
- Hoeveel weegt u? *Wie viel wiegen Sie?*
- Ik heb geen weegschaal. Misschien wel 100 kilo. *Ich habe keine Waage.
  Vielleicht schon 100 Kilo.*
- Doet u veel aan sport? *Treiben Sie viel Sport?*
- Niet genoeg. *Nicht genügend.*

12

So könnten die Ratschläge Ihres Arztes lauten

Het is niets ernstigs. *Es ist nichts Ernstes.*
Ik geef u een recept met een pijnstiller.
Ich verschreibe Ihnen eine Schmerztablette.
U moet een paar dagen in bed blijven.
Sie sollten ein paar Tage im Bett bleiben.
Mijn asistente geeft u de rekening.
Meine Assistentin gibt Ihnen die Rechnung.
Die moet u dan bij uw ziekenfonds indienen.
Die müssen sie bei der Krankenkasse einreichen.
Als u zich volgende week niet beter voelt, maakt u nog een afspraak.
Wenn Sie sich in einer Woche nicht besser fühlen, machen Sie einen neuen Termin aus.
Ik wens u van harte beterschap!
Ich wünsche Ihnen von Herzen gute Besserung!

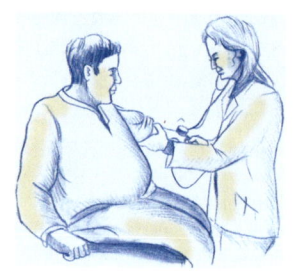

Extra woorden oef 1, 6

Lichaamsdelen *Körperteile*

lichaam (het)	*Körper*	rug	*Rücken*
hoofd (het)	*Kopf*	borst	*Brust*
haar (het)	*Haar*	buik	*Bauch*
gezicht (het)	*Gesicht*	arm	*Arm*
kin	*Kinn*	hand	*Hand*
oog (het)	*Auge*	vinger	*Finger*
neus	*Nase*	been (het)	*Bein*
mond	*Mund*	knie	*Knie*
lippen	*Lippen*	enkel	*Knöchel*
tand	*Zahn*	voet	*Fuß*
oor (het)	*Ohr*	teen	*Zehe*
hals	*Hals*	hart (het)	*Herz*
schouder	*Schulter*	long	*Lunge*

Klachten *Beschwerden*

hoofdpijn	*Kopfschmerzen*	spierpijn	*Muskelkater*
keelpijn	*Halsschmerzen*	verkouden zijn	*erkältet sein*
oorpijn	*Ohrenschmerzen*	hoesten	*husten*
tandpijn	*Zahnschmerzen*	koude voeten	*kalte Füße*
buikpijn	*Bauchschmerzen*	verstuikte arm	*verstauchter Arm*
		gebroken been	*gebrochenes Bein*

i Wenn Niederländer in Fußballstadien das äußerst populäre Lied **Piet Hein zijn naam is klein, zijn daden bennen groot** *Piet Hein, sein Name ist klein, seine Taten waren groß* singen, hören Sie ein altes Seemannslied aus dem 17. Jahrhundert. **Piet Hein** war Vize-Admiral der Niederländischen Westindien-Kompanie und ist bis heute ein wahrer Volksheld. Er hat 1628 die spanische Silberflotte, die mit Reichtümern aus den lateinamerikanischen Kolonien nach Spanien unterwegs war, gekapert. Die Beute war damals zehn Millionen Gulden wert. Da er einen Kaperbrief der Vereinigten Niederlande bei sich hatte, wurde er nicht als Pirat betrachtet.

Opgelet struikelblok!

NL	D
doof	*taub*
blöd	*doof*

Oefeningen

1 Wie heißen die Körperteile? Tragen Sie sie ein und ergänzen Sie bei den **het-woorden** den Artikel in Klammern.

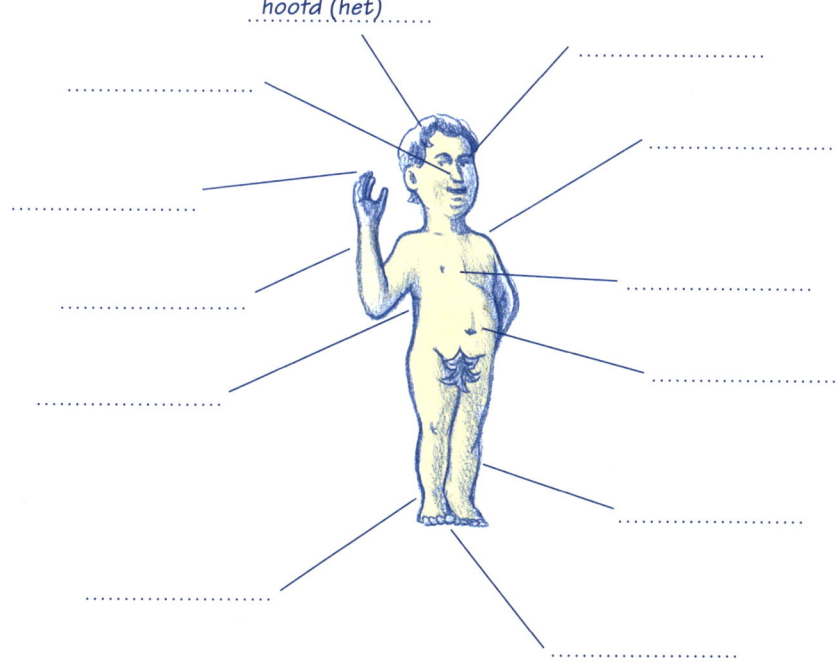

hoofd (het)

2 Ergänzen Sie in dem Dialog die passenden Reflexivpronomen.

Dokter: Meneer, wat is er met uw zoontje aan de hand? Voelt hij ..*zich*.. niet goed?

Vader: Bartje voelt .... (1.) helemaal niet lekker. Hij heeft een beetje koorts.

Dokter: Voel jij .... (2.) niet lekker, Bartje? Waar heb je pijn?

Bartje: Overal een beetje. Ik voel .... (3.) zo slecht. Ik heb oorpijn.

Dokter: Dan kijk ik eerst eens in je oortjes. Oh, heb jij .... (4.) wel gewassen?

Vader: Bartje wast .... (5.) nooit. Wij moeten hem nog altijd wassen.

Dokter: Je mag .... (6.) even uitkleden. Dan kan ik je helemaal onderzoeken.

Bartje: Ik wil .... (7.) niet uitkleden, paps.

Dokter: Meneer, maakt u .... (8.) geen zorgen! Als hij .... (9.) niet wil uitkleden, doe ik het zo.

Vader: Bartje, schaam je .... (10.) niet? Je bent toch een flinke jongen.

Bartje: Paps, als ik .... (11.) uitkleed, mag ik dan met Karlien doktertje spelen.

Dokter: Nee Bartje, jij blijft mooi een paar dagen in bed. Je moet .... (12.) goed laten verzorgen!

3 Herr Berg muss zum Arzt. Bringen Sie die Sätze in die richtige Reihenfolge.

..... Dan zocht hij het nummer van zijn dokter.

..... Hij moest een paar dagen in bed blijven.

..... Behalve hoofdpijn had hij ook een dikke keel.

..... Hij had veertig graden koorts.

..... Meneer Berg vond dat een goed idee.

..... Toen ging hij naar huis en ging vroeg slapen.

..... 's Morgens werd hij wakker met erge hoofdpijn.

..*1*.. Hij voelde zich 's avonds al niet lekker op kantoor.

..... De dokter zei dat hij griep had en gaf hem een recept mee.

..... Hij belde de dokter op en maakte een afspraak.

..... Hij was heel ziek en kon niet ontbijten.

..... Het onderzoek duurde niet lang.

4 Teilen Sie Ihrem Arzt mit, wie Sie sich fühlen und fragen Sie ihn um Rat.

1. *Sie haben Halsweh:*

    Ik heb keelpijn.
    ....

2. *Sie haben Fieber.*

    ....

3. *Sie haben Bauchweh, weil Sie viel „poffertjes" gegessen haben.*

    ....

4. *Sie haben nie geraucht.*

    ....

5. *Sie sind mit dem Fahrrad gefahren und haben jetzt Muskelkater.*

    ....

6. *Sie vertragen die Kälte nicht und sind immer verschnupft.*

    ....

7. *Sie hätten gern eine Schmerztablette.*

    ....

8. *Sie fragen, ob sie einige Tage im Bett bleiben müssen.*

    ....

9. *Sie möchten wissen, wann Sie wieder arbeiten dürfen.*

    ....

10. *Sie möchten noch einen Termin ausmachen.*

    ....

12

5 Ergänzen Sie **zouden**, **blijken** oder **schijnen** in der jeweils passenden Form.

1. Roken .... slecht zijn voor het gehoor. Je .... doof kunnen worden als je veel rookt. Dat .... uit een onderzoek in zeven Europese* landen.

2. Volgens een oorspecialist van de universiteit .... jongeren het best niet naar harde muziek luisteren. Veel jongeren .... later doof worden.

3. Het ..... dat hij na het popconcert doof werd. Dat heb ik gehoord!

4. Als jongeren op harde muziek dansen, ... ze elk uur vijf minuten moeten stoppen. Doof zijn .... op het leven van jongeren een grote invloed hebben. Dat zeggen jongeren in een enquête.

5. Sommige mensen zeggen dat ze liever niet meer .... zien, als ze konden kiezen tussen blind of doof zijn.

* Europese: *europäisch*

6 Übersetzen Sie die „falschen Freunde" ins Niederländische und füllen Sie das Kreuzworträtsel aus.

Waagerecht
1. Ecke
2. intelligent
3. klingelte
4. nett
5. fahren
6. werden
7. taub
8. Uhr
9. lernen

Senkrecht
10. Enkel

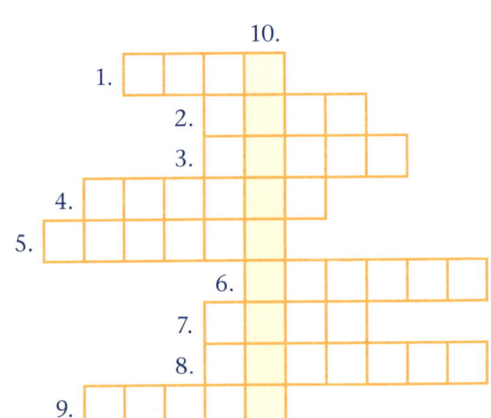

13

In dieser Lektion lernen Sie:
- einen **Beschwerdebrief** zu schreiben
- gebräuchliche **Abkürzungen** zu verwenden
- weitere **Konjunktionen**
- die **Wortstellung** des Verbs im Nebensatz
- **Verben** mit festen **Präpositionen**
- die Bedeutungen des Verbs **zitten**

Klachtenbrief   Beschwerdebrief

Uithuizig vzw
t.a.v. de afdeling klantenservice
2003 HB Haarlem

Wenen, 28 juli 2009

Betreft: klacht over vakantiehuis

Geachte heer, mevrouw,
Het vakantiehuis dat ik via uw agentschap van
2 tot 23 juli huurde, was helemaal niet in orde.
Er waren zoveel problemen dat ik ze voor u op
een rijtje zet:
– Hoewel ik een vrijstaand huis wilde, kreeg ik
  een rijtjeshuis.
– Het huis lag aan een heel drukke verkeersweg
  en niet in een rustige buurt.
– Bovendien waren de muren zo dun dat ik bijna
  elk woord van de buren kon verstaan.
– Terwijl ik schoonmaakte, vond ik overal
  sigarettenpeukjes e.d.
Ik was ten einde raad en heb dan beslist om naar
een hotel te gaan. Zou u mijn hotelkosten willen
overnemen? Ingesloten vindt u ook enkele
foto's m.b.t. de slechte staat van het huis.
Met vriendelijke groet,

Karin Müller

Außer Haus e.V.
z.Hd. der Abteilung Kundenservice
2003 HB Haarlem

Wenen, 28. Juli 2009

Betreff: Beschwerde über Ferienhaus

Sehr geehrte Damen und Herren,
das Ferienhaus, das ich über Ihre Agentur vom
2. bis zum 23. Juli mietete, war überhaupt
nicht in Ordnung. Es gab so viele Probleme,
dass ich sie Ihnen aufliste:
– Obwohl ich ein freistehendes Haus wollte,
  bekam ich ein Reihenhaus.
– Das Haus lag an einer sehr befahrenen Straße
  und nicht in einem ruhigen Viertel.
– Außerdem waren die Wände so dünn, dass
  ich fast jedes Wort der Nachbarn verstehen
  konnte.
– Während ich putzte, fand ich überall
  Zigarettenstummel u. ä.
Ich war verzweifelt und habe dann
entschieden, ins Hotel zu gehen. Darf ich Sie
bitten, meine Hotelkosten zu übernehmen?
Anbei erhalten Sie Fotos bezüglich des
schlechten Zustands des Hauses.
Mit freundlichen Grüßen

Karin Müller

Wat nieuw is! oef 1, 2

Mit der Konjunktion **zodat** *sodass* können Sie eine Abfolge formulieren:
Het vakantiehuis was niet in orde **zodat** ik op hotel moest gaan.
Das Haus war nicht in Ordnung, sodass ich ins Hotel gehen musste.

Ähnlich wie im Deutschen, kann die Konjunktion **zodat** auch getrennt werden in
zo ... dat:
De muren waren **zo** dun **dat** ik alles kon horen.
Die Wände waren so dünn, dass ich alles hören konnte.

Häufig wird etwas mit **zo'n** (= **zo een**) *solch ein(e)* besonders betont. In einem
Folgesatz nimmt **zo'n** die Stelle vor dem Adjektiv + Substantiv ein und bedeutet
ein(e) derartig.
Zo'n vuil huis! *Solch ein schmutziges Haus!*
Het was **zo'n** vuil huis **dat** ik het moest schoonmaken.
Es war ein derartig schmutziges Haus, dass ich es putzen musste.

Mit der Konjunktion **(al)hoewel** *obwohl* drücken Sie einen Widerspruch oder einen
Gegensatz aus:
Hoewel ik een vrijstaand huis wilde, kreeg ik een rijtjeshuis.
Obwohl ich ein freistehendes Haus wollte, bekam ich ein Reihenhaus.

Zoals het klokje thuis tikt, tikt het nergens

*Margriet is terug van Australië. Ze heeft haar flat met de boerderij van haar zusje
Marjolein geruild die voor een tijdje op familiebezoek naar Nederland kwam. Ilona komt
even langs.*

Margriet:	Hoi, Ilona. Wat een leuke verrassing! Kom toch even binnen.
Ilona:	Ik ben toevallig hier in de buurt. Stoor ik je niet? Wat ben je aan het doen?
Margriet:	Nee helemaal niet. Ik ben net terug van Australië. Ik ben kleren aan het wassen en aan het opruimen. Ik ben echt blij je te zien! Heb je trek in een kopje koffie?
Ilona:	Graag maar ik blijf wel niet lang. Ik moet zo weer naar kantoor. Ik heb zin om even bij te praten. Vertel eens. Hoe was je vakantie?
Margriet:	Geweldig! Vóór ik het vergeet, moet ik je ook de groeten doen van Joost.
Ilona:	Oh, ik heb al lang niets meer van hem gehoord. Hij schijnt het druk te hebben. Is hij niet een huis aan het zoeken?
Margriet:	Misschien kan hij de boerderij van mijn zusje kopen. Marjolein heeft beslist om naar Nederland terug te komen. Joost is van plan om te boeren.
Ilona:	Joost als boer? Maak dat de ganzen wijs!

Margriet:	Waarom wind jij je daar zo over op? Trouwens, je ziet er niet goed uit vandaag. Had je geen leuke vakantie?
Ilona:	Ach, dat viel wel mee, hoewel ik me onder vakantie toch iets anders voorstel. Ik had Karin uit Wenen op bezoek met wie ik al jaren bevriend ben.
Margriet:	Een vriendin is er toch om leuke dingen mee te doen? Vertel op! Ik ben benieuwd naar je verhaal. Hier is alvast een kopje koffie. Melk of suiker?
Ilona:	Een slokje melk graag en verder niks. Ik neem nooit suiker. Karin huurde zo'n klein vakantiehuisje dat het wel een stacaravan leek. Ze nam haar vier kinderen en de hond mee. Het leek haar een goed idee om daar haar nieuwe vriend voor te stellen.
Margriet:	Wat stom van haar om dan met z'n zessen in zo'n piepklein huisje te gaan zitten!
Ilona:	Ik ben ik het absoluut met je eens, maar Karin wilde het zo goedkoop mogelijk houden. Tja, en toen belde ze me in paniek op. De kinderen vonden de vriend onuitstaanbaar. De vriend was bang van de hond. Bovendien kon ze de hond nooit de tuin in laten omdat die als een gek tekeer ging tegen de buren.
Margriet:	Wat een gekkenhuis! Hoe heb je haar kunnen helpen?
Ilona:	Ik heb haar aangeboden om bij mij te logeren.
Margriet:	Hemeltjelief! Wat rot voor je! Bij jou is alles zo netjes dat je van de vloer kunt eten. Hoe heb je dat kunnen bolwerken?
Ilona:	Ik ben dan maar na een dag of twee naar een hotel gegaan.
Margriet:	Nou, ik heb echt met je te doen, meid. Nog een kopje koffie?

Woordenschat

Klachtenbrief	
klachtenbrief	*Beschwerdebrief*
uithuizig	*außer Haus,*
	aushäusig
vzw (vereniging	*e.V. (gemeinnütziger*
zonder	*Verein)*
winstoogmerk)	
afdeling	*Abteilung*
klantenservice	*Kundenservice*
klant	*Kunde*
klacht	*Beschwerde*
vakantiehuis (het)	*Ferienhaus*
geachte	*sehr geehrte(r)*
betreft	*Betreff*
via	*über*
in orde	*in Ordnung*
op een rijtje zetten	*auflisten*
rij	*Reihe*
hoewel	*obwohl*
vrijstaand huis	*freistehendes*
(het)	*Haus*
rijtjehuis (het)	*Reihenhaus*
drukke verkeersweg	*stark befahrene*
	Verkehrsstraße
druk	*lebhaft*
muur	*Wand, Mauer*
dun	*dünn*
buur	*Nachbar(in)*
schoonmaken	*putzen, sauber-*
	machen
sigarettenpeuk	*Zigarettenstummel*
e.d. (en dergelijke)	*und dergleichen*
ten einde raad zijn	*nicht mehr weiter*
	wissen
ingesloten	*beiliegend, anbei*

m.b.t. (met	*bezüglich*
betrekking tot)	
in slechte staat	*in einem schlechten*
	Zustand
Zoals het klokje thuis tikt, ...	
Zoals het klokje	*Trautes Heim,*
thuis tikt, tikt het	*Glück allein!*
nergens!	
zoals	*so wie*
tikken	*ticken*
nergens	*nirgends*
wassen	*waschen*
opruimen	*aufräumen*
bijpraten	*Neuigkeiten*
	austauschen
boer	*Bauer*
Maak dat de	*Erzähle das den*
ganzen wijs!	*Gänsen!*
iemand iets	*jmdm etw auf die*
wijsmaken	*Nase binden*
huren	*mieten*
stacaravan	*feststehender*
	Wohnwagen
piepklein	*winzig*
het eens zijn met	*einverstanden sein*
	mit
absoluut	*absolut*
paniek	*Panik*
onuitstaanbaar	*unausstehlich*
gekkenhuis (het)	*Irrenhaus*
hemeltjelief	*um Himmels willen*
netjes	*ordentlich*
vloer	*Boden*
bolwerken	*bewältigen, schaffen*

Grammatica

1. Die Wortstellung des Verbs im Nebensatz

Generell steht das Verb im Nebensatz möglichst weit hinten. Im deutschen
Nebensatz steht das Verb immer in der Endposition, das ist im Niederländischen
bei Verbergänzungen mit Präposition nicht zwingend erforderlich:

Ik stel voor dat u mijn hotelkosten **overneemt**.
Ich schlage vor, dass Sie meine Hotelkosten übernehmen.
Ik stel voor dat u mijn hotelkosten voor de periode van 2–23 juli **overneemt**.
Ik stel voor dat u mijn hotelkosten **overneemt** voor de periode van 2–23 juli.
Ich schlage vor, dass Sie meine Hotelkosten für den Zeitraum 2.–23. Juli übernehmen.

Auch bei Verben im Perfekt oder bei Modalverben + Infinitiv gibt es im Nieder-
ländischen am Satzende – anders als im Deutschen – zwei Möglichkeiten:
Er waren zoveel problemen dat ik ze op een rijtje **heb gezet / gezet heb**.
Es waren so viele Probleme, dass ich sie Ihnen aufgelistet habe.
De muren waren zo dun dat ik alles **kon horen / horen kon**.
Die Wände waren so dünn, dass ich alles hören konnte.

Wie im Deutschen können Sie einen Satz auch mit dem Nebensatz (außer bei der
Konjunktion **zodat**) beginnen:

| Hauptsatz | Nebensatz | | Hauptsatz |
	Konjunktion	Verb	
Ik vond overal peukjes	**terwijl**	ik	schoonmaakte
	Terwijl	ik	schoonmaakte,	vond ik overal peukjes.

Opgelet! Vor Nebensätzen steht normalerweise kein Komma, jedoch schließt ein
Nebensatz im Satzgefüge mit einem Komma ab.

2. Nebensätze mit om ... te *um ... zu* oder te *zu* + Infinitiv

Nach der Konjunktion **om** *um* folgt immer **te** *zu* + Infinitiv und ist in der Anwen-
dung vergleichbar mit dem deutschen *um ... zu*. Wenn ganz klar eine Absicht oder
ein Ziel geäußert wird, ist die Verwendung von **om** obligatorisch:
Ze kwam **om** haar nieuwe vriend voor **te** stellen.
Sie kam, um ihren neuen Freund vorzustellen.

In anderen Fällen wird **om** im Niederländischen wahlweise gebraucht oder nicht
gebraucht, auch wenn *um* im Deutschen gar nicht möglich ist:
Ik heb hen aangeboden (**om**) bij mij **te** logeren.
Ich habe ihnen angeboten, bei mir zu wohnen.
Joost is van plan (**om**) boer **te** worden. *Joost hat vor, Bauer zu werden.*

3. Verben mit festen Präpositionen

Wie im Deutschen gibt es auch im Niederländischen eine ganze Reihe von Verben,
die mit einer festen Präposition stehen.
Ik heb zin **in een** feestje. *Ich habe Lust auf ein Fest.*

Verben ohne feste Präposition sind dagegen transitiv, d.h. sie haben ein direktes
Objekt:
Ich vergeet **je verjaardag** altijd. *Ich vergesse immer deinen Geburtstag.*

Die folgende Tabelle zeigt Ihnen eine Auswahl an Verben mit festen Präpositionen
im deutsch-niederländischen Vergleich.

Sprachhandlungen	NL	D
Beginn und Ende einer Handlung	beginnen **met**	*anfangen mit*
	stoppen **met**	*aufhören mit*
Kommunikation mit einem Partner	praten **met**	*reden mit*
	telefoneren **met**	*telefonieren mit*
Person/Institution, bei der man etwas macht	werken **bij**	*arbeiten bei*
	bedanken **bij** (voor)	*sich bedanken bei (für)*
	zich verontschuldigen **bij** (voor)	*sich entschuldigen bei (für)*
Gespräch über ein Thema	vertellen **over**	*erzählen von*
	spreken **over**	*sprechen von/über*

Opgelet! Das Verb **luisteren** *(zu)hören* hat im Niederländischen die feste Präposition **naar** und unterscheidet sich in der Bedeutung von dem Verb **horen** *hören/vernehmen*, das nur das akustische Hören ausdrückt.
Spreek niet zo luid, ik **hoor** je goed. *Rede nicht so laut, ich höre dich gut.*
Hij **luistert** elke dag **naar** de radio. *Er hört täglich Radio.*

Taalweetjes

Bestandteile eines formellen Briefs   oef 8

naam en adres van de geadresseerde	*Name und Adresse des Empfängers*
plaatsnaam, datum en maand voluit	*Ortsname, Datum und Monat ausgeschrieben*
betreft	*Betreff*
aanhef	*Anrede*
hoofdletter in het begin	*Großbuchstabe am Anfang*
een groet	*eine Grußformel*
uw naam of uw handtekening	*Ihr Name oder Ihre Unterschrift*
bijlage	*Anlage*

Einige gebräuchliche Abkürzungen

b.v. (bijvoorbeeld)	*z.B. (zum Beispiel)*
d.w.z. (dit wil zeggen)	*d.h. (das heißt)*
o.a. (onder andere)	*u.a. (unter anderem)*
e.d. (en dergelijke)	*u.ä. (und ähnliches)*
enz. (enzovoort)	*usw. (und so weiter)*
t.a.v. (ten aanzien van)	*z.Hd. (zu Händen von)*
a.u.b. (alstublieft/alsjeblieft)	*bitte*
maandag a.s. (aanstaande)	*am kommenden Montag*
m.a.w. (met andere woorden)	*mit anderen Worten*
m.b.t. (met betrekking tot)	*in Bezug auf*
n.a.v. (naar aanleiding van)	*anlässlich*
nl. (namelijk)	*nämlich*
i.v.m. (in verband met)	*im Zusammenhang mit*

Die Bedeutungen von *zitten*   oef 3

Es gibt zahlreiche Ausdrücke mit dem Verb **zitten** *sitzen*, die von der ursprüng-lichen Bedeutung deutlich abweichen. Es ist nicht hilfreich, diese Ausdrücke wörtlich zu übersetzen, da dabei die idiomatische Nuance verlorengeht. Sie finden hier einige Wendungen, die Sie in den früheren Lektionen bereits gelernt haben:
Waar **zit** je? *Wo steckst du?*
Hoe **zit** het? *Wie geht's?*
Jij **zit** een boek te lezen. *Du liest gerade ein Buch.*
Zit niet te zeuren over je werk. *Beklage dich nicht über deine Arbeit.*
Het tapijt **zat** vol wijnplekken. *Der Teppich war mit Weinflecken übersät.*
Ga **zitten**! *Setzen Sie sich!*
Wat **zit** je te doen? *Was machst du gerade?*

Die deutsche Bedeutung des letzten Beispiels können Sie im Niederländischen auch noch anders wiedergeben. Im Dialog ist Ihnen die Konstruktion **aan** + **het** + **Infinitiv** begegnet:

- Wat ben je **aan het** doen? *Was machst du gerade?*
- Ik ben **aan het** wassen en **aan het** opruimen. *Ich bin am Waschen und am Aufräumen.*

Is hij niet een huis **aan het** zoeken? *Sucht er nicht gerade ein Haus?*

Ein Adjektiv kommt nie allein

Lernen Sie die Adjektive gleich paarweise, damit Ihnen zu jedem Adjektiv immer gleich das passende Gegenteil einfällt.

schoon *sauber*	–	vuil *schmutzig*
rustig *ruhig*	–	druk *lebhaft*
licht *hell*	–	donker *dunkel*
groot *groß*	–	klein *klein*
ruim *geräumig*	–	krap *eng*
mooi *schön*	–	lelijk *scheußlich*
luid *laut*	–	stil *still, leise*

Opgelet struikelblok!

NL	D
rustig	*ruhig*
fit	*rüstig*
eng	*unheimlich*
smal	*eng*

Extra woorden oef 4, 5, 6, 7

Ik woon in ...	Ich wohne in ...	Kom binnen!	Komm herein!
(sta)caravan	*Wohnwagen*	gang	*Flur*
vakantiehuis (het)	*Ferienhaus*	woonkamer	*Wohnzimmer*
woonboot	*Hausboot*	slaapkamer	*Schlafzimmer*
flat/appartement (het)	*Wohnung*	logeerkamer	*Gästezimmer*
		kinderkamer	*Kinderzimmer*
kraakpand (het)	*besetztes Haus*	badkamer	*Badezimmer*
rijtjeshuis (het)	*Reihenhaus*	(apart) toilet (het)	*(separate) Toilette*
twee-onder-één-kap (NL)	*Doppelhaushälfte*	keuken	*Küche*
		berging	*Abstellkammer*
huis-met-een-tuintje (het)	*Einfamilienhaus*	zolder	*Dachboden*
		kelder	*Keller*
vrijstaand huis (het)	*freistehendes Haus*	tuin	*Garten*
bungalow	*Bungalow*	terras (met tuinset) (het)	*Terrasse (mit Gartenmöbeln)*
boederderij	*Bauernhof*		
villa	*Villa*	voordeur	*Eingangstür*
kasteel (het)	*Schloss*	huisnummer (het)	*Hausnummer*
paleis (het)	*Palast*	centrale verwarming	*Zentralheizung*

kachel	*Ofen/Heizkörper*	vaatwasser	*Geschirrspül-*
open haard	*Kamin*		*maschine*
kinderbedje (het)	*Kinderbett*	radio	*Radio*
kinderstoel	*Kinderstuhl*	televisie	*Fernseher*
bad (het)	*Badewanne*	cd-speler	*CD-Spieler*
douche	*Dusche*	dvd-speler	*DVD-Spieler*
wasmachine	*Waschmachine*	kluisje (het)	*Safe*
wasdroger	*Wäschetrockner*	(niet) rokers	*(Nicht-)Raucher*
koelkast	*Kühlschrank*	huisdieren	*Haustiere*
fornuis (het)	*Herd*	plattegrond	*Grundriss*
magnetron	*Mikrowelle*		

i Flamen und Niederländer träumen alle vom eigenen **huisje-met-een-tuintje** *Einfamilienhaus.* Von den Flamen wird sogar behauptet, sie seien mit einem Backstein im Magen geboren. Und sie haben es dank der liberalen belgischen Baupolitik auch leichter als die Niederländer. Der totalen Zersiedelung der flämischen Landschaft steht die wohlüberlegte niederländische Raumordnung gegenüber. In Flandern liebt man üppig verschnörkelte und großzügig gebaute Häuser. Die Niederländer sind wahre Meister in der Gestaltung ihrer knapp bemessenen Wohnräume.

Opgelet struikelblok!

NL	D
vloer	*Boden*
gang	*Flur*

Oefeningen

1 Verbinden Sie die Sätze mit **zo / zo'n / zoveel ... dat**.

1. Kees is ..*zo'n*.......................... mooie jongen ..*dat*...................... alle meisjes
   naar hem kijken.

2. Hij is .... verliefd op mevrouw Verhulst ....
   hij niet meer kan slapen.

3. Zij heeft .... geld .... ze een villa in Marokko
   wil kopen.

4. Mevrouw Verhulst heeft .... te doen met Kees
   .... ze hem een brief schrijft.

5. Kees is .... blij met de brief .... hij nu heel
   hard zijn best doet op school.

6. Mevrouw Verhulst is .... goede lerares ....
   iedereen echt zijn best wil doen.

2 Eine Reise mit Tücken: Formulieren Sie aus den Vorgaben Sätze mit **hoewel**.

1. weinig geld – ik ga elk jaar op vakantie

   .*Hoewel ik weinig geld heb, ga ik elk jaar op vakantie.*.............................

2. peperdure vakantie – we hadden veel plezier

   ....

3. eten niet lekker – we gingen elke dag op restaurant

   ....
   ....

4. veel fietsen – ik ben dik geworden

   ....

5. geen vakantie meer – we maken weer plannen

   ....
   ....

13

3 Beschreiben Sie, was die Personen auf den Zeichnungen gerade tun.

Wat zijn de mensen aan het doen?

1. Iemand is _aan het schoonmaken._
2. Iemand is ....
3. Iemand is ....
4. Iemand is ....
5. Iemand is ....

4 Welche Häusertypen werden beschrieben? Notieren Sie die entsprechenden Wörter.

1. Dit gebouw zie je heel vaak in de stad. Het heeft veel verdiepingen. Ook kun je een woning in het gebouw zelf zo noemen. ....

2. Het is een typisch huis voor een gezin met één of twee verdiepingen. Er is een tuin bij. ....

3. Dit huis ligt op het water. Je ziet het vaak op de grachten van Amsterdam. ....

4. Zo heet het huis van een koning en een koningin. ....

5. Dit huis ligt nooit in de stad. De boer woont en werkt er. ....

5 Tragen Sie die Bezeichnungen für die Räume in den Grundriss ein.

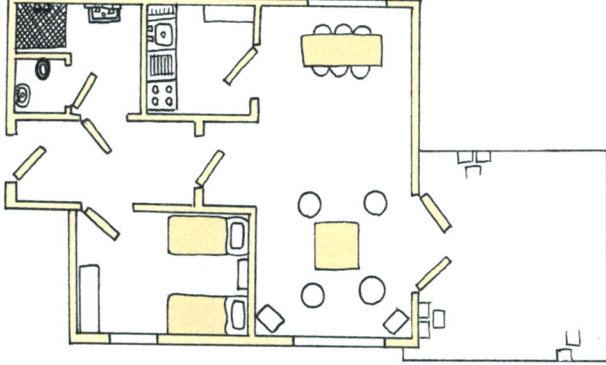

6 Wie lautet das Gegenteil?

1. Het is een heel groot huis.   *Dit is een heel klein huis.*
....

2. Het ligt aan een rustige straat. ....

3. De keuken is zo schoon dat je
   van de vloer kunt eten. ....

4. De woonkamer is ruim. ....

5. Het huis is heel erg goedkoop. ....

7 Suchen Sie fünf Unterschiede in den beiden Zeichnungen.

huis A	huis B
1.	....
2.	....
3.	....
4.	....
5.	....

8 Sie haben Haus B aus Übung 7 als Ferienhaus gemietet und sind gar nicht zufrieden. Sie hätten gerne Haus A. Schreiben Sie einen formellen Beschwerdebrief auf
einem separaten Blatt Papier. Nennen Sie die fünf Kritikpunkte und Ihre alternativen
Wünsche. Vergessen Sie nicht die üblichen Elemente eines formellen Briefes.
Beginnen Sie Ihren Brief nach der Anrede mit:

Via uw agentschap heb ik een huis gehuurd.
....

Ik ben helemaal niet tevreden met de accomodatie van het huis.
....

Nach dieser Lektion können Sie:
- erklären, dass Sie **einverstanden** sind
- sich an einer **Diskussion** beteiligen
- sich zum Thema **Rundfunk** und **Fernsehen** äußern
- das **Passiv** anwenden
- die **Modalverben** im Passiv benutzen

Documentaire

"Bluffen in de kunst"

radioprogramma omroep **PLNL**
maandag 20.00 uur – documentaire
"Bluffen in de kunst"

Op het einde van de Tweede Wereldoorlog werd er in een zoutmijn in Oostenrijk een schilderij van Vermeer gevonden. Het werd geïdentificeerd als een kunstwerk uit de verzameling van *Reichsmarschall* Göring. In mei 1945 werd de Nederlandse kunstenaar Han van Meegeren gearresteerd. Hij werd ervan beschuldigd een collaborateur te zijn omdat hij een beroemd schilderij aan de vijand had verkocht. Na enkele maanden gevangenschap kwam de waarheid aan het licht. Van Meegeren gaf toe dat hij vervalser was, wat hij moest bewijzen. Hij werd met doek en penseel opgesloten in de kunsthandel Goudstikker en schilderde een nieuwe vervalsing. Hij werd tot één jaar gevangenis veroordeeld, maar voor het grote publiek werd hij een held. De kunstwereld stond op zijn kop omdat hij kunstexperten om de tuin had geleid.

Dokumentarsendung

„Aufschneiden in der Kunst"

Radioprogramm des Senders **PLNL**
Montag 20.00 Uhr – Dokumentarsendung
„Aufschneiden in der Kunst"

Am Ende des Zweiten Weltkriegs wurde in einer Salzgrube in Österreich ein Gemälde von Vermeer gefunden. Es wurde identifiziert als ein Kunstwerk aus der Sammlung des Reichmarschalls Göring. Im Mai 1945 wurde der niederländische Künstler Han van Meegeren verhaftet. Er wurde beschuldigt Kollaborateur zu sein, weil er ein berühmtes Gemälde an den Feind verkauft hatte. Nach einigen Monaten Gefängnis kam die Wahrheit ans Licht. Van Meegeren gab zu, dass er Fälscher war, was er beweisen musste. Er wurde mit Leinwand und Pinsel in die Kunsthandlung Goudstikker eingesperrt und malte eine neue Fälschung. Er wurde zu einem Jahr Gefängnis verurteilt, aber für das breite Publikum wurde er ein Held. Die Kunstwelt stand Kopf, weil er Kunstexperten an der Nase herumgeführt hatte.

Wat nieuw is! oef 1, 2, 3

In → Lektion 9 haben Sie **worden** *werden* als Vollverb kennengelernt. Im Passiv dient es als Hilfsverb. Sie bilden das Passiv im Präsens und im Imperfekt mit **worden** + Partizip eines Vollverbs. Das Passiv im Perfekt wird mit dem Hilfsverb **zijn** + Partizip gebildet.

Passiv Präsens		**wordt** *wird*	verkocht *verkauft.*
Passiv Imperfekt	Het schilderij *Das Gemälde*	**werd** *wurde*	verkocht *verkauft.*
Passiv Perfekt		**is** *ist*	verkocht *verkauft worden.*

Im Niederländischen gibt es im Passiv Perfekt keine Entsprechung für die deutsche Form *worden*.

Die Präsensformen des Hilfsverbs **worden** (**word, wordt, worden**) kennen Sie bereits (→ Lektion 9). Neu sind für Sie die Imperfektformen:

Singular		Plural	
ik	**werd** *ich wurde*	we (wij)	**werden** *wir wurden*
je (jij) / u	**werd** *du wurdest/Sie wurden*	jullie	**werden** *ihr wurdet*
hij / ze (zij) / het	**werd** *er / sie / es wurde*	ze (zij)	**werden** *sie wurden*

Das Passiv wird vorwiegend in der Schriftsprache verwendet, z. B. in Vorschriften, Produktbeschreibungen, wissenschaftlichen Texten und in der Amtssprache. Die Handlung oder das Geschehen rückt dabei in den Mittelpunkt und der Handelnde tritt in den Hintergrund. Er oder sie kann mit der Präposition **door** *von* ergänzt werden:

Het schilderij wordt verkocht **door** mijn oom.
Das Gemälde wird von meinem Onkel verkauft.

Is dat roofkunst of niet?

In de uitzending "Je mening graag!" van de omroep PLNL stelt de journalist Bram van Gelderen zijn gasten vragen over roofkunst. Mevrouw Duisburg is als ooggetuige van de Tweede Wereldoorlog uitgenodigd. Karel heeft als kunsthandelaar een heel aparte kijk op de zaak.

Journalist: Beste luisteraars. Vandaag hebben we het over een heel spannend onderwerp: "Is dat roofkunst, of niet?" Zoals u weet, hingen er in de Nederlandse musea veel schilderijen die uit de collectie van de Joodse kunsthandelaar Goudstikker kwamen. Wat is uw mening hierover? Hebben na al die jaren de achter-, achter-, achterkleinkinderen nog altijd recht op schilderijen die vóór de oorlog in familiebezit waren? Mevrouw Duisburg, u hebt de oorlog zelf nog meegemaakt. Hoe oud was u toen?

Duisburg: Nou, ik was toen nog een meisje van een jaar of acht. Ik zat op een onderduikadres en ben de enige in de familie die het heeft overleefd.

Journalist: Uw ouders hebben Goudstikker nog goed gekend. Wat voor een man was hij?

Duisburg: Hij was een heel succesvol kunsthandelaar en een levensgenieter. Hij woonde op een echt kasteel waar hij vaak feestjes gaf. Toen de oorlog uitbrak, is hij halsoverkop uit Nederland vertrokken.

Journalist: En op het schip naar Amerika stierf hij aan de gevolgen van een nekbreuk. Zijn weduwe heeft de schilderijen aan de Nederlandse staat verkocht.
Is dat nu roofkunst, of niet?

Duisburg: Er werden nogal eens kunstschatten geveild in de jaren dertig om de vlucht te kunnen betalen. Ik vraag me wel af of die kunstwerken door de Nederlandse musea aan de erfgenamen moeten worden teruggegeven.

Karel: Maar mevrouw Duisburg, u weet toch ook dat de collectie door de weduwe onder druk aan de Nederlandse staat werd verkocht. Zo ging dat bij ons na de oorlog.

Journalist: Vindt u dat het hier om bezitverlies gaat en dat alles moet worden teruggeven?

Karel:	Dat klopt! Natuurlijk heb ik er als kunsthandelaar alle belang bij dat de schilderijen weer in omloop worden gebracht.
Duisburg:	Ik ben het niet helemaal met u eens. Eigenlijk bent u toch alleen maar op de poen uit. Dat geldt toch ook voor de Amerikaanse advocaten die veel erfgenamen daarmee lastigvallen.
Journalist:	Waarom "lastigvallen"? Wat bedoelt u daarmee?
Duisburg:	Nou, zou u het leuk vinden als u altijd weer aan die verschrikkelijke tijd wordt herinnerd? Sommige dingen zijn nu eenmaal verjaard.
Journalist:	Hoe kunnen we de grenzen op het gebied van roofkunst duidelijker trekken?
Karel:	Er zijn genoeg wetten. Ik ben ervan overtuigd dat je elk geval apart moet bekijken. Dan krijg je meer begrip voor de keuzes die moeten worden gemaakt. Wat Goudstikker betreft, waren hij en zijn familie oorlogsslachtoffers. De Nederlandse regering heeft de oorlogsbuit ook onrechtmatig verworven.
Journalist:	Onze tijd zit er jammer genoeg op! Hartelijk dank voor uw komst naar de studio en uw medewerking.
Duisburg/Karel:	Graag gedaan!

Woordenschat

Documentaire "Bluffen in de kunst"

documentaire	Dokumentarsendung
bluffen	angeben, aufschneiden
zoutmijn	Salzmine
identificeren	identifizieren
verzameling	Sammlung
kunstenaar	Künstler
arresteren	verhaften
beschuldigen	beschuldigen
collaborateur	Kollaborateur
vijand	Feind
gevangenschap (het)	Gefangenschaft
de waarheid aan het licht	die Wahrheit ans Licht
vervalser	Fälscher
bewijzen	beweisen
doek (het)	Leinwand (wörtl.: Tuch)

penseel (het)	Pinsel
opsluiten	einsperren
kunsthandel	Kunsthandlung
schilderen	malen
vervalsing	Fälschung
gevangenis	Gefängnis
veroordelen	verurteilen
publiek (het)	Publikum
held	Held
kunstwereld	Kunstwelt
op zijn kop staan	Kopf stehen
kunstexpert	Kunstexperte
om de tuin leiden	in die Irre führen (wörtl: um den Garten führen)

Is dat roofkunst of niet?

roofkunst	Raubkunst
mening	Meinung
ooggetuige	Augenzeuge
wereldoorlog	Weltkrieg

een aparte kijk	eine eigene *Auffassung*	vlucht	*Flucht*
luisteraar	*Hörer*	kunstwerk (het)	*Kunstwerk*
het hebben over	*sprechen über*	bezitverlies (het)	*Besitzverlust*
spannend	*spannend*	in omloop zijn	*im Umlauf sein*
onderwerp (het)	*Thema*	poen *ugs*	*Knete (Geld)*
collectie	*Sammlung*	**advocaat**	*Anwalt*
Joods	*jüdisch*	lastig vallen met	*belästigen*
kunsthandelaar	*Kunsthändler*	verschrikkelijk	*schrecklich*
familiebezit (het)	*Familienbesitz*	zich herinneren aan	*sich an etw erinnern*
de oorlog	*den Krieg*	verjaren	*verjähren*
meemaken	*miterleben*	**wet**	*Gesetz*
iets meemaken	*etw miterleben*	overtuigen	*überzeugen*
onderduikadres (het)	*Versteck*	geval (het)	*Fall*
		apart	*einzeln*
overleven	*überleben*	bekijken	*anschauen*
levensgenieter	*Genussmensch*	begrip (het)	*Verständnis*
kasteel (het)	*Schloss*	**keuze**	*Wahl*
uitbreken	*ausbrechen*	oorlogsslachtoffer	*Kriegsopfer*
halsoverkop	*in Windeseile (wörtl.: Hals über Kopf)*	oorlogsbuit	*Kriegsbeute*
		onrechtmatig	*unrechtmäßig*
		verwerven	*erwerben*
sterven	*sterben*	De tijd zit erop!	*Die Zeit ist um!*
nekbreuk	*Genickbruch*	komst	*(das) Kommen*
weduwe	*Witwe*	studio	*Studio*
kunstschatten	*Kunstschätze*	Graag gedaan!	*Gern geschehen!*
veilen	*versteigern*		

Grammatica

1. Das Ersatzsubjekt *er* im Passivsatz

In → Lektion 6 haben Sie Sätze mit dem Adverb **er** als vorläufigem Subjekt kennengelernt:
Er staat iemand op straat. *Es steht jemand auf der Straße.*

Das Adverb **er** kann diese Funktion auch in Passivsätzen, die kein eigenes Subjekt haben, übernehmen:
Er wordt luid geroepen. *Es wird laut gerufen.*
Er wordt gebeld. *Es wird geläutet.*
Er werd lang gedebatteerd over het project. *Es wurde lange über das Projekt diskutiert.*

14

2. Das Passiv mit Modalverben   *oef 4, 5*

Das Passiv mit Modalverben im Präsens und im Imperfekt bilden Sie wie folgt:
Modalverb + Partizip + Infinitiv **worden**:
Het schilderij **moet** verkocht **worden**. *Das Gemälde muss verkauft werden.*
Het schilderij **moest** verkocht **worden**. *Das Gemälde musste verkauft werden.*

Was die Wortfolge der Verben betrifft, so kann **worden** auch vor dem Partizip
stehen:
Het schilderij **moet worden** verkocht.

Im Deutschen ist der Satz im Perfekt *(Das Gemälde hat verkauft werden müssen.)*
durchaus möglich. Im Niederländischen weicht man hier auf das unpersönliche
Pronomen **men** *man* aus. Bei der Wortfolge im Perfekt müssen Sie noch beachten,
dass das Modalverb im Niederländischen – anders als im Deutschen – vor dem
Infinitiv steht:
Men heeft het schilderij **moeten verkopen**. *Man hat das Gemälde verkaufen müssen.*

3. Das Passiv im deutsch-niederländischen Vergleich   *oef 5*

Im Deutschen können Sie im Passiv Perfekt zwischen dem Zustandspassiv (z. B.
Das Gemälde ist gefälscht.) und dem Vorgangspassiv (z. B. *Das Gemälde ist gefälscht
worden.*) unterscheiden. Beim Zustandspassiv wird das Resultat der Handlung
betont, beim Vorgangspassiv rückt der Ablauf der Handlung in den Vordergrund.

Im Niederländischen gibt es diese Unterscheidung im Passiv Perfekt nicht. In
beiden Fällen heißt es:
Het schilderij **is** vervalst. *Das Gemälde ist gefälscht (worden).*

Um den Vorgang besonders zu betonen, verwenden Sie im Niederländischen das
Imperfekt:
Het schilderij **werd** vervalst. *Das Gemälde wurde gefälscht.*

Weil zu viele Passivsätze einen Text stilistisch überfrachten, empfiehlt es sich, auf
Ersatzformen auszuweichen. Sie können die generalisierenden Pronomen **je** oder
men (→ Lektion 1) verwenden, die beide mit *man* übersetzt werden:
Het schilderij kan niet verkocht worden. *Das Gemälde kann nicht verkauft werden.*
Het schilderij kun **je** niet verkopen. / Het schilderij kan **men** niet verkopen.
Das Gemälde kann man nicht verkaufen.

14

Taalweetjes

Alltägliche Wendungen im Passiv

Wordt u al geholpen? *Werden Sie schon bedient? (wörtl.: Wird Ihnen schon geholfen?)*
U wordt bedankt. *Wir bedanken uns bei Ihnen. (wörtl.: Ihnen wird gedankt.)*
U wordt vriendelijk verzocht geen fietsen te plaatsen.
Sie werden höflich gebeten, keine Fahrräder abzustellen.
U wordt vriendelijk uitgenodigd op de receptie.
Sie werden herzlich zum Empfang eingeladen.

So beteiligen Sie sich an einer Diskussion   oef 6, 7, 8

Sie sagen Ihre Meinung:
Volgens mij …   *Meiner Meinung nach …*
Ik ben van mening dat …   *Ich bin der Meinung, dass …*
Ik vind / denk dat …   *Ich finde / denke, dass …*

Sie geben ein Beispiel:
Neem nou bijvoorbeeld …   *Nimm zum Beispiel …*

Sie sind einverstanden:
Ja, dat denk ik ook.   *Ja, das denke ich auch.*
Ik ben het met je / u eens.   *Ich bin mit dir / Ihnen einer Meinung.*
Je / U hebt gelijk.   *Du hast / Sie haben recht.*
Ik ga akkoord.   *Ich bin einverstanden.*

Sie sind nicht einverstanden:
Ik kan er niet mee akkoord gaan.   *Ich kann damit nicht einverstanden sein.*
Je / U hebt geen gelijk.   *Du hast / Sie haben nicht recht.*
Meen je / Meent u dat nu echt?   *Meinst du / Meinen Sie das nun wirklich?*

Es ist Ihnen gleichgültig:
Nou, en?   *Na und?*
Dat maakt mij niet uit.   *Das ist mir egal.*
Ik wil het er niet over hebben.   *Ich will darüber nicht sprechen.*

14

Extra woorden

Rund um Rundfunk und Fernsehen			
naar de radio luisteren	Radio hören	in het programmaboekje kijken	im Programmheft nachschauen
de radio harder of zachter zetten	das Radio lauter oder leiser drehen	uitzending	Sendung
		programma (het)	Programm
		journaal (het) / nieuws (het)	Nachrichten
televisie / tv	Fernseher		
naar de televisie kijken / tv kijken	fernsehen	documentaire	Dokumentarfilm
		het politiek debat	die politische Diskussionsrunde
omroep	Sender		
Wat is er op tv?	Was läuft im Fernsehen?	detective	Krimi
		wordt vervolgd	Fortsetzung folgt

Opgelet struikelblok!

NL	D
horen (*nur akustisch*)	*hören*
luisteren naar muziek	*Musik hören*
luisteren naar een verhaal	*eine Geschichte hören*

i In den Niederlanden wird oft und gern diskutiert. Es gibt eine lebendige **debatcultuur** *Debattenkultur* an Schulen, in der Politik und in den Medien. Die Niederländer fordern ihre Gesprächspartner gerne heraus, sind aber auch immer bemüht, im Diskussionsverlauf Konsens zu finden.

Oefeningen

1 Bilden Sie das Passiv im Präsens und im Imperfekt.

1. de fiets repareren   _wordt / werd gerepareerd_ ....

2. de auto wassen ....

3. de zeilboot schoonmaken ....

4. boeken lezen ....

5. woordjes leren ....

6. e-mails schrijven ....

2 Formulieren Sie die Sätze im Passiv. Erwähnen Sie die handelnde Person.

1. Ik heb de brief geschreven. *De brief is door mij geschreven.* ....
2. Je hebt het gezegd. ....
3. Hij heeft het liedje gezongen. ....
4. We hebben de auto geparkeerd. ....
5. Jullie hebben het huis gekocht. ....
6. Ze hebben de fiets gestolen. ....

3 Formen Sie die Passivsätze ins Aktiv um.

1. Er werd in Oostenrijk een schilderij van Vermeer gevonden.

   Men vond in Oostenrijk een schilderij van Vermeer. ....

2. In mei 1945 werd de kunstenaar Han van Meegeren gearresteerd.

   ....

3. Hij werd ervan beschuldigd een collaborateur te zijn.

   ....

4. Het schilderij werd door hem vervalst.

   ....

5. Hij werd met doek en penseel opgesloten.

   ....

6. Hij werd tot één jaar gevangenis veroordeeld.

   ....

4 Wie sieht Ihr Alltag aus? Schreiben Sie, was alles noch getan werden muss.

1. de keuken opruimen:

    De keuken moet worden opgeruimd / opgeruimd worden.
    ....

2. de badkamer schoonmaken:

    ....

3. de vakantie plannen:

    ....

4. het eten koken:

    ....

5. het taalexamen voorbereiden:

    ....

6. de Nederlandse woorden uit het hoofd leren:

    ....

5 Was darf man hier nicht? Schreiben Sie Passivsätze zu den Verbotsschildern.

1.

2.

3.

4.

5.

6.

1. *Hier mag niet worden gerookt!*

2. ....

3. ....

4. ....

5. ....

6. ....

6 Was bringt Ihr Gesprächspartner mit diesen Aussagen zum Ausdruck? Tragen Sie den passenden Buchstaben ein.

a. *Er will seine Meinung sagen.*
b. *Er ist einverstanden.*
c. *Er ist nicht einverstanden.*
d. *Nichts von allem.*

1. [a.] Volgens mij begrijp je niet wat ik wil zeggen.

2. [ ] Ik ben het niet met je eens.

3. [ ] Waarom niet? Luister eens goed. Dit keer heb ik gelijk.

4. [ ] Nou, en?

5. [ ] Ik vind dat we moeten trouwen.

6. [ ] Dat wil jij dus zeggen? Nou, dan ga ik met je akkoord.

7 Ein Bekannter sagt: **Nederland en België zijn kikkerlandjes.** Reagieren Sie darauf.

1. *Sie sind einverstanden.*

   .Ik ben het met je eens...

2. *Sie sagen Ihre Meinung.*

   ....

3. *Sie geben ein Beispiel.*

   ....

4. *Es ist Ihnen gleichgültig.*

   ....

5. *Sie sind nicht einverstanden.*

   ....

6. *Sie haben die Aussage nicht richtig verstanden.*

   ....

14

8 Sie sind nicht einverstanden. Begründen Sie Ihre Meinung mit den Aussagen in Klammern.

1. Chocolade is gezond. (van chocolade dik worden)

Nee, ik ben het niet met je eens want van chocolade word je dik.

2. Chocolade is ongezond. (energie geven, gelukkig maken)

....

3. In Vlaanderen eten de mensen vaak vegetarisch. (graag vlees en vis eten)

....

....

4. De koningin is de leukste vrouw die ik ken. (andere leuke vrouwen bijvoorbeeld ...)

....

....

5. In Nederland dragen de mensen een fietshelm. (nog nooit gezien)

....

6. In België kun je heel rustig wonen. (overal drukke verkeerswegen)

....

....

7. Alle Nederlanders zijn blond en hebben blauwe ogen. (veel kleine Nederlanders met donkere ogen)

....

....

8. Duitsers zijn zo serieus. (Nederlanders en Belgen begrijpen de Duitse humor niet)

....

....

9. Berlijn moet de hoofdstad van Europa worden. (Straatsburg of Brussel)

....

10. Vroeger was alles beter. (Elke tijd heeft voor- en nadelen*)

....

*voor- en nadelen: *Vor- und Nachteile*

Les

15

Brussel stript

Liesje en Henning zijn op weg naar de afscheidsborrel van Joost.
Liesje und Henning sind unterwegs zum Abschiedsempfang von Joost.

1

- Wir sind viel zu früh.
  Wir können noch in die Stadt.
- Gute Idee. Lass uns bis zum Grote Markt fahren!

2

- Kennst du den Strip schon?
- Nennst du das einen Strip?
  Das ist doch Modewerbung.

3

- Mann oh Mann, du schaust in die falsche Richtung.

4

- Brüssel, Stadt der Comics. Jetzt kapiere ich, was damit gemeint ist.

15 Wat nieuw is!

Zum Abschluss lernen Sie noch einige Besonderheiten bei den Präpositionen kennen. In der Regel stehen Präpositionen vor den Substantiven, genau wie Sie das vom Deutschen kennen.

Allerdings kann im Niederländischen die Ortsangabe nicht durch den Kasus von der Richtungsangabe unterschieden werden. Stattdessen kann die Präposition bei der Richtungsangabe – im Unterschied zur Ortsangabe – hinter das Substantiv gestellt werden:

Hij rijdt **in** de stad. *Er fährt in der Stadt.* (Auf die Frage: Wo?)
Hij rijdt de stad **in**. *Er fährt in die Stadt.* (Auf die Frage: Wohin?)

Vor allem bei Bewegungsverben wie **lopen** *laufen*, **gaan** *gehen*, **rijden** *fahren* können die folgenden Präpositionen nachgestellt, d.h. als Postpositionen verwendet, werden:

door	langs	in	om	op	over	rond		uit
durch	*entlang*	*in*	*um*	*auf*	*über*	*um … herum*		*aus*

Het paard rent het bos **uit**. *Das Pferd rennt aus dem Wald.*
De hond gaat de andere kant **op**. *Der Hund geht in die andere Richtung.*
De kat loopt de straat **door**. *Die Katze läuft durch die Straße.*

Eine weitere Besonderheit ist die Kombination von zwei Präpositionen bei lokalen oder temporalen Angaben, vergleichbar mit dem deutschen *bis zu(m)*:
Laten we **tot op** de Grote Markt rijden. *Lass uns bis zum Grote Markt fahren.*
We werken nog **tot tegen** de avond. *Wir arbeiten noch bis zum Abend. (wörtl.: bis gegen)*

Weitere Kombinationsmöglichkeiten:
Tot in het centrum. *Bis ins Zentrum.*
Tot aan de rivier. *Bis zum Fluss.*
Tot achter het huis. *Bis hinter das Haus.*
Tot bij de kerk. *Bis zur Kirche.*

Afscheidsborrel

Joost heeft voor zijn vertrek zijn collega's en vrienden op een borrel in Brussel uitgenodigd.
Hij wil van iedereen afscheid nemen. Ilona houdt een toespraakje in naam van de collega's.
Heel veel vrienden en kennissen zijn komen opdagen: Mark uit Katwijk-aan-Zee, Gerrit en
Karel uit Amsterdam, de zusjes Marjolein en Margriet, maar Joost mist nog iemand.

Ilona:	Geachte collega's, lieve vrienden, beste Joost, Waarom moet jij het zo ver gaan zoeken? Had het niet wat dichterbij gekund? We zullen je missen: je aanstekelijke lach, je hartelijkheid en vooral je grappen. Je sprong voor ons altijd in de bres als er een crisissituatie was. Ik zal nooit vergeten hoe je …
Margriet:	Psst Gerrit, wat vind je van Ilona? Ziet ze er niet fantastisch uit?
Gerrit:	Over smaak valt niet te twisten. Je weet wat ik ervan denk. Haar kleren zijn veel te braaf.
Margriet:	Je kunt je op de werkvloer toch niet als een opgedirkte trut gedragen.
Gerrit:	Nee, maar dit is wel een gezellig onderonsje!
Ilona:	… en daarom Joost, hebben we voor jou nog een cadeautje meegebracht. Het weegt niet veel. Je kunt het dus nog in je koffer steken en meenemen.
Margriet:	Weet jij wat erin zit?
Gerrit:	Een souvenir of zo, misschien iets lekkers?
Joost:	Geweldig hoor. Hartelijk dank. Ik ben er heel erg blij mee. Nu wil ik eerst met jullie allemaal toosten op mijn nieuwe start aan de andere kant van de wereld. Later is er een wandelbuffet met allerlei exotische hapjes van over de hele wereld. Proost!
Margriet:	Joost, kun je ons het cadeau laten zien? Oh, een Zwitsers zakmes. Hoeveel heb je er al?
Joost:	Ik heb er een stuk of zes. De kinderen houden ervan.
Gerrit:	(*ironisch*) Erg origineel. Een schot in de roos zou ik zeggen. Dat past ook prima bij haar zwarte mantelpakje.

Margriet:	Overdrijf jij nu niet een beetje Gerrit?
Joost:	Hou toch eens op met kibbelen. Ik zoek Jörg en kan hem nergens vinden. Hij heeft me niets laten weten. Hebben jullie niets van hem gehoord?
Margriet:	Je wilde mijn zusje Marjolein toch leren kennen? Kijk, daar staat ze te praten met Karel. Ze draagt een rode jurk en een roze bloem in haar haar.
Joost:	Jullie lijken als twee druppels water op elkaar.
Margriet:	Ja, we zijn een tweeling en heel erg aan elkaar gehecht.
Joost:	(*sms-belletje*) Ogenblikje. Ik krijg net een smsje van Jörg binnen: "We komen iets later. Fiets gestolen. Rugzak weg." Hmm, wat een pechvogel!
Gerrit:	Ach, je moet er niet teveel mee inzitten. Het gebeurt wel eens vaker dat een fiets wordt gejat. Als hij maar aangifte doet bij de politie.
Margriet:	Ik heb er niets op tegen om met Jörg nieuwe kleren te kopen. In Brussel kun je uren in de mooiste boetieken slijten. Daar heb ik nu eens echt zin in.
Joost:	Weten jullie eigenlijk met wie hij op stap is?
Gerrit:	Ik dacht dat jij het wist. Hij wilde de fietstocht van Brussel naar Amsterdam nog eens overdoen, maar dit keer in de omgekeerde richting. Anneke is met hem meegereden.
Joost:	Jörg met Anneke? Je bedoelt toch niet dat ...
Gerrit:	Precies.
Joost:	Dat moeten we vieren. Eind goed – al goed!

Woordenschat

Brussel stript		**smaak**	*Geschmack*
strip	*Comic*	**twisten over**	*streiten über*
afscheidsborrel	*Abschiedsempfang*	**kleren (Plural!)**	*Kleidung*
afscheid (het)	*Abschied*	**braaf**	*brav*
modereclame	*Modewerbung*	**op de werkvloer**	*im Geschäftsleben*
de verkeerde kant	*in die falsche*	opgedirkte trut *ugs*	*aufgetakelte Tussi*
op	*Richtung*	zich gedragen	*sich benehmen*
		onderonsje (het)	*gemütliches*
Afscheidsborrel			*Beisammensein*
dichterbij	*näher*	**wegen**	*wiegen*
missen	*jmdn vermissen*	souvenir (het)	*Souvenir*
aanstekelijk	*ansteckend*	**toosten**	*anstoßen*
hartelijkheid	*Herzlichkeit*	**start**	*Start*
in de bres springen	*sich für jmdn stark*	wandelbuffet (het)	*Büfett*
voor iemand	*machen (wörtl.:*	exotisch	*exotisch*
	in die Bresche	**zakmes** (het)	*Taschenmesser*
	springen)	**een stuk of**	*ungefähr*
crisissituatie	*Krisensituation*	**origineel**	*originell*

schot in de roos	*ins Schwarze treffen, Volltreffer*	sms-belletje (het)	*SMS-Klingeln*
mantelpakje (het)	*(Damen-)Kostüm*	**Een ogenblikje!**	*Einen Augenblick*
overdrijven	*übertreiben*	**stelen**	*stehlen*
kibbelen	*sich kabbeln*	**rugzak**	*Rucksack*
jurk	*Kleid*	**pechvogel**	*Pechvogel*
bloem	*Blume*	inzitten met	*leid tun*
op elkaar lijken	*sich ähneln*	jatten	*klauen*
als twee druppels water	*wie aus dem Gesicht geschnitten (wörtl.: wie zwei Wassertropfen)*	aangifte doen	*Anzeige erstatten*
		boetiek	*Boutique*
		uren slijten	*Stunden verbringen*
		iets overdoen	*etw ein zweites Mal machen*
tweeling	*Zwillinge*	**omgekeerd**	*umgekehrt*
gehecht zijn aan elkaar	*unzertrennlich*	Eind goed – al goed!	*Ende gut, alles gut!*

Grammatica

Das Adverb *er* mit Präposition und Zahlwort   *oef 1, 2*

Verweisen Präpositionen auf Personen, können sie mit Personalpronomen kombiniert werden:
Ilona praat **met** Joost. Ze praat **met hem**. *Ilona redet mit Joost. Sie redet mit ihm.*
Joost neemt afscheid **van** Ilona. Hij neemt afscheid **van haar**.
Joost verabschiedet sich von Ilona. Er verabschiedet sich von ihr.

Bei Sachen brauchen Sie das Adverb **er**, das mit der Präposition kombiniert wird und somit auf die Sache verweist:
Ilona denkt **aan** de leuke tijd. Ze denkt **eraan**.
Ilona denkt an die tolle Zeit. Sie denkt daran.
Joost vertelt **over** zijn plannen. Hij vertelt **erover**.
Joost erzählt von seinen Plänen. Er erzählt davon.

Beachten Sie, dass sich die Präposition **met** dabei in **mee** verändert:
Joost maakt het cadeautje **met** het mesje open. Hij maakt het **ermee** open.
Joost macht das Geschenk mit dem Messer auf. Er macht es damit auf.

Was die Wortfolge betrifft, wird **er** von der Präposition getrennt, wenn der Satz um eine zusätzliche Information erweitert wird:
Ze denkt **er** heel graag **aan**. *Sie denkt sehr gern daran.*

Und noch eine letzte Information zum Gebrauch von **er**: Bei einer Mengenangabe wird **er** statt mit einem Objekt zusammen mit einem Zahlwort verwendet:

- Hoeveel Zwitserse mesjes heb je al? *Wie viele Schweizer Taschenmesser hast du schon?*
- Ik heb **er** zeker zes. *Ich habe bestimmt sechs.*

Taalweetjes

So können Sie etwas näher beschreiben   *oef 4, 5*

Naturstoffe erhalten die unveränderliche Endung -(e)n. Bei Kunstfasern (z. B. **nylon** oder **plastic**) steht keine Endung. Beachten Sie, dass Sie im Niederländischen keine zusammengesetzten Substantive wie im Deutschen bilden können:

wol	*Wolle*	**wollen** sokken	*Wollsocken*
zijde	*Seide*	**zijden** jurk	*Seidenkleid*
katoen	*Baumwolle*	**katoenen** blouse	*Baumwollbluse*
hout (het)	*Holz*	**houten** klompjes	*Holzschuhe*
leer (het)	*Leder*	**leren** koffer	*Lederkoffer*
zilver (het)	*Silber*	**zilveren** armband	*ein silbernes Armband*
goud (het)	*Gold*	**gouden** oorringen	*goldene Ohrringe*
papier (het)	*Papier*	**papieren** zakdoekjes	*Papiertaschentücher*
nylon	*Nylon*	**nylon** kousen	*Nylonstrümpfe*
plastic (het)	*Plastik*	**plastic** tasje	*eine Plastiktasche*

So können Sie Komplimente machen   *oef 5*

- Wat zie jij er fantastisch uit! *Wie fantastisch du aussiehst!*
- Hoe vind je mijn oorbellen? *Wie findest du meine Ohrringe?*
- Die zijn heel erg mooi. Ze passen uitstekend bij je jurk.
  Sie sind sehr schön! Sie passen ausgezeichnet zu deinem Kleid.
- Is de kleur van mijn jurk niet te opdringerig?
  Ist die Farbe meines Kleides nicht zu aufdringlich?
- Nee hoor, ik vind dat de kleur je heel goed staat.
  Nein, ich finde, dass die Farbe dir sehr gut steht.
- Vind je mijn haar niet te kort? *Findest du meine Haare nicht zu kurz?*
- Nee, je ziet er gewoon fantastisch uit! *Nein, du siehst einfach fantastisch aus!*

Extra woorden   *oef 3, 5*

Kleuren	Farben		
blauw	*blau*	paars	*lila*
bruin	*braun*	rood	*rot*
geel	*gelb*	roze	*rosa*
groen	*grün*	wit	*weiß*
oranje	*orange*	zwart	*schwarz*

Farbadjektive richten sich nach der Adjektivdeklination (→ Lektion 3):
Een rode broek met een geel hemd. *Eine rote Hose mit einem gelben Hemd.*

Koffer pakken	Koffer packen		
bagage	*Gepäck*	koffer	*Koffer*
in- en uitpakken	*ein- und aus-*	handtas	*Handtasche*
	packen	fietstas	*Fahrradtasche*
		rugzak	*Rucksack*

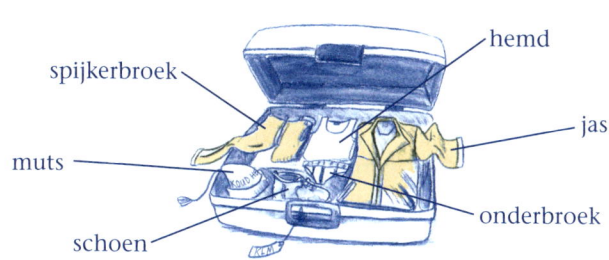

spijkerbroek

hemd

muts

jas

schoen

onderbroek

Kleren	Kleidungsstücke	pet	*Kappe*
korte / lange broek	*kurze / lange Hose*	één paar sokken	*ein Paar Socken*
zwembroek	*Badehose*	kousen	*Strümpfe*
pak (het) / kostuum	*Anzug*	één paar schoenen	*ein Paar Schuhe*
(het)		laars	*Stiefel*
mantelpak (het)	*Kostüm*		
(over)hemd (het)	*Hemd*	**Andere spullen**	**Andere Habselig-**
das	*Krawatte*		**keiten**
jurk	*Kleid*	zakdoek	*Taschentuch*
rok	*Rock*	zaklantaarn	*Taschenlampe*
blouse	*Bluse*	nagelschaartje	*Nagelschere*
dikke wollen trui	*dicker Wollpullover*	(het)	
mantel	*Mantel*	tandenborstel	*Zahnbürste*
sjaal	*Schal*	borstel	*Bürste*
hoed	*Hut*	aansteker	*Feuerzeug*

15

i Brüssel ist nicht nur die Hauptstadt Belgiens, sondern auch der Region
Flandern im föderalistischen Belgien. Außerdem darf sich Brüssel mit dem
Titel **hoofdstad van de strip** *Hauptstadt des Comics* schmücken. In einem ehe-
maligen Jugendstilwarenhaus ist das Zentrum für Bildergeschichte untergebracht.
Über 30 **stripmuren** (großflächig mit Comic-Szenen bemalte Außenwände in der
Altstadt) und an die 500 Wandmalereien insgesamt erinnern die Passanten daran,
wie groß der Stellenwert des Comics im Alltag der Belgier ist. Ein Belgier liest in der
Zeitung häufig zuerst die letzte Seite mit den vielen Cartoons und Bildergeschich-
ten, die von Tag zu Tag fortgesetzt werden.

Oefeningen

1 Wohin laufen, fahren, gehen Sie? Übersetzen Sie die Verben und betonen Sie dabei
die Richtung.

1. *Ich fahre in die Stadt.*   Ik rijd de stad in. ....

2. *Ich laufe aus dem Wald.* ....

3. *Ich laufe die Treppe hoch.* ....

4. *Ich gehe aus dem Haus.* ....

5. *Ich gehe auf die Straße.* ....

2 Im folgenden Zeitungsbericht taucht öfter das Wörtchen **er** auf. Wissen Sie, welche Funktion es jeweils hat? Tragen Sie die richtigen Buchstaben ein.

a. **er** *wird als vorläufiges Subjekt eingesetzt*
b. **er** *verweist auf eine lokale Angabe*
c. **er** *wird in einem Passivsatz verwendet*
d. **er** *wird mit einer Präposition verbunden*

Vorige week werd er .... (1.) een bus gestolen. De dief* wist niet dat er .... (2.)

iemand in de bus was. De chauffeur lag namelijk achterin de bus te slapen. De bus

stond geparkeerd** in een mooie buurt in de binnenstad. Het was al erg laat. De

toeristen waren nog in het centrum gebleven omdat ze er .... (3.) iets wilden gaan

eten. Toen de dief met de bus wegreed, werd de chauffeur wakker***. Zij wist eerst

niet wat ze ervan .... (4.) moest denken. Waarom had ze niets gehoord? Ze zocht in

haar tas, maar vond er .... (5.) alleen een Zwitsers zakmes. Daarmee kon ze de dief

toch niet uit de bus jagen? Wat zat er .... (6.) nog in haar tas? Ze vond er .... (7.)

niets wat ze kon gebruiken. Dus begon ze heel luid te roepen. De dief was ervan ....

(8.) geschrokken en liep de bus uit.

* dief: *Dieb*   ** parkeren: *parken*   *** wakker: *wach*

3 Ihr Gepäck ist nicht angekommen.
Was war in Ihrem Rucksack?
Beschreiben Sie.

1. schoenen
2. ....
3. ....
4. ....
5. ....
6. ....
7. ....
8. ....

15

4 Aus welchen Materialien sind die Gegenstände in Ihrem Rucksack? Ergänzen Sie die passenden Gegenstände zu diesen Materialien.

1. katoen: *sokken,* ....

2. papier: ....

3. wol: ....

4. leer: ....

5 Machen Sie Ihrem Gesprächspartner Komplimente.

● Wat vind je van mijn nieuwe jurk?

● *(Sie finden das Kleid sehr schön.)*

....

● Wat vind je van de kleur?

● *(Sie mögen rot und es steht der Person gut.)*

....

● Vind je dat de gele trui er goed bij past?

● *(Sie finden, dass es wunderbar passt.)*

....

● Vind je de zwarte sjaal niet te donker?

● *(Sie sagen, dass die Person damit gut aussieht. Und Sie ergänzen, dass die Person daran denken soll, dass gelb-rot-schwarz auch die Farben der belgischen Fahne* sind.)*

....

....

* *Fahne:* vlag

1 Wählen Sie den Satzanfang und finden Sie das passende Ende.

> om goed Nederlands te leren spreken   hoewel hij zijn been
> gebroken had   omdat ze meestal kibbelen   toen je naar je
> tante vroeg   ging hij op reis   als er gebeld wordt
> ze passen niet goed bij elkaar   doe de deur open
> zodat hij nu twee jaar de gevangenis in moet
> hoef je geen professor te zijn   zei hij dat ze was gaan skiën
> de dief stal elke nacht een fiets

1. ....
2. ....
3. ....
4. ....
5. ....
6. ....

Punkte ....../6

2 Bilden Sie Sätze im Aktiv.

1. Hij is tot twee jaar gevangenis veroordeeld.

   ....

2. De woonkamer moet door hem tegen morgen worden opgeruimd.

   ....

3. Op de bus mochten geen mobieltjes worden gebruikt.

   ....

4. Zij werden door de docente hartelijk welkom geheten.

   ....

Punkte ....../4

3 Finden Sie die Wörter, ergänzen Sie den Artikel und den Plural.

1. ajsal ....
2. lokkje ....
3. nuifros ....
4. slara ....
5. koerb ....
6. tep ....

Punkte ....../6

Test 3

4 Kreuzen Sie die richtige Antwort an.

1. Ben je trots?
   - ☐ a. Nee, ik ben heel lief.
   - ☐ b. Ja, vooral op mijn kinderen.

2. Bijna alle Belgen hebben een eigen huis.
   - ☐ a. Negen van de tien Belgen hebben dus een huis.
   - ☐ b. Meer dan de helft heeft dus geen huis.

3. Waar leert ze Nederlands?
   - ☐ a. Ze geeft les aan de universiteit.
   - ☐ b. Op haar werk.

4. Veel jongeren worden doof.
   - ☐ a. Ze leren niet goed op school.
   - ☐ b. Ze luisteren naar veel te harde muziek.

5. Is hier nog vrij?
   - ☐ a. Zet u zich toch!
   - ☐ b. Gaat u toch zitten!

6. Wat is de Duitse vertaling van "enz."?
   - ☐ a. zum Beispiel
   - ☐ b. und so weiter

Punkte

....../6

5 Verwenden Sie die Satzanfänge und beschreiben Sie die beiden Zeichnungen.

Plaatje A
1. De man kijkt naar …
2. De das is …
3. De jurk …
4. De kat …
5. De koffer …
6. Het kind …

Plaatje B
1. De man kijkt naar …
2. De man draagt …
3. De vrouw …
4. Het kind …
5. De krant …
6. Het nagelschaartje …

Punkte

....../12

Gesamt

....../34

Übersetzung der Dialoge

1 Wie lernen Sie jemanden kennen?

Jörg spricht Ilona im Zug an.

Jörg:	Tag (*wörtl.*: Tag, die Dame). Sie lesen eine niederländische Zeitung. Kommen Sie aus den Niederlanden?
Ilona:	Ja. Sind Sie Niederländer?
Jörg:	Nein, ich wohne in Berlin. Ich bin Deutscher.
Ilona:	Oh! Sie sprechen gut Niederländisch. Ich spreche auch Deutsch. Ich bin in Österreich geboren. Möchten Sie Deutsch sprechen?
Jörg:	Nein, lieber nicht. Ich möchte üben. Ich fahre (*wörtl.*: gehe) auf eine Konferenz nach Utrecht.
Ilona:	Was für ein Zufall! Arbeiten Sie auch für die Firma „Groendaal"?
Jörg:	Wie lustig! Dann sind wir (ja) Kollegen.

Auf der Konferenz in Utrecht.

Joost:	Ilona, was machst du denn hier? Bist du heute nicht in Berlin?
Ilona:	Nein, das siehst du doch! Übrigens, darf ich dir mal vorstellen? Das ist Jörg Suhr, ein Kollege aus Deutschland. Jörg, das ist Joost de Vries.
Jörg:	Angenehm, Herr de Vries.
Joost:	Sag doch Joost, Jürk. Wir sind (ja) Kollegen, oder?
Jörg:	Entschuldigung, ich heiße nicht Jürk, sondern Jörg.
Joost:	Wie buchstabierst du das?
Jörg:	J – O-Umlaut – Wie sagt man das im Niederländischen, Ilona?
Ilona:	O mit 2 Pünktchen darauf.
Jörg:	Danke dir. Ich wiederhole das noch einmal: J – O mit zwei Pünktchen darauf – R und G. Jörg also.
Joost:	Jörg? Das ist neu für mich. Sag mal, du sprichst richtig gut Niederländisch.
Jörg:	Ich finde das eine tolle Sprache. Kannst du auch Deutsch?
Joost:	Also, das geht schon! *Ich habe einen Koffer in Berlin …*
Ilona:	Witzbold!

2 Telefonieren

Joost ruft seinen Freund Mark an.

Mark:	Hier spricht (*wörtl.*: Mit) Mark Vermeer.
Joost:	Hallo, Mark. Ich bin es, Joost. Wie geht es (*wörtl.*: mit) dir
Mark:	Tag, Joost. Schön, dich zu hören. Mir (*wörtl.*: Mit mir) geht es gut. Nur etwas viel Arbeit. Wo steckst du?
Joost:	Ich bin im Augenblick in den Niederlanden und habe einen Kollegen aus Deutschland zu Besuch. Kommst du nicht mal vorbei?

Mark:	Ich kann doch kein Wort Deutsch.
Joost:	Das musst du auch gar nicht. Jörg spricht perfekt Niederländisch.
Mark:	Wo übernachtest du denn? Ich habe deine Adresse nicht.
Joost:	Ich habe eine Wohnung mit einem prächtigen Seeblick, direkt hinter dem Deich. Du findest mich in der Klinkerstraat 35, 3. Stock. Weißt du den Weg?
Mark:	Ja, klar. Ich komme sofort. Bis gleich!
Joost:	Bis später!

Joost ruft Ilona an und spricht auf den Anrufbeantworter.

Ilona:	Hier ist der Anrufbeantworter von Ilona ten Brink. Sie können nach dem Signalton eine Nachricht aufsprechen. Ich rufe Sie dann so schnell wie möglich zurück. Auf Wiederhören!
Joost:	Hallo, Ilona. Wir wollen heute Abend hier in meiner Wohnung ein Gläschen trinken. Kommst du? Hast du denn meine Adresse? Rufst du mich mal auf meinem Handy an oder schickst du mir eine SMS? Meine Handynummer ist: 0175 / 385291. Bis heute Abend!

Joost ruft noch eine Kollegin an.

Kaatje:	Hier spricht (*wörtl.*: Mit) Kaatje.
Joost:	Tag, Kaatje. Hier spricht (*wörtl.*: Du sprichst mit) Joost de Vries. Ich bin ein Kollege (von) deiner Mutter. Könnte ich sie mal sprechen?
Kaatje:	Es tut mir leid (*wörtl.*: Es tut mir leid, mein Herr). Meine Mutter ist nicht zu Hause. Sie ist zu einer Besprechung für ihre Firma. Danach gibt es einen Empfang. Sie kommt dann meistens sehr spät nach Hause.
Joost:	Besprechung? Oh, wie dumm von mir! Die habe ich ganz vergessen! Dort muss ich (ja) auch hin. Danke (schön), Kaatje, und auf Wiederhören!
Kaatje:	Tschüs!

3 Guten Appetit!

Jan und Gerrit sind unterwegs in der Studentenstadt Löwen.

Jan:	Ich habe solche Lust auf Pommes (frites)! Dort ist eine „frietkot". Sollen wir eine Tüte Pommes (frites) holen?
Gerrit:	Was für ein komisches Wort ist „kot". Du meinst eine „Pommesbude". Das ist gutes Niederländisch.
Jan:	Na und? In Österreich sagt man doch auch Topfen anstelle von Quark.
Gerrit:	Schau mal, dort ist das tolle Mädchen von der Party gestern.
Jan:	Oh, du meinst das Mädchen auf dem Fahrrad? Das ist Anneke.
Gerrit:	Kennst du sie?
Jan:	Ja, natürlich. Sie hat ein „kot" bei mir (auf der Etage).
Gerrit:	Was ist denn das nun wieder für ein „kot"? Ich verstehe das nicht. Wir sprechen doch dieselbe Sprache?
Jan:	Ihr sagt „Studentenzimmer". Ach so, und Anneke findest du also nett …

Jan ruft Anneke. Sie kommt herbei.

Anneke:	Habt ihr denn keine Vorlesung heute?
Jan:	Wir sind müde, wir haben Hunger und wollen gerade etwas essen gehen. Kommst du mit?
Anneke:	Ja, gern. Kenne ich dich nicht von irgendwoher?
Gerrit:	Das stimmt! Ich war auch auf der Party. Ich bin Gerrit.
Anneke:	Ich kenne ein gemütliches Lokal in der Nähe. Es ist ganz nah am Oude Markt. „Feinschmecker" heißt es. Sollen wir dort eine Kleinigkeit (*wörtl.* Häppchen) essen?
Gerrit:	Gute Idee. Was meinst du, Jan?
Jan:	Geht ihr doch schön zu zweit. Ich habe nur Lust auf Pommes (frites) und muss noch in ein Seminar.

Im Lokal.

Anneke:	Was ist (*wörtl.*: tut) Jan (heute) merkwürdig. Liegt ihm etwas im Magen?
Gerrit:	Keinen blassen Schimmer (*wörtl.*: Idee). Ich nehme Tomate mit Garnelen. Und du?
Anneke:	Ich mag keinen Fisch. Ich mag lieber Gemüse.
Kellner:	Guten Tag. Was darf es sein?
Anneke:	Haben Sie auch vegetarische Gerichte?
Kellner:	Da kann ich euch die Tagessuppe empfehlen. Eine sahnige Kürbissuppe. Herrlich! Und zum Trinken?
Gerrit:	Für mich ein Bierchen, bitte.
Anneke:	Wieso Bierchen? In Flandern bestellen wir ein „pintje" und sagen nie „doe maar". Für mich ein Mineralwasser, bitte!
Gerrit:	Ach so, du meinst also ein „spa rood".
Kellner:	Kommt sofort (*wörtl.*: her)!
Gerrit:	Darf ich dich heute einladen?
Anneke:	Wenn ich dich auf eine Genter Hühnersuppe einladen darf. Das ist meine Spezialität.
Gerrit:	Bei dir „op kot"?
Anneke:	Sagt ihr nicht „op kamers" in den Niederlanden?
Gerrit:	Was macht das (schon) aus? Wenn wir uns nur verstehen!

Pläne schmieden

Margriet:	Was hast du für (*wörtl.*: sind deine) Pläne für das Wochenende?
Ilona:	Stell dir vor: Ich habe drei Einladungen. Was soll ich (nur) machen? Ich hab viel zu viele davon (*wörtl.*: zu viel zu tun).
Margriet:	Zu viele? Du musst einfach gut planen. Das machst du doch auch für deine Arbeit?
Ilona:	Du hast recht. Ich feiere erst auf dem Schiff. Danach gehe ich um zwölf (Uhr) herum mit Liesje aus. Aber dann kann ich am Sonntagmorgen nicht zur Ausstellung.

Margriet:	Das ist doch kein Problem.
Ilona:	Bist du verrückt? Am Sonntag schlafe ich immer schön lange aus. Dann frühstücke ich bis um zwei (Uhr) herum. Tja, das kann ich dann wohl vergessen.
Margriet:	Du brauchst doch nicht auszuschlafen. Du feierst einfach die ganze Nacht durch. Du arbeitest unter der Woche doch auch ganze Nächte. Du bist das gewohnt.
Ilona:	Nein, Margriet, Montag fahre ich schon um 7 Uhr nach London. Ich stehe dann sehr früh auf. Nächste Woche steht viel im Terminkalender.
Margriet:	Sag mal, bekommst du nicht mal einen Tag frei? Du bist immer unterwegs für deine Arbeit.
Ilona:	Du hast leicht reden. Aber nein! Ich habe (schließlich) keinen Bürojob.
Margriet:	Ich glaube, dass du dringend etwas Ruhe brauchst. Du bist in letzter Zeit ziemlich nervös.
Ilona:	Ja, du hast recht! Für dich habe ich auch nie Zeit. Das ist wirklich schade!
Margriet:	Weißt du was? Ich werde dich am Sonntag mal schön verwöhnen. Was möchtest du gern?
Ilona:	Frühstück am Bett.
Margriet:	Super Idee! Ich gehe morgens frische Brötchen beim Bäcker holen.
Ilona:	... und vergiss die Croissants nicht. Du bist ein Schatz!
Margriet:	Trinkst du lieber Kaffee oder Tee?
Ilona:	Kaffee mit viel Milch. Ein weichgekochtes Ei darf auch dazu. Oh, ich freue mich (schon) darauf.
Margriet:	(*ironisch*) Zu Ihren Diensten, gnädige Frau. Sonst noch etwas?
Ilona:	Nach dem Frühstück gehen wir gemütlich zusammen in die Ausstellung. Ich rufe Jörg an. Vielleicht kommt er mit uns mit.
Margriet:	(*seufzt*) Du bist (einfach) unbelehrbar!

5 Was hast du alles gemacht?

Joost:	Ich habe deine Karte gestern bekommen. Du bist tüchtig geradelt. 340 km, oder?
Jörg:	Das war nicht so schlimm. Ich habe vor allem viel erlebt. Urgemütliche Städte habt ihr.
Joost:	Was hast du (denn) alles gesehen?
Jörg:	So viele Türme überall: Leuchttürme, Kirchtürme und dazu (*wörtl.*: oder) einen der vielen Burgfriede.
Joost:	Hast du auch etwas über die Geschichte gelernt?
Jörg:	Und ob.
Joost:	Bist du abends in einem Konzert gewesen?
Jörg:	Dafür hatte ich gar keine Zeit.
Joost:	Erzähl mal, was du in Rotterdam entdeckt hast.
Jörg:	Nicht so viel. Eigentlich nur den Hafen.
Joost:	Hast du nichts von der prächtigen modernen Architektur gesehen?

Jörg:	Ehrlich gesagt bin ich …
Joost:	Und bist du nicht im Museum Boijmans Van Beuningen gewesen? Dort hängt „Der Turm von Babel", das berühmteste Gemälde von Bruegel. Du magst doch Türme?
Jörg:	Lass mich (doch) mal ausreden, Joost! Ich habe es nicht bis Rotterdam geschafft.
Joost:	Ist etwas passiert unterwegs? Hattest du einen platten Reifen?
Jörg:	Nein, nein, mach dir keine Sorgen. Ich bin in Löwen geblieben.
Joost:	Du bist in Löwen hängengeblieben? Aber da hast du doch erst mit der Fahrradtour begonnen!
Jörg:	Das stimmt. Ich bin in einem tollen Studentencafé am Oude Markt gelandet. Dort bin ich dann Anneke und Gerrit begegnet.
Joost:	Und das war wohl Liebe auf den ersten Blick?
Jörg:	Du sagst es!
Joost:	Und in wen hast du dich verliebt? In Anneke?

6 Ortskundig

Anneke ist gerade am Hauptbahnhof in Amsterdam angekommen und sucht den Weg.

Anneke:	Tag, (die Dame,) darf ich Sie etwas fragen?
Passantin 1:	Ja, fragen Sie ruhig! Suchen Sie den Weg?
Anneke:	Genau. Können Sie mir sagen, wo ich die Brederodestraat finde?
Passantin 1:	(Da muss ich) Mal nachdenken. Also, die liegt meiner Meinung nach in der Nähe vom Vondelpark. Ganz sicher bin ich nicht. (*Sie spricht jemanden an:*) Entschuldigung (*wörtl.:* Mein Herr)?
Passant 2:	Meine Damen! Herrliches Wetter heute. Das wird ein schöner Ausflugstag in Amsterdam.
Passantin 1:	Sie haben gut reden. Ich muss (gleich) zur Arbeit gehen und diese junge Dame sucht die Brederodestraat. Wissen Sie, wo sie hin muss?
Passant 2:	Ach so, ich bin nicht von hier. Entschuldigung! Eine tolle Tasche hast du übrigens.
Anneke:	Oh, danke (schön)! Die habe ich gerade neu gekauft.
Passant 2:	Soll ich mal einen Stadtplan holen? Die Touristeninformation ist hier um die Ecke.
Passantin 1:	Das ist sehr freundlich, aber machen Sie sich keine Mühe. Da kommt der lässige Japie vom Schlüsseldienst. Der weiß den Weg bestimmt. (*Ruft:*) Hej, Japie!
Japie:	Mensch, Jantien, was ist los? Hast du wieder deinen Schlüssel verloren? Ist das deine Schwester?
Passantin 1:	Ach nein! Wir haben uns gerade kennengelernt. Sie sucht die Brederodestraat.
Japie:	Da hat sie Glück. Die liegt auf meinem Weg. (*Zu Anneke:*) Hast du noch mehr Gepäck?
Anneke:	Nur einen Koffer und diese Umhängetasche.

Japie:	Wirf die Taschen doch auf die Ladefläche. Du setzt dich hinten drauf. Dann zeige ich dir das Zentrum (*wörtl.:* Herz) von Amsterdam.

Auf dem Lastenfahrrad durch die Innenstadt.

Japie:	Siehst du das große Denkmal auf deiner linken Seite? Das ist das Nationale Monument. Dort gedenken wir am 4. Mai der Kriegsopfer.
Anneke:	Wie heißt dieser Platz? Es ist eine sehr belebte Kreuzung.
Japie:	Dam. Wir fahren jetzt nach rechts in die berühmten neun Gassen.
Anneke:	Dort kann man sehr gut einkaufen. Das habe ich in meinem Reiseführer gelesen.
Japie:	Das ist aber sehr teuer (da). Geh (du) am besten gemütlich auf dem Albert Cuyp (Markt) einkaufen. Dort bekommst du tolle Sachen zu einem günstigen Preis.
Anneke:	Kommst du am Rijksmuseum vorbei?
Japie:	Das liegt auf der anderen Seite vom Vondelpark. Dann muss ich einen ziemlichen Umweg fahren.

In der Brederodestraat.

Japie:	Absteigen! Wir sind da. Junge, Junge, ... kein besetztes Haus auf den ersten Blick!
Anneke:	Mal schauen, ob die Adresse stimmt.
Japie:	Hier hast du meine Adresse. Vielleicht brauchst du mich mal. Man weiß ja nie.
Anneke:	Vielen Dank für die Radtour. Du bist ein fantastischer Stadtführer.
Japie:	Gern geschehen. Viel Spaß weiter(hin) in Amsterdam. Adieu!

7 Nikolausabend

Gerrit möchte Karel dieses Jahr zum Nikolausabend ein besonderes Geschenk machen, hat aber noch keine Idee. Er geht von Geschäft zu Geschäft. Findet er, was er sucht?

Im Supermarkt.

Verkäufer:	Kann ich Ihnen helfen?
Gerrit:	Wo finde ich Süßigkeiten? Schokoladenbuchstaben, Pfeffernüsse, Spekulatius, Nikolaussüßigkeiten.
Verkäufer:	Sie sind etwas zu spät. Es ist alles schon ausverkauft. Sankt Nikolaus steht vor der Tür. Morgen Abend ist der Nikolausabend.
Gerrit:	Das finde ich nicht so schlimm. Weniger Süßigkeiten ist gesünder. Haben Sie auch Kuchen?
Verkäufer:	Da müssen Sie zum Konditor.

Im Warenhaus.

Verkäuferin:	Sie suchen etwas Besonderes?
Gerrit:	Der Preis spielt keine Rolle. Es darf so ungefähr 150 Euro kosten.

Verkäuferin:	Dann sollten Sie einmal einen Blick auf die Parfüms im fünften Stock werfen. Oder auf die Dessous im dritten Stock in der Damenabteilung.
Gerrit:	Entschuldigung, aber das Geschenk ist für einen Freund.
Verkäuferin:	Warum nicht mal ein Geschenkgutschein und Sie lassen Ihren Freund selbst auswählen?
Gerrit:	Ach, das habe ich schon so oft getan.

Beim Spirituosenhändler.

Händler:	Belgisches Bier verkaufe ich nicht pro Liter, sondern pro Meter. Sie können einen Meter Bier kaufen. Das sind zehn Viertelliterflaschen in einer Holzkiste.
Gerrit:	Mein Freund ist kein großer Biertrinker. Er trinkt lieber Champagner. Wie viel kostet eine Flasche?
Händler:	Champagner ist einiges teurer als Bier. Sie müssen mindestens 45 Euro pro Flasche rechnen, zumindest wenn Sie einen der besten haben wollen.
Gerrit:	Und wie viele Flaschen brauche ich, wenn ich die Badewanne damit füllen möchte?

Beim Gemüsehändler.

Händler:	Sonst noch etwas (*wörtl.*: Sonst noch etwas, mein Herr)?
Gerrit:	Ich muss noch mal auf meine Einkaufsliste schauen. 250 g Mehl, 30 g Hefe und die Molkereiprodukte: vier Eier, 125 g Butter, …
Händler:	Das klingt nach Pfannkuchen.
Gerrit:	Nein, da liegen Sie falsch. Auf der Wunschliste für Nikolaus stehen dieses Jahr Brüsseler Waffeln. Ich wollte meinen Freund mit etwas anderem überraschen, aber dieses ist ein Stück billiger!
Händler:	Brauchen Sie keine Milch?
Gerrit:	Ja, natürlich. Einen halben Liter, bitte.
Händler:	Hier haben Sie noch ein Päckchen Puderzucker. Das haben Sie noch vergessen. Und das Schnapsglas Cognac …
Gerrit:	Sie kennen sich aber gut aus!
Händler:	Tja, Ihr Freund ist heute auch schon im Geschäft gewesen.

8 Eine Geschichte aus der Vergangenheit

Anneke ist sehr beeindruckt von einem Foto von Karels Großmutter. Karel erzählt über die Vergangenheit. Anneke hört ihm gespannt zu.

Karel:	Auf diesem Bild ist meine Großmutter. Ist sie nicht außergewöhnlich schön?
Anneke:	Sie sieht auch sehr vornehm aus, ein bisschen geheimnisvoll. Sie schaut etwas streng, finde ich.
Karel:	Das war sie auch, vor allem zu (*wörtl.*: für) sich selbst. Sie war Einzelkind in (*wörtl.*: aus) einer armen aristokratischen Familie in Den Haag. Sie

	spielte prächtig Klavier. Mit sechzehn gab sie Hauskonzerte und konnte alle Schumannlieder auswendig.
Anneke:	Ihre Eltern waren ganz bestimmt sehr stolz.
Karel:	Sie wollten für ihre Tochter nur das Allerbeste. Konzertpianistin war ihr Traum. Dafür taten sie alles.
Anneke:	Das ist aber ungewöhnlich für die Zeit. Ein Mädchen sollte heiraten, den Haushalt machen. Sie bekam einen Haufen Kinder.
Karel:	Aber sie schickten alle Verehrer weg. Sie waren zu arm, oder zu wenig kultiviert, oder einfach zu dumm in ihren Augen. Dann kam mein Großvater.
Anneke:	Er war reich, wohlerzogen und intelligent.
Karel:	Junge, Junge, … Was hast du (für) einen psychologischen Durchblick. Er hatte nur einen Fehler.
Anneke:	Er war sehr eifersüchtig und ein Muttersöhnchen.
Karel:	Wie errätst du das? Tja, sie heirateten, zogen nach Amsterdam und mein Großvater ließ (wörtl.: verlor) seine frischgebackene Ehefrau keine Sekunde aus den Augen. Er organisierte alle Konzerte für sie. Sie durfte sogar im „Konzerthaus" auftreten. Sie war sein Star!
Anneke:	Und dann lief es schief. Er war ein Niemand (wörtl.: Taugenichts) ohne seine Frau. Er fing an zu trinken, suchte Trost bei anderen Frauen …
Karel:	So schlimm kam es nicht, aber er sperrte meine Großmutter in der guten Stube ein. Sie übte Tag für Tag und durfte ohne ihn nicht aus dem Haus.
Anneke:	Sie lebte in einem goldenen Käfig. Wie lange hielt sie das durch?
Karel:	Siehst du den kleinen Jungen unter dem Klavier? Das ist mein Vater. Er saß immer zu Füßen seiner Mutter und spielte. Er ist nie in den Niederlanden gewesen. Meine Großmutter hat Amsterdam verlassen, als sie meinen Vater erwartete. Er ist in Niederländisch-Indien geboren. Mein Großvater wusste nichts davon, bis ich – sein Enkel – vor einem Jahr vor der Tür stand. Er hat sie überall gesucht, aber nie gefunden. Ich pflege ihn jetzt und erzähle ihm alles, was ich noch von meiner Großmutter weiß.
Anneke:	Jetzt kapiere ich, warum du und Gerrit in solch einem prächtigen Patrizierhaus leben.

 ## Sich bewerben

Jörg, Gerrit und Henning haben alle drei die Anzeige für eine Stelle als Skilehrer in der Zeitung gelesen. Sie rufen die Direktorin der Skischule an (und bitten) um mehr Informationen.

Joke:	(Sie sprechen) Mit Joke de Meulemeester.
Jörg:	Guten Morgen. Sie sprechen mit Jörg Suhr. Ich habe gehört, dass Sie einen Skilehrer suchen?
Joke:	Ja, ich habe die Anzeige in der Zeitung aufgegeben. Wir brauchen einen Lehrer, der gut mit Jugendlichen auskommt. Ist das etwas für Sie?
Jörg:	Hm, ich unterrichte, ehrlich gesagt, lieber Erwachsene.

Joke:	Es tut mir leid, aber dann habe ich nicht die Stelle, die Sie suchen. Ich habe schon genug Mitarbeiter für die Erwachsenenkurse. Sie setzen sich am besten mit einer anderen Skischule in Verbindung. Dort haben Sie vielleicht noch eine Chance.
Jörg:	Herzlichen Dank für Ihren Rat. Ich probiere das mal. Auf Wiederhören!
Joke:	Auf Wiederhören und viel Erfolg!

Gerrit kennt die Skischule. Wir befinden uns mitten im Gespräch.

Gerrit:	Eine Gruppe niederländischer Jugendlicher? Du meinst eine Truppe Pubertierender, die nie verstehen, was du sagst und nur das tun, wozu sie Lust haben?
Joke:	Woher hast du diese pessimistische Sicht, Gerrit? Unsere Skischule ist kein Jugendtreff. Wir fangen morgens einfach etwas später an. Das weißt du doch!
Gerrit:	Ich übe diesen Beruf schon mehr als sechs Jahre aus. Ich bin jemand, der einfach viel fordert.
Joke:	Ich habe gerade eine Anfrage einer Gruppe Senioren, die einen alten Traum realisieren wollen und mit denen du herrliche Tage erleben kannst.
Gerrit:	Man ist natürlich nie zu alt, um zu lernen. Nein, ich bin nicht der Mann, den du für diese Stelle suchst.
Joke:	Schade! Vielleicht willst du noch einmal eine Nacht darüber schlafen?

Henning greift zu. Er möchte den Jugendlichen und den Senioren Unterrichtsstunden geben. Er ist sehr motiviert.

Joke:	Du willst also Sportlehrer werden. Du passt perfekt in das Team mit deinem Profil. Schicke deinen Lebenslauf so schnell wie möglich ab. Du kannst ihn auch (durch)faxen.
Henning:	Ich möchte Sie noch etwas fragen.
Joke:	Leg los!
Henning:	Ich bin in meinem letzten Semester und habe in Kürze eine Prüfung. Wenn ich die Prüfung bestehe, kann ich sofort anfangen. Ich habe (aber) Angst, dass ich sie nicht schaffe.
Joke:	Mach dir keine Sorgen. (Das) Wird schon!
Henning:	Wissen Sie eigentlich, dass ich noch keine 25 bin?
Joke:	Nein, das wusste ich nicht. Das ist meiner Meinung nach kein Problem.
Henning:	Wie gut muss ich Niederländisch sprechen können?
Joke:	Du hast (doch) das Zertifikat Niederländisch als Fremdsprache, oder? Das ist fantastisch. Noch Fragen? Ich habe nicht mehr viel Zeit.
Henning:	Ich hätte gern noch die Kontaktadresse von jemandem, mit dem ich reden kann.
Joke:	Du kannst Gerrit kontaktieren. Er arbeitet hier öfter. Richte ihm viele Grüße von mir aus.

Auswandern

Joost und Ilona sind Kollegen und arbeiten für eine internationale Firma in Brüssel. Ihr Büro ist auf der Louizalaan hinter dem Justizpalast. Joost hat gerade bei seinem Chef gekündigt und möchte seine Kollegin Ilona über seine Pläne informieren.

Joost:	Hallo, Ilona, störe ich? Du bist wohl gerade sehr beschäftigt.
Ilona:	Ach, das passt schon. Ich bin gerade dabei, einen Artikel für die Presse zu schreiben. Jan wird mich interviewen. Er kommt gleich. Du kennst ihn doch?
Joost:	Meinst du den Journalisten? Und ob ich den kenne! Du weißt doch, was ich von ihm halte. Ich finde, das ist ...
Ilona:	... ein Angeber. Ja, ja, ... fang nun nicht wieder an, über Jan zu nörgeln. Erzähl mal. Du siehst ziemlich müde aus. Probleme mit dem Chef?
Joost:	Nein, aber ich gebe meine Stelle hier auf und ziehe nächsten Monat nach Australien.
Ilona:	Was sagst du da? Wirst du hier einfach alles über Bord werfen?
Joost:	Ich höre auf zu arbeiten. Ich möchte alles etwas ruhiger angehen, mehr Zeit für mich und meine Familie haben. Sag mal, sollen wir nicht zusammen zu Mittag essen? Dann kann ich dir alles erzählen.

Joost und Ilona machen sich auf die Suche nach einem gemütlichen Lokal.

Joost:	Die Brüsseler Lokale werden mir in Sydney fehlen.
Ilona:	Sollen wir dann nicht in mein Lieblingslokal gehen?
Joost:	Schau mal! Wer steht denn im Lokal und redet? Ist das nicht dein Journalist? Lass uns doch lieber woanders hingehen.
Ilona:	Na, was mich betrifft ... Sag, warum willst du (dein Glück) so weit weg suchen gehen?
Joost:	Marijke bekommt eine Stelle an der Universität von Sydney. Sie freut sich schon sehr darauf.
Ilona:	Und die Kinder? Haben die auch Lust dazu? Australien, das ist doch (schön) Sport treiben und surfen ...
Joost:	Tja, sie werden wohl mitkommen müssen, denn sie sind noch zu jung, um alleine hier zu bleiben.
Ilona:	Wieso? Warum sollten sie (denn) nicht mitkommen?
Joost:	Nur wenn Americo auch mitdarf, werden sie einverstanden sein.
Ilona:	Wer ist Americo? Davon habe ich noch nie etwas gehört.
Joost:	Das ist ihr Pferd. Aber wie transportiert man um Himmels willen ein Pferd nach Übersee?

11 Im Niederländischunterricht

Jörg und Henning haben sich (wörtl.: alle beide) für einen Niederländischkurs eingeschrieben.
Vor dem Unterricht treffen sie sich zufällig.

Jörg:	Henning, was für eine Überraschung!
Henning:	Hallo, Jörg. Was machst du hier? Wir haben lange nichts mehr voneinander gehört.
Jörg:	Sag mal, ich habe dir neulich erst eine Mail geschickt.
Henning:	Das ist schon wieder ein paar Monate her. Ich habe nicht geantwortet, weil ich so mit meinen Prüfungen beschäftigt war. Jetzt bin ich endlich fertig mit meinem Studium.
Jörg:	Gratuliere! Und was hast du jetzt vor?
Henning:	Mein Niederländisch für den Skiunterricht auffrischen.
Jörg:	Witzbold, halt mich nicht zum Narren!
Henning:	Ich habe eine tolle Stelle bei einer Skischule in der Schweiz bekommen, wo ich Niederländern Skiunterricht geben soll.

Im Unterricht.

Liesje:	Herzlich willkommen im Niederländischunterricht. Ich bin eure Lehrerin. Nun, ihr könnt mich auch Liesje nennen, wie es alle tun. Und du, wer bist du?
Kursteilnehmer:	Dann darfst du mich Bennie nennen. Ich bin mit einer Niederländerin verheiratet.
Liesje:	Deshalb lernst du Niederländisch. Super! Und du, warum lernst du Niederländisch?
Jörg:	Ich arbeite für eine internationale Firma in Berlin. Ich habe ziemlich viele niederländischsprachige Kollegen, mit denen ich öfter telefoniere. Ich möchte schreiben lernen.
Liesje:	Ich nehme an, dass eure Verkehrssprache Englisch ist. Woher stammt dein Interesse für die niederländischen Sprache?
Jörg:	Weil ich es eine schöne Sprache finde. Meine Kollegen mussten sich allerdings daran gewöhnen. Sie wechselten nach zwei, drei Sätzen immer ins Englische oder Deutsche.
Liesje:	Vielleicht denken sie, dass du es noch nicht so gut kannst. Oder gibt es noch einen anderen Grund?
Henning:	Weil sie das so gewohnt sind. Niederländer und Flamen verstehen nicht, warum jemand ihre Muttersprache lernen will. Verstehst du?
Jörg:	Aber ja. Andererseits denken viele Deutsche, dass man Niederländisch nicht zu lernen braucht.
Liesje:	Warum nicht?
Kursteilnehmer:	Weil es doch von selbst geht. Für viele ist es eine Art deutscher Dialekt. Ich muss wirklich noch viel üben, denn es gibt genug Stolpersteine für mich.
Liesje:	Euer Niederländisch klingt schon (mal) ganz gut. Ich schlage vor, dass ich euch erst noch etwas Informationen zum Zertifikat Niederländisch (als Fremdsprache) gebe, weil dies ein Vorbereitungskurs ist.

Gespräch nach dem Unterricht.

Jörg:	Tolle Lehrerin, oder? Was meinst du?
Henning:	Und ob! Genau mein Typ.
Jörg:	Sag, was hast du vor?
Henning:	Ach, du weißt doch, wie schlecht ich flirten kann.
Jörg:	Tja, das wirst du als Skilehrer aber lernen müssen. Unterschätze deine niederländischen Touristen nicht!

12 Ein nettes Segelwochenende

Gerrit, Karel und Anneke verbringen gemeinsam ein Wochenende. Sie segeln entlang der Küste mit dem Segelboot. Sie haben gerade eine Nacht auf dem Boot geschlafen. Gerrit und Karel sind an Deck. Anneke ist noch in der Kajüte.

Karel:	Und, was sagt der Wetterexperte?
Gerrit:	Dass du der tollste Mann der Welt bist. Ein Witz!
Karel:	Sei doch mal ernst.
Gerrit:	Wir leben in einem kleinen nasskalten Land (*wörtl.*: Froschland), Karel. Ab und zu Regen, mäßig bis starker Wind, Windstärke 11. Sollten wir das Boot nicht lieber verkaufen?
Karel:	Warum solltest du das tun?
Gerrit:	Dann hätten wir endlich Geld für eine schöne Reise. Ich wollte gern mal mit dir eine Zeit lang nach Asien. Hast du denn nie Heimweh nach deinem Geburtsland Indonesien?
Karel:	Ich würde mein Boot nie für eine Vergnügungsreise verkaufen wollen.
Gerrit:	Ach was! Lass die Vergangenheit doch mal beiseite. Die Zukunft liegt vor uns.
Karel:	Du hast recht. Unsere Zukunft ist ein herrliches Wochenende gemeinsames Segeln entlang der niederländischen Küste.
Gerrit:	Segeln nennst du das? Schaukeln würde ich das nennen. Heute sagen wir den Wellen den Kampf an.

Gerrit fängt an, ein bekanntes Seemannslied zu singen. Karel stimmt ein.

Gerrit:	„Hast du schon von der Silberflotte gehört?"
Karel/Gerrit:	„Der Silberflotte von Spanien, die hatte spanische Münzen an Bord, und (dazu noch) Orangen. Piet Hein, Piet Hein, Piet Hein, sein Name ist klein. Seine Taten sind groß. Er hat die Silberflotte besiegt ..."

Sie singen lauthals weiter. Anneke kommt nach draußen. Sie hat sich gerade gewaschen und (sich) angezogen.

Anneke:	Hej, Jungs, geht es nicht etwas leiser?
Gerrit:	Entschuldigung, wir hatten es nicht auf dich abgesehen.
Karel:	Guten Morgen, Anneke. Spürst du die Brandung?
Anneke:	Hm.

Gerrit:	Was ist los mit dir? Du siehst so blass aus. Hast du nicht gut geschlafen?
Anneke:	Pfff, ich fühle mich gar nicht wohl. Ich habe Kopfschmerzen und mir ist übel. Habt ihr vielleicht eine Kopfschmerztablette für mich?
Gerrit:	Karel, wir müssen an Land. Ich sagte es dir schon. Mit diesem Boot hat man nur Ärger. Anneke, solltest du nicht zum Arzt gehen?
Karel:	Übertreibe es nicht! (*wörtl.*: Laufe nicht zu schnell vom Stapel!) Anneke ist seekrank. Ich würde Anneke das Ruder übernehmen lassen.
Gerrit:	Nun, Anneke, ich würde dir einige Körperübungen an der frischen Luft empfehlen. (*Gerrit fängt mit einer Übung an:*) Erst tief einatmen, dann deine Arme heben, in die Knie gehen, deinen Körper wieder strecken ...
Anneke:	Ihr gebt fantastische Ratschläge, aber hätte eine Tasse Kaffee nicht die gleiche Wirkung?

13   Trautes Heim, Glück allein (*wörtl.*: So wie die Uhr zu Hause tickt, tickt sie nirgends.)

Margriet ist gerade zurück aus Australien. Sie hatte ihre Wohnung gegen den Bauernhof ihrer Schwester Marjolein getauscht, die für einige Zeit auf Familienbesuch in die Niederlande gekommen war. Ilona kommt gerade vorbei.

Margriet:	Hallo, Ilona. Was für eine tolle Überraschung! Komm doch (mal) rein!
Ilona:	Ich bin zufällig hier in der Gegend. Störe ich dich nicht? Was machst du gerade?
Margriet:	Nein, gar nicht. Ich bin gerade aus Australien zurück. Ich bin dabei, Kleider zu waschen und aufzuräumen. Ich bin wirklich froh, dich zu sehen! Hast du Lust auf ein Tässchen Kaffee?
Ilona:	Gerne, aber ich bleibe nicht lang. Ich muss gleich wieder ins Büro. Ich habe Lust, Neuigkeiten auszutauschen. Erzähle. Wie war dein Urlaub?
Margriet:	Super! Bevor ich es vergesse, ich soll dir viele Grüße von Joost ausrichten.
Ilona:	Oh, ich habe schon lange nichts mehr von ihm gehört. Er scheint sehr beschäftigt zu sein. Ist er nicht dabei, ein Haus zu suchen?
Margriet:	Vielleicht kann er den Bauernhof meiner Schwester kaufen. Marjolein hat beschlossen, zurück in die Niederlande zu kommen. Joost hat vor, Bauer zu werden.
Ilona:	Joost als Bauer? Erzähle das den Gänsen!
Margriet:	Warum regst du dich darüber so auf? Übrigens, du siehst heute (gar) nicht gut aus. Hattest du keinen schönen Urlaub?
Ilona:	Ach, es ging so, obwohl ich mir unter Urlaub doch etwas anderes vorstelle. Ich hatte Karin aus Wien zu Besuch, mit der ich schon Jahre befreundet bin.
Margriet:	Eine Freundin ist doch dazu da, um tolle Sachen zu unternehmen? Erzähle! Ich bin neugierig auf deine Geschichte. Hier schon mal eine Tasse Kaffee. Milch oder Zucker?

Ilona:	Ein Schlückchen Milch gerne und sonst nichts. Ich nehme nie Zucker. Karin mietete ein derartig kleines Ferienhaus, das eher einem Wohnwagen glich. Sie nahm ihre vier Kinder und den Hund mit. Es schien ihr auch eine gute Idee, dort ihren neuen Freund vorzustellen.
Margriet:	Wie blöd von ihr, um dann zu sechst in solch ein winziges Haus zu ziehen!
Ilona:	Ich bin absolut deiner Meinung (*wörtl.*: mit dir einig), aber Karin wollte es so billig wie möglich haben. Tja, und dann rief sie mich in Panik an. Die Kinder fanden den Freund unausstehlich. Der Freund hatte Angst vor dem Hund. Außerdem konnte sie den Hund nie in den Garten lassen, weil er wie ein Verrückter auf (*wörtl.*: gegen) die Nachbarn losging.
Margriet:	Was (für) ein Irrenhaus! Wie hast du ihr helfen können?
Ilona:	Ich habe ihr angeboten, bei mir zu wohnen.
Margriet:	Um Himmels willen! Wie scheußlich für dich! Bei dir ist alles so ordentlich, dass man vom Boden essen kann. Wie hast du das geschafft?
Ilona:	Ich bin dann nach ein oder zwei Tagen ins Hotel gezogen.
Margriet:	Ach, du tust mir echt leid, Mädchen! Noch eine Tasse Kaffee?

14 Ist das Raubkunst oder nicht?

In der Sendung „Ihre Meinung, bitte!" des Senders PLNL stellt der Journalist Bram van Gelderen seinen Gästen Fragen über Raubkunst. Frau Duisburg ist als Zeitzeugin (wörtl.: Augenzeugin) aus der Nachkriegszeit eingeladen. Karel hat als Kunsthändler eine (wörtl.: sehr) eigene Auffassung von dem Thema.

Journalist:	Liebe Zuhörer. Heute beschäftigen wir uns mit einem sehr spannenden Thema: „Ist das Raubkunst oder nicht?" Wie Sie wissen, hingen in den niederländischen Museen viele Gemälde, die aus der Sammlung des jüdischen Kunsthändlers Goudstikker kamen. Wie ist Ihre Meinung dazu? Haben nach all den Jahren die Urururenkel immer noch einen Anspruch auf Gemälde, die vor dem Krieg im Familienbesitz waren? Frau Duisburg, Sie haben den Krieg selbst miterlebt. Wie alt waren Sie damals?
Duisburg:	Also, ich war damals noch ein Mädchen von ungefähr acht Jahren. Ich war in einem Versteck und bin die einzige in der Familie, die das überlebt hat.
Journalist:	Ihre Eltern haben Goudstikker noch gut gekannt. Was für ein Mann war er?
Duisburg:	Er war ein sehr erfolgreicher Kunsthändler und ein Genussmensch. Er wohnte auf einem richtigen Schloss, wo er oft Feste gab. Als der Krieg ausbrach, hat er die Niederlande in Windeseile verlassen.
Journalist:	Und auf dem Schiff nach Amerika starb er an den Folgen eines Genickbruchs. Seine Witwe hat die Gemälde dem niederländischen Staat verkauft. Ist das nun Raubkunst oder nicht?
Duisburg:	Es wurden ziemlich oft Kunstschätze versteigert in den dreißiger Jahren, um die Flucht bezahlen zu können. Ich frage mich, ob diese Kunstwerke

	von den niederländischen Museen (wirklich) den Erben zurückgegeben werden sollten.
Karel:	Aber Frau Duisburg, Sie wissen doch auch, dass die Sammlung von der Witwe dem niederländischen Staat unter Druck verkauft worden ist. So lief das bei uns nach dem Krieg.
Journalist:	Meinen Sie, dass es sich hier um Besitzverlust handelt und dass alles zurückgegeben werden sollte?
Karel:	Das stimmt! Natürlich habe ich als Kunsthändler großes Interesse daran, dass die Gemälde wieder in Umlauf gebracht werden.
Duisburg:	Ich bin nicht ganz Ihrer Meinung (*wörtl.:* mit Ihnen einig). Eigentlich haben Sie es doch nur auf die Knete abgesehen. Das gilt doch auch für die amerikanischen Anwälte, die viele Erben damit belästigen.
Journalist:	Wieso „belästigen"? Was meinen Sie damit?
Duisburg:	Also, fänden Sie es lustig, wenn Sie immer wieder an die schreckliche Zeit erinnert würden? Manche Dinge sind nun einmal verjährt.
Journalist:	Wie können wir die Grenzen auf dem Gebiet der Raubkunst deutlicher ziehen?
Karel:	Es sind genügend Gesetze verabschiedet. Ich bin davon überzeugt, dass man jeden Fall einzeln anschauen sollte. Dann hat man mehr Verständnis für die Optionen (*wörtl.:* Wahlen), die gemacht werden können. Was Goudstikker betrifft, waren er und seine Familie Kriegsopfer. Die niederländische Regierung hat die Kriegsbeute auch unrechtmäßig erworben.
Journalist:	Die Sendezeit ist leider um! Herzlichen Dank für Ihr Kommen ins Studio und Ihre Unterstützung.
Duisburg/Karel:	Gern geschehen!

15 Abschiedsumtrunk

Joost hat vor seiner Abreise seine Kollegen und Freunde in Brüssel auf einen Abschiedsumtrunk eingeladen. Er will von allen Abschied nehmen. Ilona hält eine kurze Rede im Namen der Kollegen. Viele Freunde und Bekannte sind erschienen: Mark aus Katwijk-aan-Zee, Gerrit und Karel aus Amsterdam, die Schwestern Marjolein und Margriet, aber Joost vermisst noch jemanden.

Ilona:	Sehr geehrte Kollegen, liebe Freunde, liebster Joost, warum musst du dein Glück (*wörtl.:* es) so weit (weg) suchen gehen? Wäre es nicht etwas näher (auch) möglich gewesen? Du wirst uns fehlen: dein ansteckendes Lachen, deine Herzlichkeit und vor allem deine Witze. Du hast dich immer für uns stark gemacht, wenn es eine Krisensituation gab. Ich werde nie vergessen, wie du ...
Margriet:	Psst, Gerrit, wie findest du Ilona? Sieht sie nicht fantastisch aus?
Gerrit:	Über Geschmack lässt sich nicht streiten. Du weißt, wie ich darüber denke. Ihre Kleider sind viel zu brav.
Margriet:	Man kann sich im Geschäftsleben doch nicht wie eine aufgetakelte Tussi benehmen.
Gerrit:	Nein, aber das hier ist ein gemütliches Beisammensein!

Ilona:	... und deshalb Joost, haben wir für dich noch ein kleines Geschenk mitgebracht. Es wiegt nicht viel. Du kannst es noch in deinen Koffer stecken und mitnehmen.
Margriet:	Weißt du, was drin ist?
Gerrit:	Ein Souvenir oder so, vielleicht etwas Leckeres.
Joost:	Klasse. Herzlichen Dank. Ich freue mich sehr darüber. Jetzt möchte ich mit euch auf meinen neuen Start auf der anderen Seite der Welt anstoßen. Später gibt es ein Büfett mit allerlei exotischen Häppchen aus der ganzen Welt. Prost!
Margriet:	Joost, kannst du uns das Geschenk mal zeigen? Oh, ein Schweizer Taschenmesser. Wie viele hast du schon davon?
Joost:	Ich habe ungefähr sechs Stück. Die Kinder lieben sie.
Gerrit:	*(ironisch)* Sehr originell. Ins Schwarze getroffen, würde ich sagen. Das passt auch prima zu ihrem schwarzen Anzug.
Margriet:	Übertreibst du nicht ein bisschen, Gerrit?
Joost:	Hört doch mal auf, euch zu kabbeln. Ich suche Jörg und kann ihn nirgends finden. Er hat mich nichts wissen lassen. Habt ihr etwas von ihm gehört?
Margriet:	Du wolltest doch meine Schwester Marjolein kennenlernen? Schau, da steht sie und redet mit Karel. Sie trägt ein rotes Kleid und eine rosa Blume in ihren Haaren.
Joost:	Ihr seid euch wie aus dem Gesicht geschnitten. *(wörtl.:* Ihr seht euch ähnlich wie zwei Wassertropfen.*)*
Margriet:	Ja, wir sind Zwillinge und unzertrennlich.
Joost:	*(SMS-Klingeln)* Augenblick! Ich bekomme gerade eine SMS von Jörg: „Wir kommen etwas später. Fahrrad geklaut. Rucksack weg." Hm, was (für) ein Pechvogel!
Gerrit:	Ach, mache dir nicht zuviel daraus. Es passiert öfter mal, dass ein Fahrrad geklaut wird. Hauptsache, er erstattet Anzeige bei der Polizei.
Margriet:	Mir macht es nichts aus, mit Jörg neue Kleider zu kaufen. In Brüssel kann man Stunden in den Boutiquen verbringen. Darauf habe ich nun wirklich Lust.
Joost:	Wisst ihr eigentlich, mit wem er unterwegs ist?
Gerrit:	Ich dachte, dass du es wusstest. Er wollte die Radtour von Brüssel nach Amsterdam noch einmal machen, aber dieses Mal in die umgekehrte Richtung. Anneke ist mit ihm mitgefahren.
Joost:	Jörg mit Anneke? Du meinst doch nicht, dass ...
Gerrit:	Genau.
Joost:	Das müssen wir feiern. Ende gut, alles gut!

Grammatische Fachausdrücke

Fachausdrücke	deutsche Bezeichnung und Erklärungen	Beispiele
Adjektiv	Eigenschaftswort	*die blaue Hose*
Adverb	Umstandswort	*jetzt, hier*
Artikel	Geschlechtswort	*der/die/das; ein(e)*
attributiv	beifügend, ergänzend	*die Leute auf dem Lande*
Bedingungssatz	Satz, der eine Bedingung und Folge ausdrückt	*Wenn ich viel Geld hätte, würde ich viel reisen.*
bestimmter Artikel	bestimmtes Geschlechtswort	*der/die/das*
Demonstrativadjektiv	hinweisender Begleiter	*dieser Mann, diese Stadt*
Demonstrativpronomen	hinweisendes Fürwort	*diese(r,s)*
Diminutiv	Verkleinerungsform	*Häuschen, Menschlein*
Diphthong	Doppellaut, Doppelvokal	*ei in mein, au in Auto*
direktes Objekt	Ausdruck im 4. Fall (*wen oder was?*)	*mich, den Mann*
falscher Freund	ähnlich aussehendes Wort mit unterschiedlicher Bedeutung	*bellen (NL) = anrufen (D)*
Femininum	weiblichen Geschlechts	*die Frau, die Stadt*
Fragepronomen	Fragefürwort	*wer, was*
Genitiv	zweiter Fall	*des Kindes, der Frau*
Genus	Geschlecht	*der Mann, die Frau, das Kind*
Hauptsatz	eigenständiges Satzgefüge, das für sich steht	*Ich rauche nicht.*
Hilfsverb	Verb, das zusammen mit einem 2. Verb in der Grundform steht	*ich bin gelaufen*
Imperfekt	vollendete Vergangenheit	*ich ging*
Imperativ	Befehls-/Aufforderungsform	*ruf mich an!*
Indefinitpronomen	unbestimmtes Fürwort	*viel, wenig, manche*

Grammatische Fachausdrücke

Fachausdrücke	deutsche Bezeichnung und Erklärungen	Beispiele
Indikativ	Wirklichkeitsform	*ich **lerne***
indirektes Objekt	Ausdruck im 3. Fall (*wem?*)	*mir, dem Mann*
Infinitiv	Grundform des Verbs	*laufen, rufen*
Kasus	Fall	*Genitiv*
Komparativ	1. Steigerungsform des Adjektivs	*größer, besser*
Konditional	Bedingungsform	*wäre ich Lehrer*
Konjugation	Beugung des Verbs	*bin, bist, ist ...*
Konjunktion	Bindewort	*da, weil, aber, und*
Konjunktiv	Möglichkeitsform	*ich wäre*
Konsonant	Mitlaut	*b, c, d, s, t*
Maskulinum	männlichen Geschlechts	*der Mann, der Stuhl*
Modalverb	Verb, das Möglichkeit, Fähigkeit, usw. ausdrückt	*können, müssen*
Nebensatz	untergeordneter Teil eines Satzgefüges, der durch Konjunktion oder Relativpronomen eingeleitet wird	*Wir kommen, **wenn** wir fertig sind.*
Neutrum	sächlichen Geschlechts	*das Kind, das Fahrrad*
Objekt	Satzergänzung im 3. oder 4. Fall (*wen/wem oder was?*)	*mir, mich, dem Mann, den Mann*
Objektpronomen	Fürwort im 3. oder 4. Fall	*mich, mir*
Partizip Perfekt	Mittelwort der Vergangenheit	*gekauft, gegangen*
Passiv	Leideform	*ich **werde abgeholt***
Perfekt	unvollendete Vergangenheit	*ich **habe angerufen***
Personalpronomen	persönliches Fürwort	*er, du, sie, wir*
Plural	Mehrzahl	*Tage, Berufe*
Possessivpronomen	besitzanzeigendes Fürwort	*mein, dein, unser*
Prädikat	Satzaussage	*Der Hund **bellt**.*
prädikativ	aussagend, das Prädikat betreffend	*er isst **schnell***
Präposition	Verhältniswort	*an, zu, über*

Fachausdrücke	deutsche Bezeichnung und Erklärungen	Beispiele
Präsens	Gegenwart	*ich **lerne***
Pronomen	Fürwort	***ich, dein, uns, sich***
reflexives Verb	rückbezügliches Verb	*sich **erinnern***
Reflexiv-pronomen	rückbezügliches Fürwort	*er wäscht **sich***
Relativ-pronomen	bezügliches Fürwort	*das Buch, **das** ich lese*
Relativsatz	Nebensatz, der durch ein Relativprono-men eingeleitet wird	*Der Mann, **der dort** **wohnt**, ist ein Bekann-ter von uns.*
Singular	Einzahl	***Haus**, ist*
Subjekt	Satzgegenstand	***Der Junge** rennt.*
Substantiv	Hauptwort, Nomen	***Buch, Film***
Superlativ	2. Steigerungsform des Adjektivs	*der **schönste** Film*
Trema	zwei Punkte über dem Buchstaben, zum Zeichen der getrennten Aussprache	*ë in zeeën (Meere), ï in geïntegreerd (integriert)*
unbestimmter Artikel	unbestimmtes Geschlechtswort	***ein(e)***
Verb	Tätigkeitswort	***kommen, gehen, machen***
verbindendes Adverb	Umstandswort, das ausdrückt, in wel-cher Reihenfolge etwas gemacht wird	***erst** lerne ich, **dann** lese ich*
Vokal	Selbstlaut	***a, e, i, o, u***
Zustandsverb	Verb, das keine Handlung ausdrückt, sondern einen Zustand	***sein, haben***

Verbtabellen

Die folgenden Tabellen geben Ihnen einen Überblick über die Zeitformen der regelmäßigen Verben, der Hilfsverben und der wichtigsten Modalverben im Niederländischen. Den Abschluss bildet eine Tabelle mit den unregelmäßigen Verben, die im Lehrwerk vorgekommen sind.

Beachten Sie, dass beim Personalpronomen **je / jij** das **-t** beim Verb wegfällt, wenn das Personalpronomen nach dem Verb steht. In der Übersicht werden die Pluralformen mit den Pronomen **we / wij**, **jullie** und **ze** im Plural zusammengefasst.

Zeitenbildung bei regelmäßigen Verben am Beispiel *werken*
Beachten Sie, dass die regelmäßigen Verben im Imperfekt die Endung **-te** und im Perfekt **-t** erhalten, wenn der Stammauslaut einer der Konsonanten des **'t kofschip** ist (→ Lektion 5).

werken arbeiten	Präsens	Imperfekt	Perfekt	Futur	Konditional
ik	werk	werkte	heb gewerkt	zal werken	zou werken
je (jij) / u	werkt	werkte	hebt gewerkt	zult / zal werken	zou werken
hij / ze (zij) / het	werkt	werkte	heeft gewerkt	zal werken	zou werken
Plural	werken	werkten	hebben gewerkt	zullen werken	zouden werken

Zeitenbildung bei regelmäßigen Verben am Beispiel *luisteren*

luisteren hören	Präsens	Imperfekt	Perfekt	Futur	Konditional
ik	luister	luisterde	heb geluisterd	zal luisteren	zou luisteren
je (jij) / u	luistert	luisterde	hebt geluisterd	zult / zal luisteren	zou luisteren
hij / ze (zij) / het	luistert	luisterde	heeft geluisterd	zal luisteren	zou luisteren
Plural	luisteren	luisterden	hebben geluisterd	zullen luisteren	zouden luisteren

Zeitenbildung beim Hilfsverb *zijn*

zijn *sein*	Präsens	Imperfekt	Perfekt	Futur	Konditional
ik	ben	was	ben geweest	zal zijn	zou zijn
je (jij)/u	bent	was	bent geweest	zult/zal zijn	zou zijn
hij/ze (zij)/het	is	was	is geweest	zal zijn	zou zijn
Plural	zijn	waren	zijn geweest	zullen zijn	zouden zijn

Zeitenbildung beim Hilfsverb *hebben*

hebben *haben*	Präsens	Imperfekt	Perfekt	Futur	Konditional
ik	heb	had	heb gehad	zal hebben	zou hebben
je (jij)/u	hebt*	had	hebt gehad	zult/zal hebben	zou hebben
hij/ze (zij)/het	heeft	had	heeft gehad	zal hebben	zou hebben
Plural	hebben	hadden	hebben gehad	zullen hebben	zouden hebben

* In der gesprochenen Sprache ist auch **u heeft** gebräuchlich.

Zeitenbildung beim Modalverb *kunnen*

kunnen *können*	Präsens	Imperfekt	Perfekt	Futur	Konditional
ik	kan	kon	heb gekund	zal kunnen	zou kunnen
je (jij)/u	kan/kunt	kon	hebt gekund	zult/zal kunnen	zou kunnen
hij/ze (zij)/het	kan	kon	heeft gekund	zal kunnen	zou kunnen
Plural	kunnen	konden	hebben gekund	zullen kunnen	zouden kunnen

Zeitenbildung beim Modalverb *mogen*

mogen *dürfen*	Präsens	Imperfekt	Perfekt	Futur	Konditional
ik	mag	mocht	heb gemogen	zal mogen	zou mogen
je (jij) / u	mag	mocht	hebt gemogen	zult / zal mogen	zou mogen
hij / ze (zij) / het	mag	mocht	heeft gemogen	zal mogen	zou mogen
Plural	mogen	mochten	hebben gemogen	zullen mogen	zouden mogen

Zeitenbildung beim Modalverb *moeten*

moeten *müssen*	Präsens	Imperfekt	Perfekt	Futur	Konditional
ik	moet	moest	heb gemoeten	zal moeten	zou moeten
je (jij) / u	moet	moest	hebt gemoeten	zult / zal moeten	zou moeten
hij / ze (zij) / het	moet	moest	heeft gemoeten	zal moeten	zou moeten
Plural	moeten	moesten	hebben gemoeten	zullen moeten	zouden moeten

Zeitenbildung beim Modalverb *willen*

willen *wollen*	Präsens	Imperfekt	Perfekt	Futur	Konditional
ik	wil	wilde	heb gewild	zal willen	zou willen
je (jij) / u	wil / wilt	wilde	hebt gewild	zult / zal willen	zou willen
hij / ze (zij) / het	wil	wilde	heeft gewild	zal willen	zou willen
Plural	willen	wilden	hebben gewild	zullen willen	zouden willen

Die unregelmäßigen Verben

Präsens	Imperfekt	Perfekt	Deutsch
aanbevelen	beval aan	aanbevolen	*empfehlen*
aankomen	kwam aan	aangekomen	*ankommen*
aanspreken	sprak aan	aangesproken	*ansprechen*
beginnen	begon	begonnen	*beginnen*
begrijpen	begreep	begrepen	*begreifen*
bekijken	bekeek	bekeken	*anschauen*
bewegen	bewoog	bewogen	*bewegen*
bewijzen	bewees	bewezen	*beweisen*
blijven	bleef	gebleven	*bleiben*
brengen	bracht	gebracht	*bringen*
deelnemen	nam deel	deelgenomen	*teilnehmen*
denken	dacht	gedacht	*denken*
doen	deed	gedaan	*tun*
doorzingen	zong door	doorgezongen	*weitersingen*
drinken	dronk	gedronken	*trinken*
duiken	dook	gedoken	*tauchen*
eten	at	gegeten	*essen*
gaan	ging	gegaan	*gehen*
gedragen	gedroeg	gedragen	*verhalten*
geven	gaf	gegeven	*geben*
hangen	hing	gehangen	*hängen*
houden	hield	gehouden	*halten*
inschrijven	schreef in	ingeschreven	*einschreiben*
inspreken	sprak in	ingesproken	*aufsprechen*
invallen	viel in	ingevallen	*einstimmen*
kiezen	koos	gekozen	*wählen*
kijken	keek	gekeken	*schauen, gucken*
klinken	klonk	geklonken	*klingen*
komen	kwam	gekomen	*kommen*
kopen	kocht	gekocht	*kaufen*
krijgen	kreeg	gekregen	*bekommen, erhalten*
lesgeven	gaf les	lesgegeven	*unterrichten*
liggen	lag	gelegen	*liegen*
lopen	liep	gelopen	*laufen*
nemen	nam	genomen	*nehmen*
ontbijten	ontbeet	ontbeten	*frühstücken*
opduiken	dook op	opgedoken	*auftauchen*

Präsens	Imperfekt	Perfekt	Deutsch
opgeven	gaf op	opgegeven	*aufgeben*
opsluiten	sloot op	opgesloten	*einsperren*
opstaan	stond op	opgestaan	*aufstehen*
overnemen	nam over	overgenomen	*übernehmen*
oversteken	stak over	overgestoken	*überqueren*
roepen	riep	geroepen	*rufen*
schrijven	schreef	geschreven	*schreiben*
slapen	sliep	geslapen	*schlafen*
sluiten	sloot	gesloten	*schließen*
spreken	sprak	gesproken	*sprechen*
springen	sprong	gesprongen	*springen*
staan	stond	gestaan	*stehen*
steken	stak	gestoken	*stecken*
stelen	stal	gestolen	*stehlen*
sterven	stierf	gestorven	*sterben*
toekijken	keek toe	toegekeken	*(zu)schauen*
uitbreken	brak uit	uitgebroken	*ausbrechen*
uitdenken	dacht uit	uitgedacht	*ausdenken*
uitgaan	ging uit	uitgegaan	*ausgehen*
uitgeven	gaf uit	uitgegeven	*herausgeben*
uitkiezen	koos uit	uitgekozen	*auswählen*
uitkijken	keek uit	uitgekeken	*ausschauen*
uitslapen	sliep uit	uitgeslapen	*ausschlafen*
vallen	viel	gevallen	*fallen*
varen	voer	gevaren	*(Boot) fahren*
vastnemen	nam vast	vastgenomen	*festnehmen*
vergeten	vergat	vergeten	*vergessen*
verkopen	verkocht	verkocht	*verkaufen*
verlaten	verliet	verlaten	*verlassen*
verliezen	verloor	verloren	*verlieren*
verstaan	verstond	verstaan	*verstehen*
vertrekken	vertrok	vertrokken	*abfahren*
verwerven	verwierf	verworven	*erwerben*
verzenden	verzond	verzonden	*schicken, versenden*
vinden	vond	gevonden	*finden*
volhouden	hield vol	volgehouden	*durchhalten*
vrijgeven	gaf vrij	vrijgegeven	*freisetzen*
weggaan	ging weg	weggegaan	*weggehen*

Präsens	Imperfekt	Perfekt	Deutsch
weten	wist	geweten	*wissen*
winnen	won	gewonnen	*gewinnen*
zeggen	zei	gezegd	*sagen*
zien	zag	gezien	*sehen*
zingen	zong	gezongen	*singen*
zitten	zat	gezeten	*sitzen*
zoeken	zocht	gezocht	*suchen*

Zeitenbildung bei unregelmäßigen Verben am Beispiel *zien*

zien *sehen*	Präsens	Imperfekt	Perfekt	Futur	Konditional
ik	zie	zag	heb gezien	zal zien	zou zien
je (jij)/u	ziet	zag	hebt gezien	zult/zal zien	zou zien
hij/ze (zij)/het	ziet	zag	heeft gezien	zal zien	zou zien
Plural	zien	zagen	hebben gezien	zullen zien	zouden zien

Lösungen zum Lektionsteil

Les 1

1 2. je / jij – **3.** ik – **4.** u / hij / ze / zij – **5.** we / wij / jullie / ze / zij – **6.** je / jij / u / hij / ze / zij

2 **a.** praat – geef – werk – vind – kom
 b. 1. omhels – **2.** geef – **3.** komt – **4.** praat – **5.** werkt – **6.** vind

3 doen – zijn – willen – kunnen – doen – zeggen – komen – doen

4 is I leer I weten I ken I ben I is I spreekt I is I vinden I leer I spreekt I
 spreken I ga I kun
 1. leer – **2.** ben – **3.** ken – **4.** spreken – **5.** is – **6.** spreekt – **7.** is – **8.** kun – **9.** vinden – **10.** leer –
 11. spreekt – **12.** weten – **13.** ga – **14.** is

5 2. Waar komt u vandaan? – **3.** Wat spreek je? – **4.** Waar woont u? – **5.** Waar woon je? –
 6. Wie bent u? – **7.** Waar kom je vandaan? – **8.** Wat spreekt u?

Les 2

1 2. jouw – **3.** jou – **4.** jouw – **5.** jou – **6.** jou – **7.** jouw

2 2. jouw flat – **3.** jouw bed – **4.** mijn vriend – **5.** zijn bed – **6.** haar bed

3 2. u – **3.** mij – **4.** hem – **5.** hem – **6.** u – **7.** jullie – **8.** ons – **9.** hen – **10.** hen – **11.** hem

4 22 tweeëntwintig – 26 zesentwintig – 40 veertig – 66 zesenzestig – 77 zevenenzeventig –
 86 zesentachtig – 99 negenennegentig

5 *Waagerecht:* **1.** boodschap – **2.** telefoon – **3.** nummer – **4.** naam – **5.** collega – **6.** mobieltje
 Senkrecht: straat

6 **Marc: 1.** g. Hoi! – **2.** d. Er is een vergadering vanavond. – **3.** e. Ik moet er naartoe. –
 4. b. We kunnen morgen een glaasje drinken. – **5.** c. Tot morgen!
 Ilona: 1. i. Dag! – **2.** a. Ben jij op de vergadering? – **3.** h. Ik kom meteen. – **4.** j. Ik neem Jörg
 mee. – **5.** f. Tot straks!

7 *(Lösungsvorschlag)* Hallo, goedenavond Peter. – Met mij gaat het goed. Kom je niet eens langs? –
 Wat jammer! Tot ziens.

Les 3

1 2. pilsje – **3.** tomatensapje – **4.** frietje – **5.** soepje – **6.** olijfje – **7.** garnaaltje – **8.** eitje – **9.** koffietje –
 10. uitsmijtertje

2 2. Zien jullie de auto's? – **3.** Wij hebben boodschappen op onze gsm's. – **4.** Zij geven jullie hun
 telefoonnummers.

3 2. een glas rode wijn – **3.** Duitse broodjes – **4.** een kopje koude melk – **5.** Indonesisch eten

4 2. Franse wijn – **3.** Roemeense pompoen – **4.** Hollandse tomaten – **5.** Vlaamse kaas –
 6. Italiaanse olijven

5 2. Brussel – **3.** Vlaanderen – **4.** Antwerpen – **5.** Friesland – **6.** Indonesië

6 *Waagerecht:* **2.** kaas – **4.** thee – **6.** fruit – **7.** eitje
   Senkrecht: **1.** ham – **3.** stokbrood – **5.** boter – **8.** jam
   het-woorden: 1. het fruit – **2.** het eitje – **3.** het stokbrood
7 *(Lösungsvorschlag)* Ik lust geen soep. / Ik hou niet van soep. – Ik heb geen trek in frieten. –
   Ik lust / hou van / wil graag fruitsalade en chocolademelk. – Vandaag heb ik geen trek. –
   Nee, ik heb geen honger.

Les 4

1 **1.** c. – **2.** d. – **3.** a. – **4.** e. – **5.** b.
2 **2.** ga – **3.** gaat – **4.** gaan – **5.** gaan – **6.** ga
3 **2.** feest – **3.** uit – **4.** uit – **5.** op – **6.** mee
4 *(Lösungsvorschlag)* **2.** Ik ga de volgende week naar een feestje. – **3.** Ik slaap in het weekend lekker
   lang uit. – **4.** Ik sta op vakantie heel vroeg op. – **5.** Ik ga na middernacht naar bed. – **6.** Ik nodig
   vrienden op zaterdagavond uit voor mijn verjaardag.
5 **a.** ver'geten – 'uitspreken – be'doelen – 'afspreken – be'stellen – ont'bijten
   b. 1. U spreekt het woord niet goed uit. – **2.** We ontbijten 's zondags altijd in een café. –
   3. Wat bedoelt hij? – **4.** Ze bestelt al iets voor jou. – **5.** Spreken we iets af? – **6.** Hij vergeet
   altijd mijn naam.
6 **2.** op – **3.** aan – **4.** op – **5.** (op) – **6.** vanaf – **7.** met – **8.** met – **9.** op – **10.** in – **11.** op – **12.** om –
   13. van – **14.** van – **15.** t / m – **16.** van – **17.** tot
7 *(Lösungsvorschlag)* **Ilona: 2.** Om half zeven ontbijt ze. – **3.** Om zeven uur rijdt ze met de auto
   naar het werk. – **4.** Ze werkt van acht uur 's morgens tot acht uur 's avonds op kantoor. –
   5. Ze telefoneert met haar vriendin en 's avonds gaat ze uit eten.
   Margriet: 1. Zij slaapt tot negen uur uit. – **2.** Rond half tien fietst ze naar de universiteit. – **3.**
   Van kwart over tien tot kwart voor één volgt ze een hoorcollege. – **4.** Om vier uur stuurt ze een
   e-mail. – **5.** Om tien uur 's avonds gaat ze naar het feest.

Les 5

1 **2.** Ik heb Gent bezocht. – **3.** Ik ben van Gent naar Rotterdam gereden. – **4.** In Rotterdam ben ik
   naar het museum gegaan. – **5.** De volgende dag ben ik in Leiden aangekomen.
2 **2.** is gelopen – **3.** heeft gewandeld – **4.** is gewandeld – **5.** heeft gevlogen – **6.** is gevlogen
3 Infinitiv ij ▶ ge + e: **2.** gekeken – Infinitiv e ▶ ge + o: **3.** genomen – **4.** gesproken – Infinitiv i ▶
   ge + o: **5.** gedronken – **6.** gevonden – Infinitiv ie ▶ ge + o: **7.** genoten – **8.** gevlogen – Infinitiv
   ui ▶ ge + o: **9.** geroken – **10.** gedoken – Infinitiv ▶ ge + Infinitiv: **11.** gelopen – **12.** gezien
4 **2.** gedaan – **3.** gegaan – **4.** ontbeten – **5.** gelezen – **6.** gekregen – **7.** gegeven – **8.** uitgeslapen –
   9. vertrokken – **10.** gestaan
5 **2.** langs – **3.** naar – **4.** In – **5.** door

6 *(Lösungsvorschlag)* **1.** (Op) Maandag zijn we/ben ik om half zeven opgestaan. – **2.** 's Morgens ben ik samen met Luk met de trein naar Frankfurt gegaan/gereden. – **3.** We zijn 's middags in Schiphol aangekomen. – **4.** Na de middag hebben we Amsterdam bezocht. – **5.** De volgende dag, dinsdag hebben we eerst lekker ontbeten, … – **6.** … dan een fiets gehuurd en … – **7.** … zijn we daarna de fietstocht begonnen. Via het IJsselmeer zijn we naar Waterland gereden. – **8.** Woensdag hebben we op een camping gekampeerd. – **9.** 's Morgens hebben we de kerktoren in Ransdorp bezocht. – **10.** (Op) Donderdag hebben we in Volendam gewandeld. – **11.** We hebben heel veel toeristen gezien. – **12.** 's Middags hebben we in Hoorn gegeten. – **13.** We hebben ook in de haven naar de zeilboten gekeken. – **14.** (Op) Vrijdag zijn we door het natuurgebied "De Nek" achter de dijk gereden en … – **15.** … hebben in het hotel IJsselmeer geslapen.

Les 6

1 **2.** zevenentwintig april – **3.** elf oktober – **4.** zeventien mei – **5.** elf september – **6.** vijftien april – **7.** zesentwintig augustus

2 **2.** Leopold de eerste geboren in zeventien negentig, gestorven in achttien vijfenzestig. – **3.** Willem de tweede geboren in zeventien tweeënnegentig, gestorven in achttien negenenveertig. – **4.** Leopold de derde geboren in negentien nul één, gestorven in negentien drieëntachtig.

3 **2.** de vijftiende eeuw – **3.** de zeventiende eeuw – **4.** de negentiende eeuw – **5.** de eenentwintigste eeuw

4 *(Lösungsvorschlag)* Waar is het Rembrandtplein?/Kunt u me zeggen waar het Rembrandtplein is? – Mag ik u wat vragen? Ik zoek het Rembrandtplein. – Kunt u me helpen? Ik zoek het Rembrandtplein. – Hoe vind ik het Rembrandtplein?/Hoe kom ik op het Rembrandtplein?/ Is het Rembrandtplein hier in de buurt?

5 **a.** **2.** staat te bellen. – **3.** loopt te eten. – **4.** zitten te praten. – **5.** ligt een boek te lezen. – **6.** liggen te slapen.

b. **2.** Er staat iemand te bellen. – **3.** Er loopt iemand te eten. – **4.** Er zitten twee mensen te praten. – **5.** Er ligt iemand een boek te lezen. – **6.** Er liggen vier kinderen te slapen.

6 **2.** Er zijn boodschappen op mijn mobieltje. – **3.** Er liggen boeken op tafel. – **4.** Er zijn buitenlanders op de fuif. – **5.** Er zitten hondjes op straat.

7 D

8 **2.** in de binnenstad – **3.** op het plein – **4.** voor de kerk – **7.** naast het monument

Les 7

1 **2.** vierhonderdvierentachtig – **3.** driehonderdzevenenveertig – **4.** tweehonderdvijftig – **5.** tweehonderdeenendertig

2 **2.** c. – **3.** e. – **4.** a. – **5.** b.

3 **2.** geen – **3.** geen – **4.** geen – **5.** niet – **6.** niet

4 **2.** duur ▶ duurder ▶ duurst – **3.** mooi ▶ mooier ▶ mooist – **4.** beroemd ▶ beroemder ▶ beroemdst – **5.** belangrijk ▶ belangrijker ▶ belangrijkst – **6.** groot ▶ groter ▶ grootst – **7.** goed ▶ beter ▶ best – **8.** lang ▶ langer ▶ langst – **9.** lekker ▶ lekkerder ▶ lekkerst – **10.** oud ▶ ouder ▶ oudst – **11.** veel ▶ meer ▶ meest

5 **a. 2.** hoogste – **3.** hoger – **4.** het hoogst – **5.** hoger

b. 6. bekendste/beroemdste – **7.** het bekendst/het beroemdst – **8.** bekender/beroemder – **9.** bekendste/beroemdste

c. 10. langste – **11.** langer – **12.** het langst

6 **2.** zevenhonderdnegendertigduizend tweehonderdnegentig inwoners en is kleiner dan – **3.** vijfhonderdduizend inwoners en is net zo groot als – **4.** groter dan Leuven, maar in Leuven zijn er eenendertigduizend zeshonderddrieënvijftig studenten, dus meer studenten dan

7 **slijter:** jenever, wijn, cognac – **kruidenier:** bloem, aardappels, hagelslag – **kaashandelaar:** jonge Gouda, oude kaas, geitenkaasje – **bakker:** wafels, gebak, speculaas – **geen van allen: 1.** parfum – **2.** horloge – **3.** schaats

8 een kilo wortels – twee stokbroden – 1 pakje poedersuiker – een halve liter melk – 1 pakje boter – een halve pond bloem – 6 plakjes oude kaas

Les 8

1 **1.** wilden – **2.** naar – **3.** huis – **4.** cafés – **5.** ochtends – **6.** zagen – **7.** aankwamen – **8.** klokken – **9.** luiden – **10.** dachten – **11.** klonk

2 **2.** weggaan – **3.** beginnen – **4.** doen – **5.** krijgen – **6.** bellen – **7.** komen – **8.** zijn – **9.** geven – **10.** willen

3 **1.** gaven – **2.** waren – **3.** begonnen – **4.** belden – **5.** wilde – **6.** wilden – **7.** deden – **8.** weggingen – **9.** kwamen – **10.** kregen

4 **2.** als – **3.** toen – **4.** toen – **5.** als

5 *(Lösungsvorschlag)* **1.** Hij kon vanmorgen niet opstaan./Vanmorgen kon hij niet opstaan. – **2.** Toen de studenten naar beneden kwamen, sloot de politie ze op./De politie sloot de studenten op toen ze naar beneden kwamen. – **3.** Hij bezocht zijn familie telkens als hij in Vlaanderen was./Telkens als hij in Vlaanderen was, bezocht hij zijn familie. – **4.** Mijn vader zag er toen jong, streng en mooi uit./Toen zag mijn vader er jong, streng en mooi uit.

6 **2.** zussen – **3.** ooms – **4.** tantes – **5.** nichten – **6.** neven – **7.** grootouders – **8.** kinderen

7 **1.** heel erg mooi, best wel mooi, niet zo mooi als – **2.** erg succesvol, niet zo succesvol als – **3.** heel/zeer groot, niet zo groot als, heel erg groot, helemaal niet groot

Les 9

1 **2.** tandarts, tandartspraktijk – **3.** bakker, bakkerij – **4.** politieagente, politiekantoor – **5.** huisman, thuis

2 **1.** worden – **2.** word – **3.** wordt – **4.** worden – **5.** word – **6.** wordt – **7.** word – **8.** worden

3 **2.** Dat is het meisje dat mij zoekt. – **3.** Dat is de docente die ik leuk vind. – **4.** Dat is de docente die mij leuk vindt. – **5.** Dat zijn de studenten die ik zoek. – **6.** Dat zijn de studenten die mij zoeken.

4 1. De man van wie het boek is, is net weg. – **2.** De man met wie hij is weggegaan, ken ik niet. – **3.** Ik geef het iemand aan wie ik nog nooit iets heb gegeven.

5 1. met – **2.** met, van – **3.** van – **4.** Van, met

6 2. maken – **3.** doen – **4.** maken – **5.** doen – **6.** maken

7 1. Doe – **2.** gemaakt – **3.** maken – **4.** doet – **5.** Doe – **6.** (klaar)maken

8 2. i. – **3.** g. – **4.** f. – **5.** a. – **6.** e. – **7.** c. – **8.** d. – **9.** b. – **10.** h.

9 2. Hoe / Wat – **3.** Hoe – **4.** Wat – **5.** Hoe – **6.** Wat

10 *(Lösungsvorschlag)* 2. Ik ben bij de kapper en ben twee uur weg. Tot later! – **3.** Ik kook vanavond. Ik ben naar de kruidenier en de slager.

Les 10

1 2. c. – **3.** a. – **4.** b. – **5.** b. – **6.** a. – **7.** c. – **8.** c. – **9.** e. – **10.** a. – **11.** c. – **12.** b. – **13.** e.

2 2. Hij zou willen skiën. – **3.** Jij zou met de kinderen op vakantie willen. – **4.** Zou je een brood bij de bakker kunnen halen? – **5.** Jij zou hem eens moeten bezoeken. – **6.** Zij zouden graag in Rotterdam willen wonen. – **7.** Wij zouden graag willen fietsen. – **8.** Ik zou graag goed Duits met mijn vrienden willen spreken. – **9.** Ze zouden graag Nederlands willen leren.

3 2. ga – **3.** Gaan – **4.** zullen – **5.** Zullen – **6.** gaan – **7.** gaan – **8.** zal

4 Als je naar Brussel gaat verhuizen, kun je het best buiten de stad een huis zoeken omdat het er veel rustiger is. – Plan je vergadering in één van de vele restaurants in de binnenstad. – Je zult vaak de kans krijgen om Nederlands te spreken want Brussel is tweetalig.

5 2. Zal ik een glaasje wijn bestellen? – **3.** Zal ik je geld geven? – **4.** Zullen we samen naar Spanje gaan? – **5.** Zal ik eens Indonesisch koken voor jou? – **6.** Zullen we dit jaar onze vrienden uitnodigen? – **7.** Zal ik een plattegrondje bij de VVV halen? – **8.** Zal ik sinaasappelsap kopen?

6 2. zal – **3.** zult – **4.** moeten – **5.** moet – **6.** moet

7 1. *Ich bin gleich wieder da.* – **2.** *In Kürze frische Äpfel aus Südafrika.* – **3.** *Wir sind im Urlaub. Bald wieder zurück!* – **4.** *Kommen Sie später noch einmal vorbei.* – **5.** *Sie sind sofort an der Reihe.* – **6.** *Laden geschlossen! Ich habe heute Geburtstag.*

8 *(Lösungsvorschlag)* Beste …, Ik ben al sinds november in Spanje. Hier is het mooi. Ik hou ook van de mensen. Ze kunnen goed feestvieren. Ik werk elke dag in het restaurant als kelner. Wat ik hier mis? Ik mis goed Duits brood en een krant. Zou je me een brood en een krant kunnen opsturen? Ik zou graag met jou hier feestvieren. Kom je? Groetjes …

9 2. Ik wil politieagente worden, maar ik moet meer aan sport doen. – **3.** We willen eerst Nederlands leren. Dan zoeken we een baantje in Nijmegen. – **4.** Alle papieren zijn in orde behalve mijn paspoort en de ziekteverzekering. Waar kan ik dat aanvragen?

10 a. aankomst – ambassade – inburgering – papieren – paspoort (het) – rijbewijs (het) – verhuizen – vertrek (het)

b. 1. paspoort – **2.** rijbewijs – **3.** vertrek

c. verhuizen

Les 11

1 **2.** De meesten houden van hun moedertaal. – **3.** Velen zijn tweetalig opgegroeid. – **4.** Sommigen zijn drietalig opgegroeid. – **5.** Weinigen zijn meertalig opgegroeid. – **6.** Enkelen zijn meertalig.

2 **b. 2.** evenveel, als – **3.** alle – **4.** Evenveel, als – **5.** Weinig – **6.** Veel – **7.** Sommige/Veel

3 *(Lösungsvorschlag)* **1.** Ik vind Nederlands een interessante/mooie/gemakkelijke/moeilijke taal. – **2.** Volgens mij houden ze van hun taal. – **3.** Ik denk niet dat het Engels de voertaal wordt./ Ik denk dat het Engels niet de voertaal wordt./Ik denk dat behalve Engels Duits en Frans de voertaal worden.

4 **2.** Omdat hij met Nederlanders wil gaan varen. – **3.** Omdat hij het Nederlands nodig heeft voor zijn werk. – **4.** Omdat hij graag de moedertaal van zijn kleinkinderen wil spreken. – **5.** Omdat hij met een Nederlandse is getrouwd/getrouwd is. – **6.** Omdat hij binnenkort naar Suriname op vakantie gaat. – **7.** Omdat hij volgend jaar in Leiden gaat studeren. – **8.** Omdat hij vorig jaar op een congres Vlamingen heeft leren kennen. – **9.** Omdat hij naar een baan solliciteert bij een bedrijf in Brussel.

5 **2.** e. omdat hij niet kan dansen – **3.** i. omdat ik vegetariër ben – **4.** h. want ze moet altijd in de winkel helpen – **5.** a. omdat hij in China werkt – **6.** f. omdat ze geen Spaans kan – **7.** j. want het is er zo druk – **8.** b. want hij heeft geen honger – **9.** d. omdat ik geen zin heb – **10.** c. want jij wil altijd zo vroeg naar huis

6 **2.** Vrijdag kan ik niet naar jullie feest komen omdat ik naar Amerika vertrek. – **3.** Zondag kan ik niet naar uw tentoonstelling komen omdat ik niet in Amsterdam ben. – **4.** Maandagavond kan ik niet met je meevieren omdat ik nog in het buitenland ben. – **5.** Woensdagmiddag kan ik niet omdat ik ziek ben. – **6.** Donderdag kan ik niet naar jullie etentje komen omdat ik nog naar een vergadering op het werk moet. – **7.** Ik kan niet met jullie naar zee want ik naar Duitsland/ omdat ik naar Duitsland vertrek. – **8.** Het spijt me! Ik kan niet met jullie Chinees gaan eten omdat ik dat (Chinees eten) niet lust.

Les 12

1 oog (het) – neus – schouder – rug – arm – vinger – borst – buik – been (het) – enkel – teen

2 **1.** zich – **2.** je – **3.** me – **4.** je – **5.** zich – **6.** je – **7.** me – **8.** zich – **9.** zich – **10.** je – **11.** me – **12.** je

3 Hij voelde zich 's avonds al niet lekker op kantoor. – Toen ging hij naar huis en ging vroeg slapen. – 's Morgens werd hij wakker met erge hoofdpijn. – Behalve hoofdpijn had hij ook een dikke keel. – Hij had veertig graden koorts. – Hij was heel ziek en kon niet ontbijten. – Dan zocht hij het nummer van zijn dokter. – Hij belde de dokter op en maakte een afspraak. – Het onderzoek duurde niet lang. – De dokter zei dat hij griep had en gaf hem een recept mee. – Hij moest een paar dagen in bed blijven. – Meneer Berg vond dat een goed idee.
7 – 11 – 4 – 5 – 12 – 2 – 3 – 1 – 10 – 8 – 6 – 9

4 **2.** Ik heb koorts. – **3.** Ik heb buikpijn omdat ik veel poffertjes heb gegeten. – **4.** Ik heb nooit gerookt. – **5.** Ik heb gefietst en heb nu spierpijn. – **6.** Ik kan niet tegen de kou en ben altijd verkouden. – **7.** Ik had graag een pijnstiller. – **8.** Moet ik een paar dagen in bed blijven? – **9.** Wanneer mag ik weer gaan werken? – **10.** Ik wil nog graag een afspraak maken.

5 **1.** zou, zou, blijkt – **2.** zouden, zouden – **3.** schijnt – **4.** zouden, zou – **5.** zouden

6 *Waagerecht:* **1.** hoek – **2.** slim – **3.** belde – **4.** aardig – **5.** rijden – **6.** zullen – **7.** doof – **8.** horloge – **9.** leren

Senkrecht: **10.** kleinzoon

Les 13

1 **2.** Hij is **zo** verliefd op mevrouw Verhulst **dat** hij niet meer kan slapen. – **3.** Zij heeft **zoveel** geld **dat** ze een villa in Marokko wil kopen. – **4.** Mevrouw Verhulst heeft **zo** te doen met Kees **dat** ze hem een brief schrijft. – **5.** Kees is **zo** blij met de brief **dat** hij nu heel hard zijn best doet op school. – **6.** Mevrouw Verhulst is **zo'n** goede lerares **dat** iedereen echt zijn best wil doen.

2 **2.** Hoewel het een peperdure vakantie was, hadden we veel plezier. – **3.** Hoewel het eten niet lekker was, gingen we elke dag op restaurant. – **4.** Hoewel ik veel gefietst heb, ben ik dik geworden. – **5.** Hoewel we geen vakantie meer hebben, maken we weer plannen.

3 **2.** Iemand is een boek aan het lezen. – **3.** Iemand is aan het telefoneren. – **4.** Iemand is aan het koken. – **5.** Iemand is aan het leren.

4 **1.** het flatgebouw – **2.** het vrijstaand huis – **3.** de woonboot – **4.** het paleis – **5.** de boerderij

5

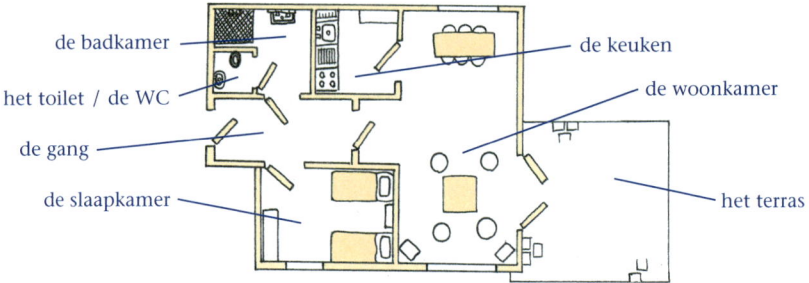

6 **2.** Het ligt aan een drukke / luide straat. – **3.** De keuken is zo vuil dat je niet van de vloer kunt eten. – **4.** De woonkamer is krap. – **5.** Het huis is heel duur / peperduur.

7

	huis A	huis B
1	tv	radio
2	open haard	kachel
3	aparte badkamer met een bad	douche in de keuken
4	een terras met een tuinset	een tuin
5	geen huisdieren	een kat en een hond

8 *(Lösungsvorschlag) Absender, Empfänger, Ort und Datum, Betreff, Anrede,* Via uw agentschap heb ik een huis gehuurd. Ik ben helemaal niet tevreden met de accomodatie van het huis. Ik zet voor u op een rijtje wat ik niet goed vind: Er is geen tv. Ik luister nooit naar de radio. Het huis heeft geen open haard. Ik wil geen kachel. De douche is in de keuken en er is geen badkamer. De tuin is niet netjes. Ik wil geen huisdieren. De kat en de hond moeten weg. Graag wil ik zo snel mogelijk een ander huis hier in de buurt. Kunt u er a.u.b. voor zorgen dat er een tv is. Ook had ik graag een aparte badkamer. Voor de gezelligheid zou ik graag een open haard willen. *Grußformel, Unterschrift*

Les 14

1 **2.** wordt/werd gewassen – **3.** wordt/werd schoon gemaakt – **4.** worden/werden gelezen – **5.** worden/werden geleerd – **6.** worden/werden geschreven

2 **2.** Het is door jou gezegd. – **3.** Het liedje is door hem gezongen. – **4.** De auto is door ons geparkeerd. – **5.** Het huis is door jullie gekocht. – **6.** De fiets is door hen gestolen.

3 **2.** Men arresteerde de kunstenaar Han van Meegeren in mei 1945. – **3.** Men beschuldigde hem ervan een collaborateur te zijn. – **4.** Hij vervalste het schilderij. – **5.** Men sloot hem met doek en penseel op. – **6.** Men veroordeelde hem tot één jaar gevangenis.

4 **2.** De badkamer moet worden schoongemaakt. – **3.** De vakantie moet worden gepland. – **4.** Het eten moet worden gekookt. – **5.** Het taalexamen moet worden voorbereid. – **6.** De Nederlandse woorden moeten uit het hoofd worden geleerd.

5 **2.** Hier mag niet worden gekampeerd! – **3.** Hier mogen geen fietsen worden geplaatst! – **4.** Hier mogen geen frieten worden gegeten! – **5.** Hier mogen geen mobieltjes worden gebruikt! – **6.** Hier mag niet worden gepraat.

6 **2.** c. – **3.** a. – **4.** d. – **5.** a. – **6.** b.

7 *(Lösungsvorschlag)* **2.** Volgens mij zijn Nederland en België (geen) kikkerlandjes. – **3.** Neem nou bijvoorbeeld de musea, de mensen, de televisieprogramma's. – **4.** Ik wil het er niet over hebben. – **5.** Je hebt geen gelijk./Ik ben het niet met je eens./Ik ga niet met je akkoord. – **6.** Kun je dat nog eens herhalen?/Ik heb je niet goed verstaan./Wat bedoel je?/Wat wil je (daarmee) zeggen?

8 **2.** Je hebt geen gelijk want chocolade geeft energie en maakt je gelukkig. – **3.** Ik ben het niet met je eens omdat de Vlamingen graag vlees en vis eten. – **4.** Ik ga niet met je akkoord omdat er zoveel andere leuke vrouwen zijn. – **5.** Meen je dat nu echt? Ik heb nog nooit Nederlanders met een fietshelm gezien. – **6.** Ik denk niet dat je in België rustig kunt wonen omdat er overal drukke verkeerswegen zijn. – **7.** Ik ben het niet met je eens want er zijn ook veel kleine Nederlanders met donkere ogen. – **8.** Meen je dat nu echt? Volgens mij begrijpen Nederlanders en Belgen de Duitse humor niet. – **9.** Ik kan er niet mee akkoord gaan. Ik vind dat Straatsburg of Brussel de hoofdstad van Europa moeten worden. – **10.** Nou en? Elke tijd heeft voor- en nadelen.

Les 15

1 **2.** Ik loop het bos uit. – **3.** Ik loop de trap op. – **4.** Ik ga het huis uit. – **5.** Ik loop de straat op.

2 **1.** d. – **2.** a. – **3.** b. – **4.** d. – **5.** b. – **6.** a. – **7.** b. – **8.** d.

3 **2.** sokken – **3.** zakdoekjes – **4.** woordenboek (Langenscheidt) – **5.** sjaal – **6.** pak – **7.** tasje – **8.** trui

4 **1.** katoen: sokken, pak – **2.** papier: zakdoekjes, woordenboek – **3.** wol: trui, sjaal – **4.** leer: schoenen, tasje

5 Ik vind je jurk heel mooi./Ik vind dat de jurk je heel mooi staat. – Ik hou van rood en de kleur staat je heel goed. – Het past er fantastisch bij./Ik vind dat de gele trui fantastisch bij de rode jurk past. – Je ziet er goed uit met de zwarte sjaal./Je staat er goed mee./Je ziet er goed uit. – Denk je eraan dat geel-rood-zwart ook de kleuren van de Belgische vlag zijn?

Lösungen zu den Tests

Mit den drei Tests können Sie Ihre Erfolge selbst überprüfen und bewerten.

34–26 Punkte:	*Super!* – Tolle Leistung!
25–17 Punkte:	*Knap gedaan.* – Sie haben schon gute Fortschritte gemacht. Sehen Sie sich jetzt noch einmal die Themen im Buch an, mit denen Sie Probleme hatten.
Weniger als 17 Punkte:	*Net niet gehaald …* – Na ja, das können Sie bestimmt besser. Wiederholen Sie die Grammatikerklärungen und den Wortschatz der letzten fünf Lektionen noch einmal.

Test 1

1 1. juist – **2.** fout – **3.** fout – **4.** fout

2 1. Dat / Dit is mijn collega Jörg Suhr. / Mag ik je mijn collega Jörg Suhr voorstellen? – **2.** Hij is tweeëndertig jaar. – **3.** Hij is Duitser. / Hij heeft de Duitse nationaliteit. – **4.** Hij werkt voor een Belgische firma. – **5.** Hij spreekt Nederlands, Roemeens en Turks. – **6.** Hij houdt van koffie verkeerd.

3 1. Belgisch – **2.** Italiaanse – **3.** Nederlandse – **4.** Vlaamse – **5.** Frans – **6.** Zwitserse

4 1. Met mij gaat het uitstekend / fantastisch. – **2.** Waar komt u vandaan? – **3.** Kunt u dat nog eens herhalen? – **4.** Neemt u me niet kwalijk. – **5.** Het spijt me. – **6.** Eet smakelijk. / Smakelijk (eten).

5 1. met – **2.** op – **3.** na – **4.** naar – **5.** in – **6.** tot

6 (Op) Maandag heb ik om kwart voor één met Marleen geluncht. 's Namiddags heb ik vanaf drie uur boodschappen gedaan. – (Op) Woensdag heb ik (eerst) om negen uur 's morgens een museum bezocht. Dan / Daarna ben ik om negen uur 's avonds naar een concert gegaan. – Zaterdagochtend heb ik een nieuwe fiets gekocht. In het weekend heb ik aan zee gekampeerd met vrienden.

Test 2

1

	nationaliteit	taal	opleiding	werk
Mathilde		✗	✗	✗
Maxima	✗		✗	✗

2 De bewoner zegt: **1.** – **4.** – **2.**
De politieagent zegt: **5.** – **3.** – **6.**

3 *Dies ist eine offene Aufgabe. Sie haben sie richtig gelöst, wenn Sie Angaben gemacht haben zum Ehe-stand (mögliche Lösungen:* ongetrouwd *nicht verheiratet –* getrouwd *verheiratet –* gescheiden *geschieden –* verweduwd *verwitwet), zur Schulbildung, zur Ausbildung, zum Führerschein (Klasse), zur Freizeit, zu Referenzen.*

4 **a. 1.** anderhalf – **2.** driehonderd miljoen – **3.** tachtigduizend
 b. 4. meer dan – **5.** het minst – **6.** het meeste geld
5 **1.** Wat wil jij later worden? – **2.** Zullen we iets (gaan) eten? – **3.** Van wie is het boek? / Weet jij
 van wie het boek is? – **4.** Hoe duur is een kilo? / Hoeveel kost een kilo? – **5.** Hoe ziet hij eruit? /
 Hoe vind je de man? – **6.** Is Amsterdam net zo groot als Brussel? / Zijn Amsterdam en Brussel
 evengroot? / Is Amsterdam groter dan Brussel?
6 **1.** a. – **2.** b. – **3.** a. – **4.** b. – **5.** a. – **6.** b.

Test 3

1 **1.** Doe de deur open als er gebeld wordt. – **2.** Ze passen niet goed bij elkaar omdat ze meestal
 kibbelen. – **3.** Toen je naar je tante vroeg, zei hij dat ze was gaan skiën. – **4.** Om goed Nederlands
 te leren spreken, hoef je geen professor te zijn. – **5.** De dief stal elke nacht een fiets zodat hij nu
 twee jaar de gevangenis in moet. – **6.** Hoewel hij zijn been gebroken had, ging hij op reis.
2 **1.** Men heeft hem tot twee jaar gevangenis veroordeeld. – **2.** Hij moet de woonkamer tegen
 morgen opruimen. – **3.** Je mocht geen mobieltjes op de bus gebruiken. – **4.** De docente heette
 hen hartelijk welkom.
3 **1.** de sjaal, sjaals – **2.** het klokje, klokjes – **3.** het fornuis, fornuizen – **4.** de laars, laarzen –
 5. de broek, broeken – **6.** de pet, petten
4 **1.** b. – **2.** a. – **3.** b. – **4.** b. – **5.** a. – **6.** b.
5 **Plaatje A**
 1. … de oorbel. – **2.** … geel. – **3.** … is blauw. – **4.** … slaapt in het bed. – **5.** … ligt op het bed. –
 6. … zit te spelen.
 Plaatje B
 1. … de nylon kousen. – **2.** … een blauwe das. – **3.** … draagt een gele jurk. – **4.** … ligt te slapen. –
 5. … ligt op het bed. – **6.** … zit in de koffer.

Glossar

Die Ziffern hinter den Einträgen verweisen auf die Lektion, in der das Wort zum ersten Mal vorkommt. Bei Substantiven, die mit dem Artikel **het** *das* stehen, ist der Artikel angegeben, Substantive ohne diesen Zusatz stehen mit **de** *der/die*. Außerdem finden Sie nach den Substantiven die Angabe der Pluralendung (**-s**/**-en**).

antwoorden ['antʋoːrdə(n)] antworten 11

apart [a·'part] besonders, separat, einzeln 13

apetrots ['a·pətrɔts] sehr stolz 8

apotheek, apotheken [apo·'te·k] Apotheke 9

apotheker, -s / apotheekster, -s [apo·'te·kər/apo·te·'kstər] Apotheker(in) 9

appartement (het), -en [apartə'mɛnt] Wohnung 7

appelsiensap, -pen [apəl'sinsap] Orangensaft 3

appeltje van Oranje (het) ['apəltjə van o·ranjə] *(hist.:)* Orange 12

Arabisch [a·'rabis] Arabisch 1

arbeider, -s ['arbɛ·ider] Arbeiter(in) 9

architect, -en [arχi'tɛkt] Architekt 7

architectuur [arχitɛk'tyːr] Architektur 5

architectuurstad [arχitɛk'tyːrstat] Architekturstadt 7

aristocratisch [aristo·'kra·tis] aristokratisch 8

arm [arm] arm 8

arm, -en [arm] Arm 12

arresteren [arɛs'te·rə(n)] verhaften 14

arts, -en / artse, -n [arts/artsə] Arzt / Ärztin 9

aspirientje (het), -s [aspi'rintjə] Schmerztablette 12

assistent, -en / assistente, -n [asis'tɛnte] Assistent(in) 12

Australië [aus'tra·lijə] Australien 10

automatiek,-en [auto·ma·'tik] Verkaufsautomat 3

avond,-en ['a·vənt] Abend 1

Azië [a'zijə] Asien 12

B

b.v. (bijvoorbeeld) [bɛ·i'voːrbe·lt] z. B. (zum Beispiel) 13

baantje (het), -s ['ba·ntjə] Stelle 9

baard, -en [baːrt] Bart 12

baas, bazen [ba·s] Chef 2

bad (het), -en [bat] Badewanne 7

badkamer, -s ['batka·mər] Badezimmer 13

bagage [ba·ɣa·ʒə] Gepäck 6

bagagedrager, -s [ba'ɣa·ʒədra·ɣər] Gepäckträger 5

bak, -ken [bak] Kiste 6

bakfiets, -en ['bakfits] Lastenfahrrad 6

bakker, -s ['bakər] Bäcker(in) 4

bakkerij, -en [bakə'rɛ·i] Bäckerei 9

band, -en [bant] Reifen 5

bang [baŋ] ängstlich 9

banketbakker, -s NL [baŋ'kɛtbakər] Konditor 7

barbecueën ['barbəkjuə(n)] Grillen 10

basisschool, -scholen ['ba·sisχo·l] Grundschule 9

bedoelen [bə'dulə(n)] meinen 3

bedrijf (het), bedrijven [bə'drɛ·if] Betrieb, Firma 10

been (het), benen [be·n] Bein 12

beetje ['be·tjə] wenig, bisschen 8

beginnen [bə'ɣinə(n)] beginnen 5

begrijpen [bə'ɣrɛ·ipə(n)] begreifen 11

begrip (het), -pen [bə'ɣrip] Verständnis 14

begroeten [bə'ɣrutə(n)] begrüßen 1

begroetingsrituelen [bə'ɣrutiŋsrity·ʋe·lə(n)] Begrüßungsrituale 1

behalve [bə'halvə] außer 9

bejaardentehuis (het), -huizen [bə'ja·rdətəhœ·ys] Altenheim 10

bekend [bə'kɛnt] bekannt 6

bekeuring, -en [bə'kø·riŋ] Strafzettel 8

bekijken [bə'kɛ·ikə(n)] anschauen 14

belanden [bə'landə(n)] landen 5

belangrijk [bə'laŋrɛ·ik] wichtig 7

belangstelling [bə'laŋstɛliŋ] Interesse 11

beleven [bə'le·ʋə(n)] erleben 9

belfort (het), -en ['bɛlfɔrt] Burgfried 5

België ['bɛlɣijə] Belgien 1

benauwd [be'nɔ·ut] mulmig 10

beneden [bə'ne·də(n)] unten 8

Benelux [be·nə'lʌks] Belgien – Niederlande – Luxemburg 7

bennen ['bɛnə(n)] *(hist.:)* sind 13

bereiken [bə'rɛ·ikə(n)] erreichen 13

berging, -en ['bɛrɣiŋ] Abstellkammer 13

beroemd [bə'rumt] berühmt 5

beroep (het), -en [bə'rup] Beruf 9

beschuldigen [bə'sχʌldiɣə(n)] beschuldigen 14

beslissen [bə'slisə(n)] entscheiden 8

beste [bɛstə] liebe(r) 7

best! [bɛst] gut! 2

bestellen [bə'stɛlə(n)] bestellen 3
betekenen [bə'te·kənə(n)] bedeuten 11
betekenis, -sen [bə'te·kənɪs] Bedeutung 11
beter ['be·tər] besser 7
beterschap ['be·tərsχɑp] gute Besserung 12
betreft [bə'trɛft] betrifft; *(hier:)* Betreff 13
beu zijn ['bø· zɛ·in] überdrüssig 10
beurt, -en [bø:rt] Reihe 7
bewegen [bə've·ɣə(n)] bewegen 8
bewijzen [bə'ʋɛ·izə(n)] beweisen 14
bewoner, -s [bə'ʋo·nər] Bewohner 8
bezeilen [bə'zɛ·ilə(n)] durchsegeln 4
bezig ['be·zəχ] beschäftigt 10
bezitverlies, -verliezen [bə'zɪtʋərlis]
   Besitzverlust 14
bezoek (het), -en [bə'zuk] Besuch 2
bezoeken [bə'zukə(n)] besuchen 5
bierdrinker, -s ['birdrɪŋkər] Biertrinker 7
bij [bɛ·i] bei 3
bijeen [bɛ·i'e·n] zusammen 7
bijlage, -n ['bɛ·ila·ɣə] Anlage 13
bijna ['bɛ·ina·] fast 1
bijpraten ['bɛ·ipra·tə(n)] Neuigkeiten
   austauschen 13
bijzonder [bi'zɔndər] besondere(r,s) 7
binnenkort [bɪnə'kɔrt] in Kürze 5
binnenstad, binnensteden
   ['bɪnəstɑt, 'bɪnəste·də(n)] Innenstadt 6
bioscoop, bioscopen ['bijɔsko·p] Kino 5
blauw [blɔ·u] blau 15
bleek [ble·k] blass 12
blij [blɛ·i] glücklich 10
blijven ['blɛ·ivə(n)] bleiben 5
blikje (het), -s ['blɪkjə] Dose 7
bloem [blum] Mehl; Blume 7, 15
blouse, -n [blus] Bluse 15
bluffen ['blʌfə(n)] angeben, aufschneiden
   14
boek (het), -en [buk] Buch 4
boerderij, -en [burdə'rɛ·i] Bauernhof 10
boeren ['bu:rə(n)] Landwirtschaft betreiben
   13
boetiek, -en [bu'tik] Boutique 15
boffen ['bɔfə(n)] Glück haben 6
bolwerken ['bɔlwɛrkə(n)] bewältigen,
   schaffen 13
boodschap, -pen ['bo·tsχɑp] Nachricht 2, 7

boodschappen *Pl* ['bo·tsχɑpə(n)] Einkauf
   2, 7
boodschappen doen ['bo·tsχɑpə(n) dun]
   einkaufen 7
boom, bomen [bo·m] Baum 7
boot, boten [bo·t] Schiff, Boot 4
borrel, -s ['bɔrəl] Umtrunk 2
borst, -en [bɔrst] Brust 12
borstel, -s ['bɔrstəl] Bürste 15
bos (het), -sen [bɔs] Wald 5
boter ['bo·tər] Butter 3
boven ['bo·və(n)] oben; oberhalb 6
bovendien [bo·və(n)'din] außerdem 12
braaf [bra·f] brav 15
brandend ['brɑndənt] brennend 12
branding ['brɑndɪŋ] Brandung 12
brengen ['brɛŋə(n)] bringen 14
bres, -sen [brɛs] Bresche 15
brief, brieven [brif] Brief 11
broek, -en [bruk] Hose 15
broer, -s [brur] Bruder 8
bron, -nen [brɔn] Quelle 11
broodje (het), -s ['bro·tjə] Brötchen 3
bruin [brœ·yn] braun 15
bui, -en [bœ·y] Regenguss 12
buik, -en [bœ·yk] Bauch 12
buiten ['bœ·ytə(n)] draußen 12
bungalow, -s ['bʌŋa·lo·] Bungalow 13
burgerlijke staat ['bʌrɣərləkə sta·t]
   Familienstand 9
buur, buren [by:r] Nachbar(in) 13
buurt, -en [by:rt] Nähe; (Stadt-)Viertel 3, 4

C

cadeaubon, -nen [ka·'do·bɔn] Geschenk-
   gutschein 7
cadeautje (het), -s [ka·'do·tjə] Geschenk 4
café (het), 's [ka·'fe·] Lokal (mit Alkohol-
   ausschank) 3
cafeïne [kɑfe·'inə] Koffein 12
Californië [kɑli'fɔrnijə] Kalifornien 12
carillon (het), -s [kari'jɔn] Glockenspiel 8
cd-speler, -s [se·de·'spe·lər] CD-Spieler 13
centiliter ['sɛntɪlitər] Zentiliter 7
centraal station [sɛntra·l sta·'sɪɔn]
   Hauptbahnhof 6
centrale verwarming ['sɛntra·lə vərvɑrmɪŋ]
   Zentralheizung 13

centrum (het) ['sɛntrʌm] Zentrum 5
chocolade [ʃoko·'la·də] Schokolade 7
chocolademelk [ʃoko·'la·dəmɛlk] (heiße) Schokolade 3
choreografie, -ën [kɔreo·ɣra·'fi] Choreografie 12
citroen, -en [si'trun] Zitrone 3
CNaVT (het Certificaat Nederlands als Vreemde Taal) [se· ɛn a· ve· te· (sɛrtɪfɪka·t 'ne·dərlɑnts ɑs 'vre·mdə ta·l)] Zertfikat für Niederländisch als Fremdsprache 9
collaborateur, -s [kɔlɑbo·ra'tøːr] Kollaborateur 14
collectie, -s [kɔ'lɛksi] Sammlung 14
collega, 's [kɔ'le·ɣa] Kollege 1
concert (het), -en [kɔn'sɛrt] Konzert 5
concertgebouw (het) [kɔn'sɛrtχəbɔ·u] Konzerthaus 8
concertpianiste, -en [kɔn'sɛrtpijanɪstə] Konzertpianistin 8
conferentie, -s [kɔnfə'rensi] Konferenz 1
contactadres (het), -sen [kɔn'tɑktɑdrɛs] Kontaktadresse 9
contacteren [kɔntɑk'te·rə(n)] kontaktieren 9
controleren [kɔntro·'le·rə(n)] kontrollieren 12
coördineren [ko'ɔrdi'ne·rə(n)] koordinieren 12
crisissituatie, -s ['krisɪsity·ʋa·si] Krisensituation 15
croissantje (het), -s [krʋa'sɑntjə] Croissant 4
croque monsieur [krɔk mʌs'jø·] Schinken-Käse-Toast 3
curriculum vitae (cv) [kʌ'rikʌlʌm 'vi·tæ (se· ʋe·)] Lebenslauf 9
cursist, -en [kʌr'sɪst] Kursteilnehmer 11
cursus, -sen ['kʌrsʌs] Kurs 9

D

d.w.z. (dat wil zeggen) [dɑt wɪl 'zɛɣə(n)] d.h. (das heißt) 13
daar [da:r] dort 3
daarbij [da:r'bɛ·i] dazu 6
daarna [da:r'na·] danach 2
daarnet [da:r'nɛt] gerade, vorhin 8
dadelijk ['da·dələk] sofort 10

dag, -en [dɑχ] (guten) Tag 1
Dames! ['da·məs] Meine Damen! 6
dan [dɑn] dann 1
dank(jewel) [dɑŋk(jə'ʋɛl)] danke (schön) 1
dansen ['dɑnsə(n)] tanzen 12
das, -sen [dɑs] Krawatte 15
dat [dɑt] das 1
datum, -s ['da·tʌm] Datum 13
de [də] der, die 1
deelnemen ['de·lne·mə(n)] teilnehmen 2
dek, -ken [dɛk] Deck 12
Denemarken ['de·nəmɑrkə(n)] Dänemark 7
denken ['dɛŋkə(n)] denken 1
dessous [də'su·s] Damenunterwäsche 7
detective, -s [de·tɛk'tivə] Krimi 14
deur, -en [dø:r] Tür 7
dezelfde [də'zɛlvdə] dieselbe 3
dialect (het), -en [dija'lɛkt] Dialekt 11
dichtbevolkt ['dɪχtbəvɔlkt] dichtbesiedelt 7
dichterbij [dɪχtər'be·i] näher 15
dichtstbevolkt ['dɪχtstbəvɔlkt] am dichtesten besiedelt 7
dienst, -en [dinst] Dienst 4
diep [dip] tief; (hier:) spät 4
dijk, -en [dɛ·ik] Deich 2
dik [dɪk] dick 7
diploma, 's [dɪ'plo·ma·] Zeugnis 9
directrice, -n [dɪrɛk'trisə] Direktorin 9
direkt [dɪ'rɛkt] direkt 2
discussiëren [dɪskʌsi'je·rə(n)] diskutieren 11
dit [dɪt] dies (ist) 1
docent, -en / docente, -n [do·'sɛnt / do·'sɛntə] Dozent(in) 9
dochter, -s ['dɔχtər] Tochter 8
documentaire, -s [dɔkʌmɛn'te·rə] Dokumentarsendung 14
Doei! [dui] Tschüs! 1
doek (het) [duk] Leinwand 14
doen [dun] tun 1
dokter, -s ['dɔktər] Arzt/Ärztin 9
dokterspraktijk, -en ['dɔktərsprɑkte·ik] Arztpraxis 9
dom [dɔm] dumm 8
donker ['dɔŋkər] dunkel 6
doodsgevaarlijk [do·dsɣə'va:rlək] lebensgefährlich 12
doof [do·f] taub 12

door [doːr] durch 5
doorfaxen ['doːrfɑksə(n)] (durch)faxen 9
doorzingen ['doːrzɪŋə(n)] weitersingen 12
douche [duʃ] Dusche 13
drank, -en [drɑŋk] Getränk; (auch:)
  Alkohol 3
keer, keren [keːr] Mal 1
dringend ['drɪŋənt] dringend 4
drinken ['drɪŋkə(n)] trinken 3
droom, dromen [droːm] Traum 8
druk [drʌk] lebhaft 6
druppel, -s ['drʌpəl] Tropfen 15
Duits [dœyts] Deutsch 1
Duitsland ['dœytslant] Deutschland 1
dun [dʌn] dünn 13
dus [dʌs] also 1
duur [dyːr] teuer 7
dvd-speler, -s [deˈveˑdeˑˈspeˑlər]
  DVD-Spieler 13

E

e.d. (en dergelijke) [ɛn 'derɣələkə]
  und dergleichen 13
echt [ɛχt] wirklich 4
echtgenoot, -en / echtgenote, -n
  ['ɛχtχənoˑt(ə)] Ehemann / Ehefrau 8
een [ən] ein(e) 1
een stuk of [ən stʌk ɔf] ungefähr 15
eens ['eˑns] einig, einer Meinung; einmal
  1, 13
eentalig [eˑn'taˑləχ] einsprachig 11
eergisteren ['eːrɣɪstərə(n)] vorgestern 8
eerlijk ['eːrlək] ehrlich 5
eerst [eːrst] erst 4
eet smakelijk [eˑt 'smaˑkələk]
  guten Appetit 3
eetcafé (het), 's ['eˑtkafeˑ] Bistro, Lokal 3
eeuw, -en [eˑu] Jahrhundert 6
eigenlijk ['ɛiɣələk] eigentlich 5
einde (het), -en ['ɛində] Ende 6
eindelijk ['ɛindələk] endlich 4
eisen ['ɛisə(n)] fordern 9
elk(e) ['ɛlk(ə)] jede(r,s) 4
elkaar [ɛl'kaːr] einander 1
e-mailadres (het), -adressen ['imeˑlɑdrɛs]
  E-Mail-Adresse 2
emigreren [eˑmɪ'ɣreːrə(n)] auswandern,
  emigrieren 10

en [ɛn] und 1
endorfine, -s [ɛndɔr'finə] Endorphine 12
eng [ɛŋ] unheimlich 13
Engeland ['ɛŋəlant] England 1
Engels ['ɛŋəls] Englisch 1
enig kind (het) [eˑnəχ 'kɪnt] Einzelkind 8
enkel, -s ['ɛŋkəl] Knöchel 8
enkele ['ɛŋkələ] einige 6
enquête, -s [ɑŋ'kɛˑtə] Umfrage 1
enthousiast [ɛntus'jast] enthusiastisch 9
enz. (enzovoort) [ɛnzoˑ'voːrt] usw.
  (und so weiter) 13
eraan komen [ər'aˑn kɔmə(n)] unterwegs
  sein 3
erfgenaam, erfgenamen ['ɛrfɣənaˑm]
  Erbe 14
erg [ɛrχ] sehr, arg 2
ergens ['ɛrɣəs] irgendwo 3
ernaar uitkijken [ərnaːrˌ'œytkɛˑikə(n)]
  sich freuen 4
ernstigs ['ɛrnstəχs] (etw) Ernstes 12
erop [ər'ɔp] auf 14
eten ['eˑtə(n)] essen 3
eten-uit-de-muur NL [eˑtən œˑytˌə 'myːr]
  Essen aus dem Automaten 3
EU-burger, -s [eˑyˑ 'bʌrɣər] EU-Bürger 10
Europeaan, Europeanen [øˑroˑpeˑj'aˑn]
  Europäer 1
even ['eˑvə(n)] mal 1
evenveel [eˑvə(n)'veˑl] gleich viel 11
examen (het), -s [ɛk'saˑmə(n)] Examen 9
exotisch [ɛk'soˑtɪs] exotisch 15

F

fabriek, -en [fɑ'brik] Fabrik 9
familie [fɑ'mili] Verwandtschaft 8
familiebezit [fɑ'milibəzɪt] Familienbesitz
  14
fantastisch [fɑn'tɑstɪs] ausgezeichnet,
  fantastisch 2
feestneus, -neuzen ['feˑstnøˑs] Pappnase 4
feestvarken (het), -s ['feˑstfɑrkə(n)]
  Geburtstagskind, Jubilar 4
feestvieren ['feˑstviˑrə(n)] Feste feiern 4
fiets, -en [fits] Fahrrad 3
fietsbel, -len ['fitsbɛl] Fahrradklingel 5
fietsen ['fitsə(n)] Fahrrad fahren 5
fietshelm, -en ['fitshɛlm] Fahrradhelm 5

fietspomp, -en ['fitspɔmp] Fahrradpumpe 5
fietstocht, -en ['fitstɔχt] Fahrradtour 5
firma, 's ['fɪrma·] Firma 1
fit [fɪt] rüstig 13
flat, -s [flɛt] Wohnung 2
flatgebouw (het), -en ['flɛtχəbɔ·u]
  Hochhaus 6
flauw [flɔ·u] blass 3
fles, -sen [flɛs] Flasche 7
flink [flɪŋk] tüchtig 5
flirten ['flɪrtə(n)] flirten 11
fornuis, fornuizen [fɔr'nœ·ys] Herd 13
Frankrijk ['fraŋkrɛ·ik] Frankreich 1
Frans [frans] Französisch 1
Fries [fris] Friesisch 1
friet, -en [frit] Pommes frites 3
frietkot, -ten *B* ['fritkɔt] „Pommesbude" 3
frietkraam (het), -kramen ['fritkra·m]
  „Pommesbude" 3
fris [frɪs] frisch 12
frisdrank, -en ['frɪsdraŋk] Kaltgetränk 3
fruit (het) [frœ·yt] Obst 3
fuif, fuiven [fœ·yf] Party 1
functie, -s ['fʌŋksi] Funktion, Aufgabe 9

G

gaan [ɣa·n] gehen 1
gang, -en [ɣaŋ] Weg, Flur 9, 13
gans, ganzen [ɣans] Gans 13
garnaaltje (het), -s [ɣɑr'na·ltjə] Garnele 3
geachte [ɣə'ɑχtə] sehr geehrte(r) 9
geadresseerde, -n [ɣə'a·drɛ'se·rdə]
  Empfänger 13
gebak (het), -ken [ɣə'bak] Kuchen 7
gebeuren [ɣə'bø:rə(n)] passieren 5
geboeid [ɣə'bu·it] fasziniert 8
geboortedatum, -s [ɣə'bo:rtəda·tʌm]
  Geburtsdatum 9
geboorteland, -en [ɣə'bo:rtəlant]
  Geburtsland 12
geboren [ɣə'bo·rə(n)] geboren 1
gebrek (het), -ken [ɣə'brɛk] Mangel;
  Fehler 8
gebroken [ɣə'bro·kə(n)] gebrochen 12
gecultiveerd [ɣəkʌlti've:rt] kultiviert 8
gedifferentieerd [ɣədɪfərɛn'sie·rt]
  differenziert 11
gediplomeerd [ɣədɪplo·'me:rt] diplomiert 9

gedragen [ɣə'draɣə(n)] benehmen 15
geel [ɣe·l] gelb 15
geen [ɣe·n] kein(e) 7
Gefeliciteerd! [ɣəfe·lisi'te:rt]
  Herzliche Glückwünsche! 11
gegevens [ɣə'ɣe·vəs] Angaben 9
gehecht [ɣə'hɛχt] unzertrennlich 15
geheugen (het), -s [ɣə'hø·ɣə(n)]
  Gedächtnis 12
geitenkaasje (het), -s ['ɣɛ·itəka·ʃə]
  Ziegenkäse 3
gek [ɣɛk] verrückt 3
gek, -ken [ɣɛk] Verrückte(r) 4
gekkenhuis (het), -huizen ['ɣɛkəhœ·ys]
  Irrenhaus 13
geleden [ɣə'le·də(n)] vor 8
gelijk [ɣə'lɛ·ik] gleich; recht 4
geloven [ɣə'lo·və(n)] glauben 8
genieten [ɣə'nitə(n)] genießen 4
genoeg [ɣə'nuχ] genug 9
Gentse waterzooi [ɣɛntsə 'va·tərzo·i]
  Genter Hühnersuppe 3
gepassioneerd [ɣəpɑsiɔ'ne:rt]
  leidenschaftlich 9
geraken [ɣə'ra·kə(n)] (irgendwo)
  hinkommen 5
gerecht (het), -en [ɣə'rɛχt] Gericht 3
geschiedenis [ɣə'sχidənɪs] Geschichte 5
gesprekspartner, -s [ɣə'sprɛkspɑrtnər]
  Gesprächspartner 10
getrouwd [ɣə'trɔ·ut] verheiratet 8
geval (het), -len [ɣə'val] Fall 14
gevangenis, -sen [ɣə'vaŋənɪs] Gefängnis 14
gevangenschap [ɣə'vaŋəsχap]
  Gefangenschaft 14
geven ['ɣe·və(n)] geben 4
geweldig [ɣə'vɛldəχ] super 4
gewend [ɣə'vɛnt] gewohnt 4
gewoon [ɣə'vo·n] einfach 4
gezellig [ɣə'zɛləχ] gemütlich 3
gezelligheid [ɣə'zɛləɣɛ·it] Gemütlichkeit 5
gezicht (het), -en [ɣə'zɪχt] Blick; Gesicht 5,
  12
gezin (het), -nen [ɣə'zɪn] Familie 8
gezond [ɣə'zɔnt] gesund 7
Gezondheid! [ɣə'zɔntɛ·it] Gesundheit! 12
gist [ɣɪst] Hefe 7
gisteren ['ɣɪstərə(n)] gestern 3

glas (het), glazen [ɣlɑs] Glas 2
goed [ɣut] gut 1
goedkoop [ɣut'koˑp] günstig, billig 7
golf, golven [ɣɔlf] Welle 12
gooien ['ɣoˑjə(n)] werfen
goud (het) [ɣɔˑut] Gold 15
gouden kooitje [ɣɔˑudə(n) 'koˑitje]
  goldener Käfig 8
graag [ɣrɑˑχ] gerne 1
grammatica [ɣrɑ'mɑˑtikaˑ] Grammatik 1
Grapjas! ['ɣrɑpjɑs] Witzbold! 1
grappig ['ɣrɑpəχ] lustig 1
gratis ['ɣrɑˑtɪs] gratis 9
grens, grenzen [ɣrɛns] Grenze 5
griep [ɣrip] Grippe 12
groen [ɣrun] grün 15
groente, -s ['ɣruntə] Gemüse 3
groentewinkel, -s ['ɣruntəwɪŋkəl]
  Gemüsegeschäft 9
groet [ɣrut] Gruß(formel) 13
groot [ɣroˑt] groß 2
gsm, 's [ɣeˑ ɛs 'ɛm] Handy 2

H

haar [haːr] ihr; sie 1
haar (het), haren [haːr] Haar 12
hagelslag ['haˑɣəlslɑχ] Schokostreusel 3
halen ['haˑlə(n)] holen; schaffen 3
half [hɑlf] halb 7
Hallo! ['hɑloˑ] Hallo! 1
hals, halzen [hɑls] Hals 12
halsoverkop [hɑlsɔˑvər'kɔp] in Windeseile
  14
ham, hammen [hɑm] Schinken 3
hand, -en [hɑnt] Hand 1
handtas, -sen ['hɑntɑs] Handtasche 15
handtekening, -en ['hɑnteˑkənɪŋ]
  Unterschrift 13
hangen ['hɑŋə(n)] hängen 5
hangplek, -ken ['hɑŋplɛk] Jugendtreff 9
hapje (het), -s ['hɑpjə] Imbiss 3
hard [hɑrt] hart; (hier:) laut 8
hart (het), -en [hɑrt] Herz 12
hartelijk ['hɑrtələk] herzlich 11
hartelijkheid ['hɑrtələkeˑit] Herzlichkeit 15
hartje (Amsterdam) ['hɑrtjə] im Zentrum
  (wörtl.: Herz) 6
hartstikke ['hɑrstɪkə] ganz 2

haven ['haˑvə(n)] Hafen 4
hebben ['hɛbə(n)] haben 2
heel [heˑl] ganz; sehr 4, 6
heerlijk ['heːrlək] herrlich 3
heimwee ['hɛˑimveˑ] Heimweh 10
held [hɛlt] Held 14
helemaal [heˑləˑ'maˑl] ganz und gar 2
helft, -en [hɛlft] Hälfte 11
hemelsnaam, in ~ ['heˑməlsnaˑm]
  um Himmelswillen 10
hemeltjelief [heˑməltjə'lif] um Himmels
  willen 13
herdenken [hɛr'dɛŋkə(n)] gedenken 6
herenhuis, -huizen ['heˑrəhœˑys]
  Patrizierhaus 8
herhalen [hɛr'haˑlə(n)] wiederholen 1
herinneren [hə'rɪnərə(n)] erinnern 14
herkennen [hɛr'kɛnə(n)] (wieder)erkennen
  6
herrie ['hɛri] Krach 12
hersenen nur Pl ['hɛrsənə(n)] Gehirn 12
het [hət] das 1
heten ['heˑtə(n)] heißen 1
heuvel, -s ['hø·vəl] Hügel 5
hier [hiːr] hier 1
hierop [hiːr'ɔp] hieran, daran 9
hip [hɪp] lässig 6
historisch [hɪs'toˑrɪs] historisch 6
hoe [hu] wie 1
hoed, -en [hut] Hut 15
hoek [huk] Ecke 6
hoelang [hu'lɑŋ] wie lange 8
hoest [hust] Husten 12
hoewel [hu'vɛl] obwohl 13
hoezo [hu'zoˑ] wieso 3
hoi [hɔi] hallo 2
hond, -en [hɔnt] Hund 13
honger ['hɔŋər] Hunger 3
hoofd (het), -en [hoˑft] Kopf 12
hoofdletter, -s ['hoˑftlɛtər] Großbuchstabe
  13
hoofdpijn ['hoˑftpɛˑin] Kopfschmerzen 12
hoog [hoˑχ] hoch 2
hoop [hoˑp] Menge 8
hoor [hoːr] (Verstärkung) 4
hoorcollege (het), -s ['hoːrkɔleˑʒə]
  Vorlesung 3
horen ['hoːrə(n)] hören 2

houden van ['hɔˑudə(n) vɑn] lieben;
mögen 3
hout (het) [hɔˑut] Holz 15
houten kistje, -s [hɔˑutə(n) 'kɪʃə]
Holzkiste 7
huisconcert, -en ['hœˑyskɔnsɛrt]
Hauskonzert 8
huisdier, -en ['hœˑysdir] Haustier 13
huishouden (het), -s ['hœˑyshɔˑudə(n)]
Haushalt 8
huisman, -nen ['hœˑysmɑn] Hausmann 9
huis-met-een-tuintje (het) [hœˑys mɛt
ən 'tœˑyntjə] Einfamilienhaus 13
huisnummer (het), -s ['hœˑysnʌmər]
Hausnummer 13
huisvrouw, -en ['hœˑysvrɔˑu] Hausfrau 9
huiswerk maken ['hœˑyswɛrk maˑkə(n)]
Hausaufgaben machen 11
huren ['hyːrə(n)] mieten 13

I

i.v.m. (in verband met) [ɪn vərbɑnt 'mɛt]
im Zusammenhang mit 13
idee (het) [i'deˑ] Idee 3
identificeren [idɛntiˑfiˑ'seˑrə(n)]
identifizieren 14
identiteitskaart [idɛnti'tɛˑitskaːrt]
Personalausweis 10
iedereen [idə're̩n] jeder 1
iemand ['imɑnt] jemand(em,en) 1
iets [its] etwas 4
ijsthee ['ɛˑistəˑ] Eistee 3
ik hou meer van [ɪk 'hɔˑu meːr vɑn] ich
mag lieber 3
in [ɪn] in, im 1
inburgering ['ɪnbʌrɣərɪŋ] Einbürgerung 10
indienen ['ɪndinə(n)] einreichen 10
Indonesië [ɪndoˑ'ne'sijə] Indonesien 12
Indonesisch [ɪndoˑ'ne'sɪs] Indonesisch 2
indruk, -ken ['ɪndrʌk] Eindruck 8
indrukwekkend [ɪndrʌk'wɛkənd]
beeindruckend 7
ineens [ɪn'e̩ns] plötzlich 10
informatie *nur Sg* [ɪnfɔr'masi]
Information 1
ingesloten ['ɪnɣəsloˑtə(n)] beiliegend,
anbei 13
inlichten ['ɪnlɪχtə(n)] informieren 10

inpakken ['ɪmpɑkə(n)] einpacken 15
inschrijven ['ɪnsχreˑivə(n)] einschreiben
11
inspireren [ɪnspiˑ're̩rən] anregen 6
inspreken ['ɪnspreˑkə(n)] aufsprechen 2
instemmen ['ɪnstɛmə(n)] einstimmen 12
instructietaal, -talen [ɪn'strʌksitaˑl]
Unterrichtssprache 11
interesse (het) [ɪntə'rɛsə] Interesse 9
internationaal [ɪntərnɑsioˑ'naˑl]
international 11
interviewen [ɪntər'vjuʋə(n)] interviewen 10
invloed ['ɪnvlut] Einfluss 12
invulformulier (het), -en ['ɪnvʌlfɔrmyˑliːr]
Anmeldeformular 2
inwoner, -s ['ɪnʋoˑnər] Einwohner 7
inzicht (het) ['ɪnzɪχt] Durchblick 8
inzitten met ['ɪnzɪtə(n) mɛt] sich Sorgen
machen 15
Italiaans [itɑl'jaˑns] Italienisch 1
Italië [i'taˑlijə] Italien 1

J

ja [jaˑ] ja 1
ja hoor! ['jaˑ hoːr] na klar! 2
jaar (het) [jaːr] Jahr 4
jaloers [jaˑlurs] eifersüchtig 8
jam [ʒɛm] Marmelade 3
Jammer! ['jɑmər] Schade! 4
Jantien [jɑn'tin] weiblicher Vorname 6
Japans [jaˑ'pɑns] Japanisch 2
jatten ['jɑtə(n)] klauen 15
je zin(-netje) doen [jə 'zɪn(ətjə) dun]
das tun, worauf du Lust hast 9
jongeren ['jɔŋərə(n)] Jugendliche 1
Joods [joˑts] jüdisch 14
journaal (het) [ʒurˑnaˑl] Nachrichten-
sendung 14
journalist, -en [ʒurnaˑ'list] Journalist 10
juist [jœˑyst] richtig 2
jurk [jʌrk] Kleid 15
jus d'orange [ʒyˑdoˑ'rɔˑʒ] Orangensaft 3
justitiepaleis (het) [jʌs'tisipɑlɛˑis]
Justizpalast 10

K

kaartje (het), -s ['kaːrtjə] Postkarte 5
kaas, kazen [kaˑs] Käse 3

kachel, -s ['kɑχəl] Ofen; Heizkörper 13
kade, -s ['kaˑdə] Kai 4
kajuit, -en [ka'jœˑyt] Kajüte 12
kamer van koophandel [kaˑmər vɑn
  'koˑphɑndəl] Handelskammer 10
kamperen [kɑm'peˑrə(n)] zelten 5
kanaal, kanalen [ka'naˑl] Kanal 5
kans maken ['kɑns maˑkə(n)]
  eine Chance haben 9
kant [kɑnt] Seite, Richtung 6
kantoor (het), kantoren [kɑn'toːr] Büro 4
kapitein, -en [ka'piˑtɛˑin] Kapitän 9
kapper, -s / kapster, -s ['kɑpər / 'kɑpstər]
  Friseur(in) 9
kapperszaak, -zaken ['kɑpərsaˑk]
  Friseursalon 9
kasteel (het), kastelen [kɑs'teˑl] Schloss 13
Katalaans [kɑtɑ'laˑns] Katalanisch 1
katoen [ka·'tun] Baumwolle 15
keel [keˑl] Kehle 12
keelpijn ['keˑlpɛˑin] Halsschmerzen 12
kelder, -s ['kɛldər] Keller 13
kennen ['kɛnə(n)] kennen 3
kennis, -sen ['kɛnɪs] (hier:) Bekannte(r) 15
kerktoren, -s ['kɛrktoːrə(n)] Kirchturm 5
kersvers ['kɛrsvɛrs] ganz frisch 8
ketting, -en ['kɛtɪŋ] Kette 5
kettingroker, -s ['kɛtɪŋroˑkər]
  Kettenraucher 12
keuken, -s ['køˑkə(n)] Küche 13
keuze, -s ['køˑzə] Wahl 14
kibbelen ['kɪbələ(n)] sich kabbeln 15
kiezen ['kizə(n)] wählen 5
kijken ['kɛˑikə(n)] schauen, gucken 3
kijkje (het), -s ['kɛˑikjə] Blick 7
kikker, -s ['kɪkər] Frosch 12
kikkerlandje ['kɪkərlɑntjə] kleines
  nasskaltes Land 12
kilo (de, het) ['kiloˑ] Kilo(gramm) 7
kilometer, -s ['kiloˑmeˑtər] Kilometer 7
kin [kɪn] Kinn 12
kinderbedje (het), -s ['kɪndərbɛtjə]
  Kinderbett 13
kinderen ['kɪndərə(n)] Kinder 8
kinderkamer, -s ['kɪndərkaˑmər]
  Kinderzimmer 13
kinderstoel, -en ['kɪndərstul] Kinderstuhl
  13

kippensoep, -en ['kɪpəsup] Hühnersuppe 3
klaarmaken ['klaːrmaˑkə(n)] zubereiten 9
klacht, -en [klɑχt] Beschwerde 12
klant, -en [klɑnt] Kunde 13
klantenservice ['klɑntəsərvɪs]
  Kundenservice 13
klapschaats, -en ['klɑpsχaˑts]
  Klappschlittschuh 2
klein [klɛˑin] klein 3
kleindochter, -s ['klɛˑindɔχtər] Enkelin 8
kleiner ['klɛˑinər] kleiner 7
kleinzoon, -s ['klɛˑinzoˑn] Enkel 8
kleren Pl ['kleˑrə(n)] Kleidung 15
kletspraatje (het), -s ['klɛtspraˑtjə]
  Schwätzchen 10
klinken ['klɪŋkə(n)] klingen 11
klok, -ken [klɔk] Kirchenglocke 8
kloppen ['klɔpə(n)] zutreffen, stimmen 3
kluisje (het), -s ['klœˑyʃə] Safe 13
km² (vierkante kilometer)
  ['viːrkɑntə 'kɪlomeˑtər] Quadratkilometer 7
knie (het), -ën [kni] Knie 12
knuffelen ['knʌfələ(n)] jmdn fest drücken
  1
koelkast, -en ['kulkɑst] Kühlschrank 13
koffer, -s ['kɔfər] Koffer 6
koffie ['kɔfi] Kaffee 3
Komaan! [kɔm'aˑn] Sag bloß! 11
komen ['koˑmə(n)] kommen 1
komst [kɔmst] Kommen 14
koorts [koˑrts] Fieber 12
kop, -pen [kɔp] Kopf 14
kopen ['koˑpə(n)] kaufen 6
kosten ['kɔstə(n)] kosten 7
kostuum (het), -s [kɔs'tyˑm] Anzug 15
kot B [kɔt] Studentenzimmer 3
kou [kɔu] Kälte 12
koud [kɔut] kalt 12
kous, kouzen [kɔus] Strumpf 15
kraakpand (het), -en ['kraˑkpɑnt]
  besetztes Haus 6
kraam (de / het), kramen [kraˑm]
  Verkaufsstand, „Bude" 3
krant, -en [krɑnt] Zeitung 1
krap [krɑp] eng 13
krat, -ten [krɑt] Kiste (Bier) 7
krijgen ['krɛˑiɣə(n)] bekommen, erhalten 2
kroeg, -en [kruˑχ] Kneipe 3

kroegentocht, -en [ˈkruɣətɔχt]
  Kneipentour 4
kruidenier, -s [krœˈydəˈniːr]
  Gemüsehändler 7
kruispunt (het), -en [ˈkrœˈyspʌnt]
  Kreuzung 6
kunstenaar, -s [ˈkʌnstənaːr] Künstler 14
kunstexpert, -s / -en [ˈkʌnstɛkspɛrt]
  Kunstexperte 14
kunsthandel [ˈkʌnsthɑndəl] Kunsthandel
  14
kunsthandelaar, -s [ˈkʌnsthɑndəlaːr]
  Kunsthändler 14
kunstschat, -ten [ˈkʌnstsχɑt] Kunstschatz
  14
kunstwereld [ˈkʌnstweˈrəlt] Kunstwelt 14
kunstwerk, -en [ˈkʌnstwɛrk] Kunstwerk 14
kussen [ˈkʌsə(n)] küssen 1
kust, -en [kʌst] Küste 12
kwijt [kwɛˈit] verloren 6

L

laars, laarzen [laːrs] Stiefel 15
laat [laˈt] spät 2
laatst(e) [ˈlaˈtstə] letzte(r,s) 4
lachen [ˈlaχə(n)] lachen 12
land (het), -en [lɑnt] Land 4
lang [lɑŋ] lang 4
langs [lɑŋs] entlang 6
lastig [ˈlɑstəχ] lästig 14
ledematen [ˈleˈdəmaˈtə(n)] Gliedmaße 12
leer (het) [leːr] Leder 15
legitimatiebewijs (het), -bewijzen
  [leˈɣitiˈmaˈsibəveˈis] Personalausweis 10
leiden [ˈlɛˈidə(n)] führen 14
lek [lɛk] undicht 5
lekker [ˈlɛkər] lecker 3
lelijk [leˈlək] scheußlich 13
leraar, leraren / lerares, -sen
  [ˈleˈraːr/leˈraˈrɛs] Lehrer(in) 9
leren kennen [ˈleˈrə(n) ˈkɛnə(n)]
  kennenlernen 1
les, -sen [lɛs] Unterricht(sstunde);
  Lektion 1
lesgeven [ˈlɛsχeˈvə(n)] unterrichten 9
letter, -s [ˈlɛtər] Buchstabe 7
Letzeburgs [ˈlɛtsəbʌrχs] Luxemburgisch 1
leuke [ˈløˈkə] toll, schön 1

leven (het), -s [ˈleˈvə(n)] Leben 4
levensgenieter [ˈleˈvənsɣənitər]
  Genussmensch 14
lezen [ˈleˈzə(n)] lesen 1
lichaam (het), lichamen [ˈlɪχaˈm]
  Körper 12
lichaamsoefening, -en [ˈlɪχaˈmsufənɪŋ]
  Körperübung 12
licht [lɪχt] hell 13
licht (het), -en [lɪχt] Licht 14
lied (het), -eren [lit] Lied 8
liefde [ˈlivdə] Liebe 5
liever [ˈlivər] lieber 7
liever niet [livər ˈniˈt] lieber nicht 1
liggen [ˈlɪɣə(n)] liegen 6
lijken op [ˈlɛˈikə(n)] ähneln 15
linkerkant [ˈlɪŋkərkɑnt] linke Seite 6
links [lɪŋks] links 6
linksaf [lɪŋksˈɑf] nach links 6
lip, -pen [ˈlɪp] Lippe 12
liter [ˈlitər] Liter 7
logeerkamer, -s [loˈʒeːrkaˈmər]
  Gästezimmer 13
logeren [loˈʒeːrə(n)] übernachten 2
long, -en [lɔŋ] Lunge 12
lopen [ˈloˈpə(n)] laufen 12
luid [lœˈyt] laut 13
luiden [ˈlœˈydə(n)] läuten 8
luidkeels [ˈlœˈytˈkeˈls] lauthals 12
luidruchtig [lœˈtˈrʌχtəχ] lautstark 13
luisteraar, -s [ˈlœˈystəraːr] Hörer 14
luisteren [ˈlœˈystərə(n)] zuhören 8
lunchen [ˈlʌnʃə(n)] zu Mittag essen 10
lusten [ˈlʌstə(n)] mögen 3
Luxemburg [ˈlʌksəmbʌrχ] Luxemburg 1
lyceum (het), -s [lɪˈseˈjʌm] Gymnasium 9

M

m.a.w. (met andere woorden)
  [mɛt ˈɑndərə woːrdə(n)] mit anderen
  Worten 13
m.b.t. (met betrekking tot)
  [mɛt bətrɛkɪŋ ˈtɔt] bezüglich 13
maag, magen [maˈχ] Magen 3
maar [maːr] aber, sondern 1
magnetron, -s [mɑɣneˈtrɔn] Mikrowelle 13
makkelijk [ˈmɑkələk] leicht, einfach 4
malle kerel [mɑlə ˈkeˈrəl] Witzbold 11

man, -nen [mɑn] Mann 1
manneke (het), -s ['mɑnəkə] Männlein 2
mannelijk (m) ['mɑnələk] männlich (m) 9
mantel, -s ['mɑntəl] Mantel 15
mantelpak (het), -ken ['mɑntəlpɑk]
  Kostüm 15
markt, -en [mɑrkt] Markt 3
Marokko [mɑ·'rɔko·] Marokko 1
matig ['mɑ·təχ] mäßig 12
matroos, matrozen [mɑ·'tro·s] Matrose 9
medewerker, -s ['me·dəwɛrkər]
  Mitarbeiter 9
medewerking ['me·dəʋɛrkɪŋ] Mitarbeit 1
mee [me·] mit 3
meedoen [me·dun] mitmachen 2
meemaken ['me·mɑ·kə(n)] miterleben 14
meer [me:r] mehr 1
meertalig [me:r'tɑ·ləχ] mehrsprachig 11
meest [me·st] (die) meisten 7
meestal ['me·stɑl] meistens 2
meevallen ['me·vɑlə(n)] halb so schlimm 5
Meid! [mɛ·it] Mensch! 6
meisje (het), -s ['mɛ·iʃə] Mädchen 3
melk [mɛlk] Milch 3
meneer [mə'ne:r] Herr (Anrede) 1
mening, -en ['me·nɪŋ] Meinung 14
mens, -en [mɛns] Mensch; Leute (nur Pl) 5
menukaart (het), -en [mə'ny·kɑ:rt]
  Menü, Speisekarte 3
met [mɛt] mit 2
met (+ Name) [mɛt] hier spricht (+ Name)
  2
meteen [mɛ'te·n] sofort 2
meten ['me·tə(n)] messen 12
meter ['me·tər] Meter 7
mevrouw [mə'vrɔ·u] Frau (Anrede) 1
mezelf [mə'zɛlf] mich selbst 10
middag ['mɪdɑχ] Mittag 1
middelbare school [mɪdəlbɑ·rə 'sχo·l]
  weiterführende Schule 9
midden ['mɪdə(n)] mitten 9
middernacht [mɪdər'nɑχt] Mitternacht 4
mij [mɛ·i] mich 1
miljoen (het) [mɪl'jun] Million 7
minder ['mɪndər] weniger 7
minst [mɪnst] (die) wenigsten 7
minstens ['mɪnstəs] mindestens 9

mislopen ['mɪslo·pə(n)] fehlschlagen,
  misslingen 8
misschien [mɪs'χin] vielleicht 4
misselijk ['mɪsələk] übel 12
missen ['mɪsə(n)] vermissen 10
misslaan ['mɪslɑ·n] daneben schlagen 7
mobieltje (het), -s [mɔ'biltjə] Handy 2
modereclame ['mo·dərəklɑ·mə]
  Modewerbung 15
modern [mo·'dɛrn] modern 5
moe [mu] müde 3
moeder, -s ['mudər] Mutter 2
moederszoontje (het), -s ['mudərso·ntjə]
  Muttersöhnchen 8
moedertaal, -talen ['mudərtɑ·l]
  Muttersprache 9
moedertaalspreker, -s ['mudərtɑ·lspre·kər]
  Muttersprachler 11
moeite doen ['muitə dun] Mühe geben 6
moeten ['mutə(n)] sollen, müssen 2
mogen ['mo·ɣə(n)] dürfen 1
mond [mɔnt] Mund 12
monument (het), -en [mo·ny·'mɛnt]
  Denkmal 6
mooi [mo·i] schön 6
morgen ['mɔrɣə(n)] Morgen 1
munten op ['mʌntə(n)] es auf jmdn abge-
  sehen haben 12
museum (het), -s [mʌ'zejʌm] Museum 5
muur, muren [my:r] Wand, Mauer 13
mysterieus [mɪstɛrɪ'jø·s] mysteriös 8

N

n.a.v. (naar aanleiding van)
  [nɑ:r 'ɑ:nle·idɪŋ vɑn] anlässlich 13
na [nɑ·] nach (zeitlich) 2
naam, namen [nɑ·m] Name 2
naar [nɑ:r] zu, nach (örtlich) 1
naartoe [nɑ:r'tu] nach 2
nacht, -en [nɑχt] Nacht 1
nachtelijk ['nɑχtələk] nächtlich 8
nachtrust ['nɑχtrʌst] Nachtruhe 8
nagelschaartje (het), -s ['nɑ·ɣəlsχɑːrtjə]
  Nagelschere 15
naoorlogse tijd ['nɑ·o:rlɔχsə tɛ·it]
  Nachkriegszeit 14
nationaal [nɑsɪo·'nɑ·l] national 6

natuurgebied, -en [naˑ'tyːrɣəbit]
   Naturgebiet 5
natuurlijk [naˑ'tyːrlək] natürlich, klar 3
Nederland ['neˑdərlɑnt] Niederlande 1
Nederlands ['neˑdərlɑnts] Niederländisch 1
Nederlandse Taalunie [neˑdərlɑntsə
   'taˑlʌni] Niederländische Sprachunion 11
Nederlands-Indië [neˑdərlɑnts 'ɪndijə]
   (Bezeichnung für Indonesien als Kolonie)
   8
nee [neˑ] nein
neef, neven [neˑf] Neffe; Cousin 8
nekbreuk ['nɛkbrøˑk] Genickbruch 14
nemen ['neˑmə(n)] nehmen 3
nergens ['nɛrɣəs] nirgends 13
nerveus [nɛr'vøˑs] nervös 4
net [nɛt] gerade, jetzt 3
netjes ['nɛtjəs] ordentlich 13
netto loon (het) ['nɛtoˑ loˑn] Nettolohn 9
neus, neuzen [nøˑs] Nase 12
nicht, -en [nɪχt] Nichte; Cousine 8
niet [nit] nicht 1
niet-roker, -s ['nitroˑkər] Nichtraucher 13
niet zo [nit 'zoˑ] nicht so 8
niets [nits] nichts 5
nietsnut ['niˑtsnʌt] Taugenichts 8
nieuw [niˑu] neu 1
nieuws (het) [niˑus] Nachrichten 14
nieuwtje (het), -s ['niˑutjə]
   (etw) Wissenswertes 12
niezen ['nizə(n)] niesen 12
nl. (namelijk) ['naˑmələk] nämlich 13
nodig hebben ['noˑdəχ‿ɛbə(n)] brauchen 4
noemen ['numə(n)] nennen 11
nog [nɔχ] noch 2
nogal [nɔ'ɣal] ziemlich 4
nooit [noˑit] nie 1
nou [nɔˑu] also
nummer (het), -s ['nʌmər] Nummer 2
nylon ['nɛˑilɔn] Nylon 15

o

o.a. (onder andere) [ɔndər 'ɑndərə]
   u. a. (unter anderem) 13
ochtend ['ɔχtənt] Morgen 4
oefenen ['ufənə(n)] üben 1
oefening, -en ['ufənɪŋ] Übung 1
oergezellig [uːrɣə'zɛləχ] urgemütlich 5

oester, -s ['ustər] Auster 2
of [ɔf] oder; ob 1,5
ogenblik (het), -ken [oˑɣə'blɪk]
   Augenblick 2
oktober [ɔk'toˑbər] Oktober 2
olijf, olijven [oˑ'lɛˑif] Olive 3
omdat [ɔm'dɑt] weil 11
omgangstaal, -talen ['ɔmɣɑnstaˑl]
   Umgangssprache 11
omgekeerd ['ɔmɣəkeːrt] umgekehrt 15
omhelzen [ɔm'hɛlzə(n)] umarmen 1
omhoog [ɔm'hoˑχ] nach oben 12
omloop ['ɔmloˑp] Umlauf 14
omroep, -en ['ɔmrup] Radiosender 14
onderduikadres, -sen ['ɔndərdœˑykɑdrɛs]
   Versteck 14
onderonsje (het), -s [ɔndər'ɔnʃə]
   Beisammensein 15
onderschatten [ɔndər'sχɑtə(n)]
   unterschätzen 11
ondervraagde, -n [ɔndər'vraˑɣdə]
   Befragte 11
onderweg [ɔndər'vɛχ] unterwegs 5
onderwerp (het), -en ['ɔndərʋɛrp]
   Thema 14
onderwijzer, -s / onderwijzeres, -sen
   [ɔndər'ʋɛˑizər / ɔndərʋɛˑize'rəs]
   Lehrer(in) 9
onderzoek (het), -en ['ɔndərzuk]
   Untersuchung, Forschung 11
onderzoeker, -s [ɔndər'zukər] Forscher 12
ongewoon ['ɔnɣəʋoˑn] ungewöhnlich 8
onlangs [ɔn'lɑŋs] neulich, unlängst 8
onmiddellijk [ɔn'mɪdələk] sofort 10
onrechtmatig [ɔnrɛχt'mɑtəχ]
   unrechtmäßig 14
ons [ɔns] 100 Gramm 7
ontbijt (het) [ɔm'bɛˑit] Frühstück 3
ontbijt op bed [ɔm'bɛˑit‿ɔb‿ɛt]
   Frühstück im Bett 4
ontbijten [ɔm'bɛˑitə(n)] frühstücken 4
ontdekken [ɔn'dɛkə(n)] entdecken 5
ontmoeten [ɔnt'mutə(n)] begegnen 5
ontslag (het), -en [ɔnt'slɑχ] Entlassung 10
ontzettend [ɔn'tsɛtənt] besonders, sehr 8
onuitstaanbaar [ɔnœˑy'tstaˑnbaːr]
   unausstehlich 13
oog, ogen [oˑχ] Auge 12

ooggetuige, -n ['oˑɣətœˑɣɣə] Augenzeuge 14

ooit [oˑit] irgendwann 4

ook [oˑk] auch 1

oom, -s [oˑm] Onkel 8

oor (het), oren [oːr] Ohr 12

oorbel, -len ['oːrbɛl] Ohrring 15

oord (het), -en [oːrt] Ort 12

oorlog, -en ['oːrlɔχ] Krieg 6

oorlogsbuit ['oːrlɔχsbœˑyt] Kriegsbeute 14

oorlogslachtoffer, -s ['oːrlɔχslaχtɔfər] Kriegsopfer 14

oorpijn ['oːrpɛˑin] Ohrenschmerzen 12

Oostenrijk ['oˑstənrɛˑik] Österreich 1

op [ɔp] auf 1

op stap [ɔp 'stɑp] unterwegs 3

opbellen ['ɔbɛlə(n)] anrufen 2

opdracht, -en ['ɔbdrɑχt] Aufgabe 12

opdringerig ['ɔbdrɪŋərɪχ] aufdringlich 15

opduiken ['ɔbdœˑykə(n)] auftauchen 8

open haard, -en ['oˑpənˏaːrt] Kamin 13

openbaar [oˑpən'baˑr] öffentlich 11

openingsuren ['oˑpənɪŋsyːrə(n)] Öffnungszeiten 4

opfrissen ['ɔpfrɪsə(n)] auffrischen 11

opgeblazen ['ɔpχəblaˑzə(n)] aufgeblasen 10

opgedirkt [ɔpχə'dɪrkt] aufgetakelt 15

opgeven ['ɔpχeˑvə(n)] aufgeben 10

opgroeien ['ɔpχruˑjə(n)] aufwachsen 11

opleiding, -en ['ɔplɛˑidɪŋ] Ausbildung 9

oppassen ['ɔpɑsə(n)] aufpassen 12

opruimen ['ɔprœˑymə(n)] aufräumen 13

opschieten ['ɔpsχitə(n)] auskommen 9

opsluiten ['ɔpslœˑytə(n)] einsperren 8

opstaan ['ɔpstaˑn] aufstehen 4

opsturen ['ɔpstyːrə(n)] schicken 10

optreden (het), -s ['ɔptreˑdə(n)] Auftritt 8

opzoeken ['ɔbzukə(n)] nachschlagen 11

oranje [oˑ'rɑnjə] orange 15

orde ['ɔrdə] Ordnung 10

organiseren [ɔrɣani'seˑrə(n)] organisieren 8

origineel [oˑriʒi'neˑl] originell 15

oud [ɔˑut] alt 3

ouderen ['ɔˑudərə(n)] (die) Alten 10

ouders ['ɔˑudərs] Eltern 8

oudje (het), -s ['ɔˑutjə] (der / die) Alte 10

over ['oˑvər] über, zu 1

overal [oˑvər'ɑl] überall 5

overboord gooien [oˑvər'boːrt ɣoˑjə(n)] über Bord werfen 10

overdoen ['oˑvərdun] wiederholen 15

overdrijven [oˑvər'drɛˑivə(n)] übertreiben 15

overhemd (het) ['oˑvərhɛmt] Hemd 15

overkant ['oˑvərkɑnt] gegenüberliegende Seite 6

overleven [oˑvər'leˑvə(n)] überleben 12

overmorgen ['oˑvərmɔrɣə(n)] übermorgen 4

overnemen ['oˑvərneˑmə(n)] übernehmen 12

overschakelen ['oˑvərsχaˑkələ(n)] wechseln 11

oversteken ['oˑvərsteˑkə(n)] überqueren 5

overtuigd [oˑvər'tœˑyχt] überzeugt 11

overzee [oˑvər'zeˑ] Übersee 10

P

paar (het) [paːr] Paar 15

paard (het), -en [paːrt] Pferd 10

paars [paːrs] lila 15

pad (het), -en [pɑd] Pfad 5

pak (het), -ken [pɑk] Anzug 15

pakje (het), -s ['pɑkjə] Päckchen 7

plakje (het), -s ['plɑkjə] Scheibe (Wurst, Käse) 7

pakje friet (het) [pɑkjə 'frit] Portion Pommes frites 3

pakjesavond NL ['pɑkjəsaˑvɑnt] Geschenkeabend (5.12.) 7

paleis (het) [pɑ'lɛˑis] Palast 13

paniek [pɑ'nik] Panik 13

pannenkoek ['pɑnəkuk] Pfannkuchen 7

Papiaments [pɑpjaˑ'mɛnts] Papiamento 1

papier (het) [pɑ'pir] Papier 15

papieren [pɑ'pirə(n)] Unterlagen 10

part (het) [pɑrt] Teil 10

parttime ['pɑrtaˑim] (in) Teilzeit 9

partyschepen ['paˑtisχeˑpə(n)] Vergnügungsschiffe 4

pas [pɑs] erst 5

paspoort (het), -en ['pɑspoːrt] Pass 10

passen bij ['pɑsə(n) bɛˑi] passen zu 9

passie ['pɑsi] Passion, Leidenschaft 9

patat, -ten [pɑ'tɑt] Kartoffel 3

pechvogel ['pɛχvoˑɣəl] Pechvogel 15

pedaal (het), pedalen [peˑ'daˑl] Pedal 5
penseel (het), penselen [pɛn'seˑl] Pinsel 14
peperduur [peˑpər'dyːr] sehr teuer 6
pepernoten *NL* ['peˑpərnoˑtə(n)]
  Pfeffernüsse 7
per [pɛr] pro 7
perfect [pər'fɛkt] perfekt 2
periode, -s [pɛri'joˑdə] Periode 9
pers [pɛrs] Presse 10
persoonlijk [pər'soˑnlək] persönlich 9
pessimistisch [pɛsi'mɪstɪs] pessimistisch 9
pet, -ten [pɛt] Kappe 15
piano, 's [pi'janoˑ] Klavier 8
piepklein [pip'klɛˑin] winzig 13
pieptoon ['piptoˑn] Piepton 2
pijn [pɛˑin] Schmerz 12
pijnstiller ['pɛˑinstɪlər] Schmerztablette 12
pilsje, -s *NL* ['pɪlʃə] Bierchen 3
pintje, -s *B* ['pɪntjə] Bierchen 3
plaats, -en [plaˑts] Platz 3
plaatselijk ['plaˑtsələk] Lokal 8
plaatsen ['plaˑtsə(n)] hinstellen;
  aufgeben 9
plaatsnaam, -namen ['plaˑtsnaˑm]
  Ortsname 13
plan (het), -nen [plɑn] Plan 4
plannen ['plɛnə(n)] planen 4
plastic ['plɛstɪk] Plastik 15
plat [plɑt] platt 5
plat water [plɑt 'ʋaˑtər] stilles Wasser 3
plattegrond (het), -en [plɑtə'ɣrɔnt]
  Stadtplan, Grundriss 6
plein (het), -en [plɛˑin] Platz 6
plezier (het) [plə'zir] Spaß 6
60-plusser, -s [sɛstəχ'plʌsər] Senior(in) 9
poedersuiker ['pudərsœˑykər]
  Puderzucker 7
poen [pun] Knete 14
poetsen ['putsə(n)] putzen 13
poffertjes ['pɔfərtje(s)] Stand 3
politie [po'lisi] Polizei 8
politieagent, -en / politieagente, -n
  [poˑ'lisiaɣɛnt(ə)] Polizist(in) 8
politiek [poˑli'tik] politisch 14
politiekantoor (het), -kantoren
  [poˑ'lisikɑntoːr] Polizeidienststelle 9
pompoensoepje, -s [pɔm'punˑsupjə]
  Kürbissuppe 3

pond (het) [pɔnt] Pfund 7
postkantoor (het) ['pɔskɑntoːr] Postamt 9
potje (het), -s ['pɔtjə] Glas 7
prachtig ['prɑχtəχ] prächtig 2
praten ['praˑtə(n)] reden 6
precies [prə'sis] genau 6
prijs, prijzen [prɛˑis] Preis 2
Prima! ['primaˑ] Ausgezeichnet! 2
probleem (het), problemen [proˑ'bleˑm]
  Problem 4
procent (het), -en [pro'sɛnt] Prozent 11
profiel (het), -en [pro'fil] Profil 9
programma (het), 's [proˑ'ɣramaˑ]
  Programm 14
programmaboekje (het), -s
  [proˑ'ɣramaˑbukjə] Programmheft 14
Proost! [proˑst] Zum Wohl! 3
psychologisch [psiχoˑ'loˑɣɪs]
  psychologisch 8
puber, -s ['pyˑbər] Pubertierende(r) 9
publiek (het) [pyˑ'blik] Publikum 14

R

raad, raden [raˑt] Rat 8
raam (het), ramen [raˑm] Fenster 8
raar doen [raːr dun] sich merkwürdig
  verhalten 3
radio, -s ['raˑdjoˑ] Radio 13
recept (het), -en [rə'sɛpt] Rezept 12
rechtdoor [rɛχt'doːr] geradeaus 6
rechts [rɛχs] rechts 6
rechts afslaan [rɛχs 'ɑfslaˑn] nach rechts
  abbiegen 6
reden, -en ['reˑdə(n)] Grund 11
referentie, -s [rəfə'rɛnsi] Referenz 9
reisgids, -en ['rɛˑisχɪts] Reiseführer 6
reiskostenvergoeding, -en
  ['rɛˑiskɔstənvərɣudɪŋ]
  Reisekostenerstattung 9
rekenen ['reˑkənə(n)] rechnen 7
rekening, -en ['reˑkənɪŋ] Rechnung 12
rem, -men [rɛm] Bremse 5
reporter, -s [rə'pɔrtər] Reporter 8
restaurant (het), -s [rɛstoˑ'rɑnt]
  Speiserestaurant 3
resultaat (het), resultaten [rɛsʌl'taˑt]
  Resultat 12
richting, -en ['rɪχtɪŋ] Richtung 5

rij, -en [rɛ·i] Reihe, Liste 13
rijbewijs (het), rijbewijzen ['rɛ·ibəʋɛ·is]
Führerschein 2
rijk [rɛ·ik] reich 8
rijtjeshuis (het), -huizen ['rɛ·itjəshœ·ys]
Reihenhaus 13
rit, -ten [rɪt] Fahrt 6
rivier, -en [ri'vi:r] Fluss 5
Roemenië [ru'me·nijə] Rumänien 1
roepen ['rupə(n)] rufen 3
roer (het), -s [rur] Ruder 12
rok, -ken [rɔk] Rock 15
rol, -len [rɔl] Rolle 7
romig ['ro·məχ] sahnig 3
roofkunst ['ro·fkʌnst] Raubkunst 14
root [ro·t] rot 15
rotonde, -s [ro'tɔndə] Kreisverkehr 6
routepaden ['ru·təpa·də(n)] Route,
Strecke 5
roze ['ro·zə] rosa 15
rug, -gen [rʌχ] Rücken 12
rugzak, -ken ['rʌχzak] Rucksack 15
ruim [rœ·ym] geräumig 13
rust [rʌst] Ruhe 4
rustig ['rʌstəχ] ruhig 13

S

saai [sa·i] langweilig 10
salade, -s [sɑ·la·də] Salat 3
samen ['sa·mə(n)] zusammen 4
Santé! nur B [san'te·] Zum Wohl! 3
scharreleitje (het), -s ['sχarələ·itjə]
Ei von freilaufenden Hühnern 3
schat, -ten [sχat] Schatz 4
schilderen ['sχɪldərə(n)] malen 14
schilderij (het), -en [sχɪldə'rɛ·i] Gemälde 5
schip (het), schepen [sχɪp] Schiff 4
schoen [sχun] Schuh 15
school, scholen [sχo·l] Schule 9
schoon [sχo·n] sauber 13
schoonbroer, -s ['sχo·nbrur] Schwager 8
schoonmaken ['sχo·nma·kə(n)]
saubermachen 13
schoonouders ['sχo·nɔudərs]
Schwiegereltern 8
schoonzus, -sen ['sχo·nzʌs] Schwägerin 8
schot in de roos [sχɔt ɪn də 'ro·s]
ins Schwarze treffen 15

schouder, -s ['sχɔ·udər] Schulter 12
schoudertas, -sen ['sχɔudərtas]
Umhängetasche 6
schriftelijk ['sχrɪftələk] schriftlich 9
schrijven ['sχrɛ·ivə(n)] schreiben 10
seconde, -s [sə'kɔndə] Sekunde 8
seintje (het), -s ['sɛ·intjə] Signal 4
serieus [sɛri'jø·s] seriös 12
shoppen ['ʃɔpə(n)] einkaufen 6
sigaret, -ten [siɣa·'rɛt] Zigarette 13
sigarettenpeuk, -en [siɣa·'rɛtəpø·k]
Zigarettenstummel 13
sinds [sɪnts] seit 10
Sinterklaas [sɪntər'kla·s] Sankt Nikolaus 7
sjaal, -s [ʃa·l] Schal 15
ski, 's [ski] Ski 9
skiën ['skijə(n)] Ski fahren 9
skipak (het), -ken ['skipak] Skianzug 9
skipas, -sen ['skipas] Skipass 9
skyline ['skailain] Skyline 7
sla [sla·] Blattsalat 3
slaapkamer, -s ['sla·pka·mər]
Schlafzimmer 13
slachtoffer, -s ['slaχtɔfər] Opfer 6
slagen ['sla·ɣə(n)] bestehen 4
slager, -s ['sla·ɣər] Metzger(in) 9
slagerij, -en [sla·ɣə'rɛ·i] Metzgerei 9
slagroom ['slaχro·m] Sahne 3
slapen ['sla·pə(n)] schlafen 1
slecht [slɛχt] schlecht 13
sleutel, -s ['slø·təl] Schlüssel 6
sleutelmaker ['slø·təlma·kər]
Schlüsseldienst 6
slijter, -s ['slɛ·itər] Spirituosenhändler 7
slim [slɪm] klug 8
slot (het), -en [slɔt] Schloss 5
smaak [sma·k] Geschmack 15
Smakelijk eten! ['sma·kələk 'e·tə(n)]
Guten Appetit! 3
smaken ['sma·kə(n)] schmecken 3
smal [smal] eng 13
sms-belletje (het), -s [ɛs ɛm ɛs 'bɛlətjə]
SMS-Klingeln 15
smulpaap ['smʌlpa·p] Feinschmecker;
Vielfraß 3
snappen ['snapə(n)] verstehen 3
sneetje (het), -s ['sne·tjə] Scheibe (Brot) 7
sneeuw [sne·u] Schnee 9

snel [snɛl] schnell 2
snoepgoed (het) ['snupχut] Süßigkeit 7
snoepje, -s (het) ['snupjə] Süßigkeit 7
snoepreisje, -s ['snuprɛ·iʃə]
  Vergnügungsreise 12
soep van de dag ['sup vɑn də 'dɑχ]
  Tagessuppe 3
sok, -ken [sɔk] Socke 15
sollicitatie, -s [sɔlisi'taːsi] Bewerbung 9
solliciteren (naar) [sɔlisi'teːrə(n)]
  sich bewerben (auf) 9
sommige ['sɔməɣə] manche 10
soms [sɔms] manchmal 4
souvenir (het), -s [suvə'nir] Souvenir 15
spa blauw [spa blɔ·u] stilles Wasser 3
spa rood [spa roːt] Mineralwasser 3
Spaans [spaːns] Spanisch 1
Spaanse mat ['spaːnsə mɑt]
  (hist.:) Silbermünze aus Spanien 12
Spanje ['spɑnjə] Spanien 1
spannend ['spɑnənt] spannend 14
specialiteit, -en [speˑsjali'tɛ·it]
  Spezialität 3
spectaculair [spektaky·'lɛr] spektakulär 7
speculaasje (het), -s [spɛky'laːʃə]
  Spekulatius(keks) 7
spelen ['speˑlə(n)] spielen 7
spellen ['spɛlə(n)] buchstabieren 1
spetterend feest ['spɛtərənt feːst]
  ausgelassenes Fest 4
spierpijn ['spirpɛ·in] Muskelschmerzen 12
sport [spɔrt] Sport 9
sportleraar, -leraren ['spɔrtleˑraːr]
  Sportlehrer 9
spreken ['spreˑkə(n)] sprechen 1
spuitwater B ['spœ·ytʋaˑtər]
  Mineralwasser 3
spullen ['spʌlə(n)] Habseligkeiten 3
staan [staˑn] stehen 6
stacaravan, -s ['staˑkɛˑrɛˑvɛn]
  feststehender Wohnwagen 13
stad, steden [stɑt, 'steˑdə(n)] Stadt,
  Städte 2
stadsgezicht (het), -en ['stɑtsχəzɪχt]
  Stadtansicht 6
stadspoort, -en ['stɑtspoːrt] Stadttor 6
stadswandeling, -en ['stɑtsʋɑndəlɪŋ]
  Stadtrundgang 7

standaardtaal, -talen ['stɑndaːrtaˑl]
  Standardsprache 11
stapel ['staˑpəl] Stapel 12
start [stɑrt] Start 15
statig ['staˑtəχ] vornehm, erhaben 8
steken ['steˑkə(n)] stecken 12
stelen ['steˑlə(n)] stehlen 15
stellen ['stɛlə(n)] stellen 11
stelletje (het), -s ugs ['stɛlətjə]
  Grüppchen, Truppe 9
ster, -ren [stɛr] Stern 8
sterk [stɛrk] stark 12
sterven ['stɛrvə(n)] sterben 14
stil [stɪl] still, ruhig 8
stokbrood (het), -broden ['stɔgbroˑt]
  Baguette 3
stom [stɔm] dumm 2
stoplicht (het), -en ['stɔplɪχt] Ampel 6
stoppen ['stɔpə(n)] aufhören 10
storen ['stoˑrə(n)] stören 8
straat, straten [straˑt] Straße 6
straks [strɑks] später, gleich 2
stralend ['straˑlənt] strahlend 6
strekken ['strɛkə(n)] strecken, dehnen 12
streng [strɛŋ] streng 8
stress [strɛs] Stress 5
strijd [strɛ·it] Kampf 12
strip [strɪp] Comic 15
strooigoed (het) ['stroˑiɣut] (Süßigkeiten,
  die an Nikolaus in die Menge geworfen
  werden) 7
studentenkamer, -s [sty·'dɛntəkaˑmər]
  Studentenzimmer 3
studentenstad, -steden [sty·'dɛntəstɑt]
  Studentenstadt 3
studentenstreek, -streken
  [sty·'dɛntəstreˑk] Studentenstreich 8
studie ['stʌdi] Studium 11
studio, 's ['stʌdijo] Studio 14
sturen ['styːrə(n)] schicken 2
stuur (het), sturen [styːr] Lenker 5
succes (het), -sen [sʌk'sɛs] Erfolg 9
succesvol [sʌk'sɛsvɔl] erfolgreich 7
suikertante, -s ['sœ·ykərtɑntə]
  unverheiratete Tante 8
superlatief, superlatieven [sy·'pɛrlatif]
  Superlativ 7

supermarkt, -en ['syˑpərmɑrkt]
 Supermarkt 7
Suriname [syˑri'naˑmə] Suriname 1
sympathie [sɪmpaˑ'ti] Sympathie 8

T

t.a.v. (ter attentie van) [tɛr a'tɛnsi vɑn]
 z. Hd. (zu Händen von) 13
t/m (tot en met) [tɔt ɛn mɛt]
 bis einschließlich 4
taal [taˑl] Sprache 1
taalexamen ['taˑlɛksaˑmə(n)]
 Sprachprüfung 11
taalwedstrijd ['taˑlʋɛtstrɛˑit]
 Sprachenwettbewerb 2
taalweetjes [taˑlʋeˑtjəs] Wissenswertes über
 Sprache 1
talenkennis ['taˑləkɛnɪs] Sprachkenntnis
 2
tand [tɑnt] Zahn 12
tandarts, -en/tandartse, -n ['tɑndɑrts(ə)]
 Zahnarzt/Zahnärztin 9
tandartspraktijk, -en ['tɑndɑrtsprɑktɛˑik]
 Zahnarztpraxis 9
tandenborstel, -s ['tɑndəbɔrstəl]
 Zahnbürste 15
tandpijn ['tɑntpɛˑin] Zahnschmerzen 12
tante, -s ['tɑntə] Tante 8
tapijt (het), -en [taˑ'pɛˑit] Teppich 13
tas, -sen [tɑs] Tasche 6
te [tə] zu 2
teamspeler, -s ['timspeˑlər] Teamplayer 9
teen [teˑn] Zeh 12
tegen ['teˑɣə(n)] gegen 4
tekeergaan [təˈkeːrɣaˑn] toben, rasen 13
tekenaar, -s ['teˑkənaːr] Zeichner 6
tekenfilm, -s ['teˑkəfɪlm] Zeichentrickfilm
 12
telefoneren [teˑləfoˑ'neːrə(n)] telefonieren 2
telefoon, -s ['teˑləfoˑn] Telefon 9
televisie [teˑlə'viˑsi] Fernseher 13
ten einde raad zijn [tɛn ɛˑində 'raˑt zɛˑin]
 nicht mehr weiter wissen 13
tenminste [tən'mɪnstə] zumindest 7
tent, -en [tɛnt] Zelt 5
tentoonstelling, -en [tən'toˑnstɛlɪŋ]
 Ausstellung 4
terras (het), -sen [tə'rɑs] Terrasse 13

terugbellen [t'rʌɣbɛlə(n)] zurückrufen 2
terwijl [tər'wɛˑil] während 12
testen ['tɛstə(n)] testen, prüfen 2
tevreden [tə'vreˑdə(n)] zufrieden 10
thee [teˑ] Tee 3
thuis [tœˑys] zu Hause 2
tijd, -en [tɛˑit] Zeit 4
tijdschrift (het), -en ['tɛˑitsχrɪft]
 Zeitschrift 12
tikken ['tɪkə(n)] ticken 13
tip, -s [tɪp] Tipp 5
tjonge, jonge ['tjɔŋəjɔŋə] Junge, Junge 6
toch [tɔχ] doch 1
toehappen ['tuhɑpə(n)] zuschlagen 9
toekijken ['tukɛˑikə(n)] zuschauen 8
toekomst ['tukɔmst] Zukunft 12
toerist, -en [tu'rɪst] Tourist 9
toespraakje (het), -s ['tusprɑˑkjə]
 Rede, Ansprache 15
toeval, -len ['tuvɑl] Zufall 1
toevallig [tu'vɑləχ] zufällig 11
toilet (het), -en [tʋa'lɛt] Toilette 13
tomaat, tomaten [toˑ'maˑt] Tomate 3
tomatensapje, -s [toˑ'maˑtəsapjə]
 Tomatensaft 3
toosten ['toˑstə(n)] anstoßen 15
tostie, -s ['tɔsti] Schinken-Käse-Toast 3
tot [tɔt] bis 2
Tot ziens! [tɔt 'sins] Auf Wiedersehen! 1
trakteren [trɑk'teːrə(n)] auf ein
 Essen/Getränk einladen 3
trein, -en [trɛˑin] Zug 1
trek [trɛk] Lust 3
troost [troˑst] Trost 8
trots [trɔts] stolz 11
trouwen ['trɔuvə(n)] heiraten 8
trouwens ['trɔˑuvəs] übrigens 1
trui, -en [trœˑy] Pullover 15
trut [trʌt] Tussi 15
tuin, -en [tœˑyn] Garten 13
tuinset ['tœˑynsɛt] Gartenmöbel 13
Turkije [tʌr'kɛˑiə] Türkei 1
Turks [tʌrks] Türkisch 1
tweeling ['tʋeˑlɪŋ] Zwillinge 15
twee-onder-één-kap [tʋeˑ‿ɔndər eˑn 'kɑp]
 Doppelhaushälfte 13
tweetalig [tʋeˑ'taˑləχ] zweisprachig 11

twisten over [tʋɪstə(n) 'oˑvər] streiten über 15

type, -s ['tipə] Typ 11

U

uit [œˑyt] aus 1

uit het hoofd [œˑyt‿ət 'hoˑft] auswendig 11

uitbreken ['œˑytbreˑkə(n)] ausbrechen 14

uitbrengen ['œˑytbreŋə(n)] herausbringen 12

uitdenken ['œˑytdeŋkə(n)] ausdenken 12

uitdrukken ['œˑytdrʌkə(n)] äußern 11

uiterlijk ['œˑytərlək] spätestens 9

uitgaan ['œˑytχaˑn] ausgehen 4

uitgestrekt ['œˑytχəstrɛkt] ausgedehnt 5

uitgeven ['œˑytχeˑvə(n)] herausgeben 4

uithuizig [œˑyt'hœˑyzəχ] außer Haus 13

uitkiezen ['œˑytkizə(n)] auswählen 7

uitkijken ['œˑytkɛˑikə(n)] ausschauen 10

uitkleden ['œˑytkleˑdə(n)] ausziehen 12

uitmaken ['œˑytmaˑkə(n)] ausmachen 3

uitnodigen (op) ['œˑytnoˑdəɣən‿(ɔp)] einladen (zu) 3

uitnodiging, -en ['œˑytnoˑdəɣɪŋ] Einladung 4

uitoefenen ['œˑytufənə(n)] ausüben 9

uitpakken ['œˑytpakə(n)] auspacken 15

uitslapen ['œˑytslaˑpə(n)] ausschlafen 4

uitsmijter ['œˑytsmeˑitər] Strammer Max 3

uitspreken ['œˑytspreˑkə(n)] ausreden 5

uitstapje (het), -s ['œˑytstɑpjə] Ausflug 8

uitstekend [œˑyt'steˑkɛnt] ausgezeichnet 15

uitstippelen ['œˑytstɪpələ(n)] aussuchen 5

uitverkocht ['œˑytvərkɔχt] ausverkauft 7

uitzending, -en ['œˑytzɛndɪŋ] Sendung 14

uitzicht (het), -en ['œˑytzɪχt] Aussicht, Panorama 7

uitzien ['œˑytzien] aussehen 12

universiteit, -en [ʌniversi'tɛˑit] Universität 9

uren slijten ['yːrə(n) slɛˑitə(n)] Stunden verbringen 15

uur (het), uren [yːr] Stunde; Uhr *(Zeitangabe)* 4

V

vaak [vaˑk] oft 4

vaatwasser, -s ['vaˑtʋasər] Geschirrspülmaschine 13

vader, -s ['vaˑdər] Vater 8

vakantie [vaˑ'kɑnsi] Ferien, Urlaub 5

vakantiehuis (het), huizen [vaˑ'kɑnsihœˑys] Ferienhaus 13

van [vɑn] von 2

vanaf [vɑn'ɑf] ab *(zeitlich)* 4

vandaag [vɑn'daˑχ] heute 1

vanochtend [vɑn'ɔχtənt] heute Morgen 4

vanuit [vɑn'œˑyt] ab *(örtlich)* 5

vanzelf [vɑn'zɛlf] von selbst 11

varen ['vaˑrə(n)] (Boot) fahren 12

vast [vɑst] fest 8

vastnemen ['vɑstneˑmə(n)] festnehmen 8

veel [veˑl] etwas 2

vegetarisch [veˑɣeˑ'taˑrɪs] vegetarisch 3

veilen ['vɛˑilə(n)] versteigern 14

ver [vɛr] weit 10

verder ['vɛrdər] weiter 6

verdergaan ['vɛrdərɣaˑn] weitergehen 2

verdieping, -en [vər'dipɪŋ] Stockwerk 7

verdriet (het) [vər'drit] Kummer 12

Verenigd Koninkrijk [vərəˑnɪχt 'koˑnɪŋkreˑik] (das) Vereinigte Königreich 7

vergadering, -en [vər'ɣaˑdərɪŋ] Besprechung 2

vergeten [vər'ɣeˑtə(n)] vergessen 2

verhaal (het), verhalen [vər'haˑl] Erzählung 8

verhuisfirma, 's [vər'hœˑysfɪrmaˑ] Umzugsfirma 10

verhuizen [vər'hœˑyzə(n)] umziehen 10

verhuizing, -en [vər'hœˑyzɪŋ] Umzug 10

verjaard [vər'jaːrt] verjährt 14

verkeerd [vər'keːrt] falsch 15

verkeersweg, -en [vər'keːrsʋɛχ] Straße 13

verkoper, -s / verkoopster, -s [vər'koˑpər / vər'koˑpstər] Verkäufer(in) 7

verkopen [vər'koˑpə(n)] verkaufen 12

verkouden [vər'kɔˑudə(n)] erkältet 12

verlaten [vər'laˑtə(n)] verlassen 8

verleden (het) [vər'leˑdə(n)] Vergangenheit 8

verliefd [vər'lift] verliebt 5

verliezen [vər'lizə(n)] verlieren 8

verontschuldigen [vərɔnt'sχʌldɪɣə(n)] entschuldigen 13
veroordelen [vər'oˑrdeˑlə(n)] verurteilen 14
verpleger, -s / verpleegster, -s [vər'pleˑɣər, vɛrpleˑɣstər] Krankenpfleger / Krankenschwester 9
verrassen [və'rasə(n)] überraschen 7
verrassing, -en [və'rasıŋ] Überraschung 11
vers [vɛrs] frisch 3
verschrikkelijk [vər'sχrɪkələk] schrecklich 14
versnelling, -en [vər'snɛlıŋ] Gang 5
verstaan [vər'staˑn] verstehen 3
verstuikt [vər'stœˑykt] verstaucht 12
vertaling, -en [vər'taˑlıŋ] Übersetzung 2
vertellen [vər'tɛlə(n)] erzählen 5
vertrek (het) [vər'trɛk] Abfahrt 10
vertrekken [vər'trɛkə(n)] abfahren 1
vertrouwen (het) [vər'trɔuvə(n)] Vertrauen 11
vervalser, -s [vər'valsər] Fälscher 14
vervalsing, -en [vər'valsıŋ] Fälschung 14
vervolgen [vər'vɔlɣə(n)] fortsetzen 14
vervolgens [vər'vɔlɣəs] anschließend 5
vervolgopleiding, -en [vər'vɔlɣɔpleˑidıŋ] Ausbildung 9
verwachten [vər'vaχtə(n)] erwarten 8
verwennen [vər'vɛnə(n)] verwöhnen 4
verwerven [vər'vɛrvə(n)] erwerben 14
verzameling, -en [vər'zaˑməlıŋ] Sammlung 14
verzekering, -en [vər'zeˑkərıŋ] Versicherung 9
verzekeringskaart, -en [vər'zeˑkərıŋskaˑrt] Versicherungskarte 10
verzenden [vər'zɛndə(n)] schicken, versenden 2
via [vijaˑ] über 5
vieren [ˈviːrə(n)] feiern 4
vijand, -en [ˈvɛˑijɑnt] Feind 14
villa, 's [ˈvɪlaˑ] Villa 13
vinden [ˈvɪndə(n)] finden 1
vinger, -s [ˈvɪŋər] Finger 12
vis, -sen [vɪs] Fisch 3
Vlaanderen [ˈvlaˑndərə(n)] Flandern 1
vlakbij [vlɑk'bɛˑi] nahe 3
vloeiend [ˈvluˑijɑnt] fließend 9
vloer, -en [vlur] Boden 13

vloot, vloten [vloˑt] Flotte 12
vlucht, -en [vlʌχt] Flucht 14
vlug [vlʌχ] schnell 2
voelen [ˈvulə(n)] fühlen, spüren 12
voertaal, -talen [ˈvurtaˑl] Verkehrssprache 11
voet, -en [vut] Fuß 8
volgen [ˈvɔlɣə(n)] folgen 5
volgens mij [vɔlɣəs 'mɛˑi] meiner Meinung nach 7
volhouden [ˈvɔlhɔˑudə(n)] durchhalten 8
volledig [vɔ'leˑdəχ] vollständig 9
voluit [vɔl'œˑyt] ausgeschrieben 13
volwassene, -n [vɔl'vɑsənə] Erwachsene 9
voor [voːr] für; vor 1, 4
vooral [voːr'al] vor allem 5
voorbereiden [ˈvoːrbərɛˑidə(n)] vorbereiten 11
voorbereidingscursus, -sen [ˈvoːrbərɛˑidıŋskʌrsʌs] Vorbereitungskurs 11
voorbijganger, -s [voːr'bɛˑiɣɑŋər] Passant 6
voordeur, -en [ˈvoːrdøːr] Eingangstür 13
voorgrond [ˈvoːrɣrɔnt] Vordergrund 6
voornaam, -namen [ˈvoːrnaˑm] Vorname 9
voorstellen [ˈvoːrstɛlə(n)] vorstellen 1
vorige [ˈvoˑrəɣə] vorige(r,s) 8
vraag [vraˑχ] Frage 11
vreemde taal, talen [vreˑmdə 'taˑl] Fremdsprache 2
vriend, -en [vrint] Freund 2
vriendelijk [ˈvrindələk] freundlich 6
vriendin, -nen [vrin'dın] Freundin 1
vrij [vrɛˑi] frei 4
vrije tijd [vrɛˑjə 'tɛˑit] Freizeit 9
vrijgeven [ˈvrɛˑiɣeˑvə(n)] freisetzen 12
vrijstaand [ˈvrɛˑistaˑnt] freistehend 13
vroeg [vruχ] früh 4
vrouwelijk (v) [ˈvrɔˑuələk] weiblich (w) 9
vuil [vœˑyl] schmutzig 13
vuist, -en [vœˑyst] Faust 3
vullen [ˈvʌlə(n)] füllen 7
vuurtoren, -s [ˈvyːrtoːrə(n)] Leuchtturm 5
VVV (Vereniging voor Vreemdelingenverkeer) [veˑ veˑ veˑ (vər'eˑniˑɣıŋ voːr 'vreˑmdəlıŋəvərkeːr)] Touristeninformation 6

vzw (vereniging zonder winstoogmerk)
[veˑ zɛt ʋeˑ (ʋər'eˑniˑɣɪŋ zɔndər
'ʋinstoˑχmɛrk)] e.V. (eingetragener
Verein) 13

W

waarheid ['ʋaːrhɛˑit] Wahrheit 14
waarmaken ['ʋaːrmaˑkə(n)] realisieren 9
waarschijnlijk [ʋaːr'sχɛˑinlək]
wahrscheinlich 11
wal, wallen [ʋɑl] Land, Ufer 12
wandelbuffet, -ten ['ʋɑndəlbʌfɛt] Büfett 15
wandelen ['ʋɑndələ(n)] wandern 5
want [ʋɑnt] denn 11
warenhuis (het), -huizen ['ʋaˑrəhœˑys]
Warenhaus 7
warm [ʋɑrm] warm 3
wasdroger, -s ['ʋɑsdroˑɣər] Wäschetrockner
13
wasmachine, -s ['ʋɑsmaʃiˑnə]
Waschmaschine 13
wassen ['ʋɑsə(n)] waschen 12
wat [ʋɑt] was; (hier:) einige 1
weduwe, -n ['ʋeˑdʌʋə] Witwe 14
weegschaal, weegschalen ['ʋeˑχsχaˑl]
Waage 12
weekend (het) ['ʋikɛnt] Wochenende 4
weer [ʋeːr] wieder 3
weerman, -nen ['ʋeːrmɑn] Wetterexperte
12
weg, -en [ʋɛχ] Weg 2
wegen ['ʋeˑɣə(n)] wiegen 12
weggaan ['ʋɛχaˑn] weggehen 8
wegwezen! ['ʋɛχʋeˑzə(n)] nichts wie weg!
10
wegwijs ['ʋɛχʋɛˑis] im Bilde; (hier:)
bekannt 6
wekken ['ʋɛkə(n)] wecken 8
wel [ʋɛl] ziemlich, wohl 8
weldra [ʋɛl'draˑ] bald 10
welkom ['ʋɛlkɔm] willkommen 11
welopgevoed [ʋɛl'ɔpχəʋut] wohlerzogen 8
wennen ['ʋɛnə(n)] sich gewöhnen 11
wenslijstje (het) ['ʋɛnslɛˑiʃə] Wunschliste 7
wereld ['ʋeˑrəlt] Welt 7
wereldreis ['ʋeˑrəltrɛˑis] Weltreise 4
werk (het) [ʋɛrk] Arbeit 2

werkcollege (het), -s ['ʋɛrkɔleˑʒə]
Seminar 3
werken ['ʋɛrkə(n)] arbeiten 1
werkervaring, -en ['ʋɛrkərvaˑrɪŋ]
Berufserfahrung 9
werkloos ['ʋɛrkloˑs] arbeitslos 9
werkvloer ['ʋɛrkvluːr] Arbeitswelt 15
werkweek, -weken ['ʋɛrkʋeˑk]
Arbeitswoche 9
wet, -ten [ʋɛt] Gesetz 14
weten ['ʋeˑtə(n)] wissen 2
wiel (het), -en [ʋil] Rad 5
wijnplek, -ken ['ʋɛˑinplɛk] Weinfleck 13
wijs [ʋɛˑis] weise 13
wijsmaken ['ʋɛˑismaˑkə(n)] weismachen 13
willen ['ʋɪlə(n)] wollen, mögen 1
wind [ʋɪnt] Wind 12
windkracht, -en ['ʋɪntkrɑχt] Windstärke
12
windsurfen ['ʋɪntsʌrfə(n)] windsurfen 10
winkel, -s ['ʋɪŋkəl] Geschäft 7
winkelen ['ʋɪŋkələ(n)] einkaufen 6
winkelier, -s [ʋɪŋkə'liːr] Verkäufer 7
winnaar, -s ['ʋɪnaːr] Sieger 2
winnen ['ʋɪnə(n)] gewinnen 12
wit [ʋɪt] weiß 15
wol [ʋɔl] Wolle 15
wolk, -en [ʋɔlk] Wolke 6
wolkenkrabber, -s ['ʋɔlkəkrɑbər]
Wolkenkratzer 7
wonen ['ʋoˑnə(n)] wohnen 1
woon- en werktoren [ʋoˑn‿ən 'ʋɛrktoːrən]
Wohn- und Büroturm 7
woonkamer, -s ['ʋoˑnkaˑmər]
Wohnzimmer 13
woord (het), -en [ʋoːrt] Wort 2
woordenboek (het), -en ['ʋoːrdəbuk]
Wörterbuch 2
woordenschat (het) ['ʋoːrdəsχɑt]
Wortschatz 1
worden ['ʋɔrdə(n)] werden 5

Z

zacht [zɑχt] niedrig; leise 6, 12
zachtgekookt [zɑχtχə'koˑkt]
weichgekocht 4
zadel (het), -s ['zaˑdəl] Sattel 5

zakdoek (het), -en ['zɑɡduk]
  Taschentuch 15
zaklantaarn, -s ['zɑklɑntaːrn]
  Taschenlampe 15
zakmes, -sen ['zɑkmɛs] Taschenmesser 15
zalig ['zaˑləχ] selig, *(hier:)* herrlich 12
zee, -ën [zeˑ] Meer 12
zeemansliedje (het), -s ['zeˑmɑnslidje]
  Seemannslied 12
zeer [zeːr] sehr 8
zeezicht ['zeˑzɪχt] Seeblick 2
zeeziek ['zeˑzik] seekrank 12
zeggen ['zɛɣə(n)] sagen 1
zeilboot, -boten ['zɛˑilboˑt] Segelboot 4
zeilen ['zɛˑilə(n)] segeln 12
zeker ['zeˑkər] sicher 6
zelfstandig [zɛlf'stɑndəχ] selbstständig 9
zeuren ['zøːrə(n)] nörgeln 10
zichzelf [zɪχ'zɛlf] sich selbst 8
ziek [zik] krank 12
ziekenfonds, -en ['zikəfɔnts]
  Krankenkasse 12
ziekenhuis (het), -huizen ['zikəhœˑys]
  Krankenhaus 9
ziekteverzekering, -en ['ziktəvərzeˑkərɪŋ]
  Krankenversicherung 10
zijde ['zɛˑidə]] Seide 15
zijn [zɛˑin] sein 1
zilver (het) ['zɪlvər] Silber 15
zin [zɪn] Lust 3
zitten ['zɪtə(n)] sitzen 14

zo [zoˑ] gleich 2
zo ... dat [zoˑ ... dɑt] so ... dass 5
zo'n [zoˑn] solch(e,r,s) 3
zoals [zoˑɑls] so wie 13
zoeken ['zukə(n)] suchen 9
zoenen ['zunə(n)] Küsse 1
zojuist [zoˑ'jœˑyst] gerade, vorhin 8
zolder, -s ['zɔldər] Dachboden 13
zomaar ['zoˑmaːr] einfach so 10
zon [zɔn] Sonne 6
zondagochtend [zɔndɑɣ'ɔχtənt]
  Sonntagmorgen 4
zonder ['zɔndər] ohne 8
zonnig ['zɔnəχ] sonnig 12
zoon, -s [zoˑn] Sohn 8
zorg, -en [zɔrχ] Sorge 8
zorgen ['zɔrɣə(n)] sorgen 5
zoutmijn, -en ['zɔˑutmɛˑin] Salzmine 14
zoveel [zoˑ 'veˑl] so viel 5
Zuid-Afrika [zœˑyt'aˑfrikaˑ] Südafrika 1
zuiden (het) ['zœˑydə(n)] Süden 6
zuivelproduct, -en ['zœˑyvəlproˑdʌkt]
  Milchprodukt 7
zus, -sen [zʌs] Schwester 8
zusje, -s ['zʌʃə] Schwester 6
zussen en broers ['zʌsən‿ən brurs]
  Geschwister 8
zwalpen ['zʋɑlpə(n)] schwanken 12
zwart [zʋɑrt] schwarz 15
zwembroek, -en ['zʋɛmbruk] Badehose 15
Zwitserland ['zʋɪtsərlɑnt] Schweiz 1